W0381209

Mosaik bei
GOLDMANN

Buch

Ein Problem, das jeder Abnehmwillige kennt, sind diese kleinen inneren Stimmen, die immer wieder zum Essen verführen: »Jetzt hast du dir aber ein Stück Sahnetorte verdient«, flüstern sie – und schon sind alle guten Vorsätze vergessen. Aber woher kommen diese inneren Stimmen und wie bringt man sie zum Schweigen?
Ernährungsberaterin und Mentaltrainerin Ellen Eggers hat mit der Alpha-Swing-Methode® ein Programm entwickelt, das die individuellen Bedürfnisse, Wünsche und Vorlieben des Einzelnen in den Vordergrund stellt. Denn die so genannten inneren Stimmen sind nichts anderes als Teile unserer Persönlichkeit und Ausdruck individueller Wünsche und Bedürfnisse: zum Beispiel dem Bedürfnis nach Genuss, Belohnung, Abenteuer oder Sicherheit. Statt starre Diätpläne zu befolgen hilft Ihnen die Alpha-Swing-Methode®, allen Teilen Ihrer Persönlichkeit gerecht zu werden und so eine gesunde Ernährungsweise zu finden, die dauerhaft für Genuss und Wohlbefinden sorgt.

Autorin

Ellen Eggers ist Ernährungsberaterin, Ess-Coach und ausgebildete Pädagogin mit Schwerpunkt Erwachsenenbildung. In ihren Alpha-Swing-Seminaren hilft sie ihren Klientinnen und Klienten, individuelle Strategien für ein natürliches Essverhalten zu entwickeln, mit dem jeder ohne Zwang ein normales Körpergewicht erreichen kann. Ellen Eggers lebt und arbeitet in Köln.

www.alpha-swing-methode.de

Ellen Eggers

Das Schweigen der Lämmlein

So zähmen Sie die inneren Stimmen,
die Sie zum Essen verführen

Mosaik bei
GOLDMANN

FSC
Mix
Produktgruppe aus vorbildlich bewirtschafteten Wäldern und anderen kontrollierten Herkünften

Zert.-Nr. SGS-COC-1940
www.fsc.org
© 1996 Forest Stewardship Council

Verlagsgruppe Random House FSC-DEU-0100
Das für dieses Buch verwendete FSC-zertifizierte Papier *Munken Print* liefert Arctic Paper Munkedals AB, Schweden.

1. Auflage
Deutsche Erstausgabe April 2007

Umschlaggestaltung: Design Team München
Umschlagmotiv: Franziska Biermann/Agentur Susanne Koppe
(auserlesen-ausgezeichnet)
Illustrationen: Fred Fuchs, Köln
Redaktion: Angela Troni, München
Satz: Uhl + Massopust, Aalen
Druck und Bindung: GGP Media GmbH, Pößneck
WR · Herstellung: Han
Printed in Germany
ISBN 978-3-442-16874-3

www.mosaik-goldmann.de

Inhalt

Vorwort

Die wirkliche Entdeckungsreise besteht nicht darin,
Neues zu erforschen, sondern darin,
Altes mit neuen Augen zu sehen.

Marcel Proust

Ausweg aus dem Diät-Denken mit der Alpha-Swing-Methode®

Neun Stück Pflaumenkuchen habe ich hintereinander gegessen. Das ist dokumentiert, meine Nachbarin war dabei und hat die Portionen gezählt, denn sie wollte nicht glauben, dass ich noch ein Stück und noch ein Stück essen konnte. Bei anderen Anlässen habe ich mir nach Fünf-Gänge-Menüs noch mindestens drei verschiedene Desserts bestellt.

Irgendwann fing ich mit Diäten an. Vierzehn Tage hielt ich mehr oder weniger durch, bestärkt von der Aussicht, dass danach endlich wieder das »richtige« Leben beginnen könne.

Ich lernte die Vollwerternährung kennen und wurde sogar Ernährungsberaterin. Ich führte die besten und wirksamsten Essprogramme durch – aber trotz der Erfolge in Kilos und Zentimetern blieb ich nicht dabei. Jedes Mal fiel ich nach einer Zeit wieder zurück in alte Essmuster. Ständig musste ich mich kontrollieren und setzte mich immerzu selbst unter Druck. Ich war geradezu süchtig nach weiteren Expertenratschlägen – und scheiterte stets. Schließlich wurde die Suche nach einer Lösung für mein Essproblem zu einem zentralen Thema in meinem Leben.

Wie frustriert und entmutigt Sie, meine Leserinnen und Leser, momentan auch sein mögen, Sie können kaum verzweifelter sein, als ich es damals war.

Erst die Beschäftigung mit der Frage, was mich wirklich daran hinderte, mein Ziel zu erreichen, brachte mich vor fünfzehn Jahren auf einen neuen Weg. Mir wurde bewusst, dass ich mich mit meiner Aufmerksamkeit immer außen befand – und niemals bei mir selbst und damit bei meinen eigentlichen Bedürfnissen. Ich fing an, eine Verbindung zu mir selbst herzustellen. Dadurch gewann ich neue Sichtweisen, die ein neues Handeln ermöglichten. Das Entscheidende war ein gedankliches Hin- und Herschwingen zwischen der Außenwelt mit allen ihren Verlockungen, Ansprüchen und Ratschlägen und meinem Innenleben mit all den hinter dem Essen verborgenen Bestrebungen und Bedürfnissen. Also ein Balanceakt zwischen Kopf und Bauch, zwischen Verstand und Gefühl.

Ich kann Ihnen eines versprechen: Wenn Sie sich auf den in diesem Buch beschriebenen Weg begeben, werden Sie sich genauso mit Erfolgserlebnissen überraschen, wie ich es erlebt habe.

Es gibt, was das Abnehmen betrifft, sicherlich verschiedene Wege, die nach Rom führen. Aber diesen hier, die Alpha-Swing-Methode®, habe ich persönlich erprobt und praktiziere ihn jeden Tag – mit Leichtigkeit und Vergnügen.

Eine letzte Anmerkung noch, bevor wir starten: Viele Menschen nehmen durch Diäten erst richtig zu. Körper und Seele reagieren offenbar mit einer Art Panik auf den regulierenden

Eingriff ins Essgeschehen. Nur ein bis drei Prozent aller Abnehmenden halten ihr erreichtes Wunschgewicht länger als ein Jahr und müssen sich ständig kontrollieren. Die hier dargestellte Methode führt bei jedem, der sich engagiert damit befasst, zum Erfolg, und das nicht nur auf Dauer, sondern vor allem auch ganz entspannt.

Ich wünsche Ihnen, dass der hier gezeigte Lösungsweg auch Ihnen eine neue Art von Freundschaft mit sich selbst bringt, dazu einen souveränen Umgang mit Hindernissen auf dem Weg sowie die Freiheit zu wählen – und zwar nicht nur das, was Sie essen.

Einführung

Eigentlich will der Körper nichts abgeben von all dem schönen Fett, das er vorsorglich als Reserve gespeichert hat. Weder Körper noch Seele wollen Mangel, Entbehrung, Fremdkontrolle und Frust. Sie wollen vielmehr Freiheit, Freude, Lust, Erfolg – am besten sofort. Und das geht auch!

Mit der Alpha-Swing-Methode® bekommen Sie nicht noch mehr gute Ratschläge und noch ausgeklügeltere Essenspläne, sondern einen neuen Blickwinkel. Sie werden ganz anders an das Thema »Essen« herangehen und sofort erleben, wie sich Stolpersteine in Steigbügel verwandeln. Sie werden immer öfter positive Esserlebnisse haben und eine Bereicherung erfahren, die über das Essen weit hinausgeht.

Worum geht es eigentlich?

Stellen Sie sich einmal Folgendes vor: Sie haben sich vorgenommen, sich gesünder zu ernähren oder wollen ein paar überflüssige Pfunde loswerden. Nun werden Sie zu einer Geburtstagsfeier mit Kaffee und Kuchen oder einem opulenten Essen eingeladen. Natürlich sagen Sie nicht ab, nehmen sich aber vor, maßvoll zu sein. Wenn Sie jedoch die leckere und bunte Vielfalt sehen, bewirkt allein dieser Anblick eine kleine freudige Aufregung in Ihrem Inneren – es fühlt sich an wie ein winziger elektrischer Schlag.

Dann geht es los: Sie sitzen am Tisch, überlegen, was Sie wählen dürfen, damit Ihr Ziel nicht gefährdet wird, und plötzlich hören Sie sie: Ihre inneren Stimmen. Daran ist gar nichts Wunderliches oder Geheimnisvolles, denn jeder hat sie, und im Kopf finden unentwegt innere Dialoge statt, die wir eben manchmal nur nicht bewusst wahrnehmen.

In dieser besonderen Situation können wir sie allerdings gut hören. Eine begeisterte Stimme sagt vielleicht: »Das sieht ja verlockend aus. Am liebsten würde ich einfach alles probieren!« Eine andere, schrill und laut: »Bist du wahnsinnig? Alles probieren? Was ist mit deinem Ziel?« Schließlich noch eine besänftigende: »So eine Einladung ist eben eine Ausnahme! Man muss sich doch auch mal was gönnen!« Und so geht es weiter. Sie entscheiden sich und essen und genießen.

Irgendwann merken Sie: Eigentlich ist es genug. Gleichzeitig verspüren Sie eine kaum merkliche Angst, dass der Spaß gleich ein Ende haben soll, denn eine strenge Stimme erinnert Sie mahnend: »Wenn man satt ist, muss man aufhören!« Doch dann schwärmt vielleicht ein anderer Gast: »Hm, ist das lecker, hast du das schon probiert?« Oder die Gastgeberin ermuntert Sie. Daraufhin murmelt sofort eine Stimme in Ihnen: »Das kannst du ihr nicht antun! Greif zu!« Ihre innere Abwehr gerät schon heftig ins Wanken, da beruhigt Sie eine andere Stimme: »Dann lässt du eben morgen eine Mahlzeit ausfallen, oder du isst nur eine winzige Kleinigkeit, nur ein Salätchen …«

Ihr Ziel verschwindet in weiter Ferne, die Dämme sind gebrochen. »Jetzt ist es sowieso egal«, sagen Sie sich, und Maßlosigkeit bricht sich Bahn. Mal setzt sich die eine Stimme durch, mal die andere, und Sie haben das Gefühl, diesen widerstreitenden Kräften völlig ausgeliefert zu sein. Oftmals machen sich schon während des Essens Schuldgefühle breit und verderben den uneingeschränkten Genuss.

Sie wissen genau, hinterher werden Sie es bereuen, dass Sie Ihr Ziel so ganz aus den Augen verloren haben – und trotzdem können Sie nicht innehalten. Der völlige Kontrollverlust wird Ihnen peinlich sein, und das wollen Sie ausgleichen durch eine Verstärkung des Kampfes und eine Verschärfung der Kontrolle. Und als wäre all das innere Durcheinander nicht schon genug, sabotiert eine Stimme jeglichen Aufschwung, indem sie sagt: »Es lohnt sich gar nicht, dass du neue gute Vorsätze fasst, denn nächste Woche bist du schon wieder eingeladen!«

Manchmal klappt es jedoch mit der Kontrolle, und zwar wenn Sie sich für eine neue Diät begeistern konnten. Dann gelingt es Ihnen, genau nach Vorschrift zu leben – allerdings nur für begrenzte Zeit. Danach beginnt das alte Spiel von neuem.

Stellen Sie sich nun vor, statt dieses inneren Durcheinanders, statt Kampf und Niederlage, wären Sie dieses innere Chaos los – und nicht nur das: Sie wären das Oberhaupt, sozusagen die Herrin im eigenen Haus!

Wäre das nicht ungemein befreiend? Indem Sie nämlich all diese inneren Stimmen nicht nur wahrnehmen, sondern das dahinterliegende Bedürfnis erfühlen und erkennen werden, brauchen diese Persönlichkeitsanteile nicht mehr durch »Sabotageakte aus dem Untergrund« auf ihre Anliegen aufmerksam zu machen. Dann werden Sie Lösungen finden, mit denen alle inneren Parteien und Sie selbst einverstanden sind! Eine völlig neue Lust am Essen entsteht, das Vertrauen in Sie selbst und Ihren Körper wächst, und Sie können mit einer neuen Art von Wertschätzung für sich und auch für das Essen Ihr Ziel erreichen!

Klingt das nicht verlockend? Mit der Alpha-Swing-Methode® ist es möglich. Wie? Ganz einfach:

Wenn Sie die Augen schließen und an etwas Schönes denken, dann spüren Sie sofort eine Veränderung in Ihrem Körper: Sie fühlen sich ruhiger, entspannter und gleichzeitig auf eine besondere Weise wach. Das liegt daran, dass Ihre Gehirnwellen den Rhythmus ändern und dabei so genannte Alpha-Wellen entstehen. Je stärker Sie sich in dieser wachen Entspanntheit für Ihr Ziel begeistern, desto leichter gelingt es Ihnen, etwas zu verändern. Lösungen kommen Ihnen wie von selbst in den Sinn, und das Neue geht deutlich einfacher. Bei Louisa, der Hauptperson dieses Buches, passiert das übrigens immer, wenn sie sich mit einem Tee in ihren Sessel setzt.

Jeder neue Weg erfordert ein hohes Maß an Aufmerksamkeit. Es ist wie beim Autofahren: Je geübter Sie sind, desto leichter geht es und desto größer wird die Freude daran. Freuen Sie sich auch über jede Panne! Denn durch das, was Sie behindern will, werden Sie die Chance für neue Lösungen erkennen. Sich etwas Neues zu erobern bei etwas so Alltäglichem wie dem Essen öffnet ganz viele weitere Türen. Bleiben Sie nicht bei all den Einwänden stehen, die mit »Ja, aber« beginnen, die automatisch kommen und auf die ich im Anhang noch eingehen werde, sondern vertiefen Sie sich in Louisas Geschichten. (In Louisa haben übrigens nicht nur meine eigenen Erfahrungen, sondern auch die vieler anderer Menschen Gestalt gewonnen.)

Vielleicht möchten Sie das Buch erst einmal im Schnelldurchgang lesen, um zu erfahren, wie es ausgeht. Auf jeden Fall lohnt es sich dann jedoch, die einzelnen Geschichten nochmals in Ruhe zu lesen, denn in jeder von ihnen ist eine Lösung enthalten!

Der große Hypno-Therapeut Milton H. Erickson sagt: »*Bei diesem geistigen Schauen und Verstehen lernen wir viel mehr als durch bewusstes Bemühen.*«

Louisas Geschichte

Warum suchst du draußen,
was in dir drinnen ist?

Es ist Freitagabend, und ich kann nicht aufhören zu essen. Ich sitze am Küchentisch in meiner Wohnung, vor mir liegt die leere Verpackung einer Tafel Edelbitter-Schokolade, und ich öffne – noch immer kauend – die zweite: Vollmilch-Schokolade mit ganzen Nüssen. Ich nehme wahr, wie meine Zähne mahlen, gleichmäßig und kräftig, unaufhörlich, wie meine Hände die neue Verpackung aufreißen, leicht zitternd vor Angst, nicht schnell genug zu sein. Während ich noch kaue und schlucke, halte ich schon ein weiteres Stück Schokolade bereit und stopfe nach. Schließlich beiße ich direkt von der Tafel ab, das geht schneller.

Wie durch eine Wand aus Watte dringt eine Stimme zu mir, von der ich weiß, dass es meine eigene innere Stimme ist: »Hör auf, Louisa, so machst du die ganze Sache nur noch schlimmer!« Aber ich sitze da wie taub, leicht vornüber geneigt, mit flachem Atem, und kaue und kaue, ernsthaft, unerbittlich. Ich stehe auf und gehe an den Kühlschrank, etwas Herzhaftes muss es jetzt sein. Schließlich verlasse ich angewidert von mir selbst die Küche und falle ins Bett.

Am nächsten Morgen wache ich mit einem sauren Geschmack auf der Zunge und einem bitteren Gefühl im Herzen auf. Der Streit mit Martin fällt mir wieder ein. Ich hatte mich die ganze Woche auf das Treffen mit ihm gefreut. Gestern Abend um sieben Uhr wollten wir in unserem Lieblingslokal zusammen essen. Es sollte der Auftakt zu einem ganz besonderen Wochenende werden.

Doch dann kam er um fünf Uhr vorbei und erklärte lapidar und ohne größere Gemütsbewegung, aus dem gemeinsamen Wochenende könne leider nichts werden. Er müsse einem Freund beim Umzug helfen, es tue ihm leid, ein andermal gern … Ich explodierte. Zwar kann ich mich nicht mehr erinnern, was ich ihm alles an den Kopf geworfen habe, aber ich bin sehr laut und sehr heftig geworden, und meine Stimme hat entsetzlich schrill geklungen, doch ich konnte nicht innehalten.

Martin hatte mich nur schweigend angeschaut. Dann war sein Blick abwärts gewandert, von meinen Augen über das Gesicht, den Hals, die recht kräftigen Schultern, das Dekolleté – ich hatte ausgerechnet die weiße Bluse mit dem unvorteilhaft kleinen Kragen an –, immer tiefer, und maß genau die Stellen ab, die nicht in Ordnung sind. Ich fühlte, wie ich mich verkrampfte, wie alles in mir erstarrte, wie dieser Blick mein mühsam verborgenes Geheimnis offenbar werden ließ, wie ich mich schämte. Er sagte kein Wort, doch alle meine Selbstzweifel waren sofort wieder da, und in mir lief der übliche Film ab. Martin hatte sich wortlos abgewandt und war gegangen.

Ich war zurückgeblieben und fühlte mich geschlagen, im wahrsten Sinn des Wortes. Er hat ja Recht, dachte ich. Mit so einer Figur hat man nun mal keinen Anspruch auf Glück und Lebensfreude – noch nicht einmal auf Achtung. Dabei war in seinem Blick eher etwas wie Mitleid gewesen, Mitleid mit einer Frau, die dem gängigen Schönheitsideal nacheiferte – darin aber versagte. Ich hatte es nicht geschafft, so auszusehen, wie es meinem ästhetischen Empfinden entsprach. Dazu brauchte ich gar kein öffentliches Schönheitsideal, dazu reichte ein kritischer Blick in den Spiegel.

Wenn ich an die entwürdigende Situation zurückdenke, als ich mich von seinem Blick taxiert gefühlt hatte und mein Versagen ans Licht gekommen war, schießen mir noch immer heiße Wellen von Scham und Wut durch Bauch und Kopf.

Plötzlich fühle ich eine noch nie erlebte Stärke, die mich wie eine riesige Woge durchflutet. Dem werde ich es zeigen!, denke ich. Die Wut in mir fühlt sich an wie ein schmerzhafter Rausch, und ich sehe die Lösung vor mir wie einen strahlenden Triumph, wie einen glänzenden Sieg. Sie ist denkbar einfach: Ich werde abnehmen. Dann wird mich niemand mehr derart verletzend behandeln können. In acht Wochen habe ich es geschafft!

Ich spüre Erleichterung wie Sektperlen durch mein Blut strömen. Dann werfe ich einen Blick in den Spiegel und sehe in meinem Gesicht Mut und Hoffnung aufleuchten – und Gewissheit, denn ich weiß doch, was zu tun ist. Ich lächle meinem Spiegelbild zu, und mein Spiegelbild lächelt zurück.

Was ich mir in dem Moment nicht eingestehen will, sind meine zahllosen vergeblichen Versuche im Laufe der letzten Jahre, meine Figur in den Griff zu bekommen. Heimlich habe ich alle möglichen Diäten durchprobiert. Zahllose Ratgeber zu dem Thema stehen – unsichtbar für alle Besucher – in der zweiten Reihe im Bücherregal. Ich kaufe jede Zeitschrift mit dem Versprechen »In 14 Tagen Bikini-Figur« oder »Schlank für immer – ohne Diät«, obwohl sich die Anweisungen alle recht ähnlich sind und mich keine von ihnen meinem Ziel dauerhaft nähergebracht hat.

Ich erinnere mich noch gut an meinen allerersten Diätversuch: die Kartoffel-Diät. Damals gab es nichts als Pellkartoffeln, und zwar morgens, mittags und abends – so viele wie man wollte, das war das Beruhigende. Ich hatte einen großen Topf voll Kartoffeln gekocht und fing an, sie zu pellen und zu kauen. Ich pellte und kaute, entschlossen und tapfer, ganze drei Tage lang. Dann bekam ich eine Einladung zu einer Geburtstagsfeier, und nach einem kurzen inneren Widerstreit siegte das wunderbare, vielfältige Büffet. Ich aß von allem, und zwar reichlich, schließlich musste ich mich für drei Tage Pellkartoffeln entschädigen. Meine Lebensfreude kehrte zurück, und ich gelangte zu der Erkenntnis, dass ich mit Kartoffeln nie schlanker werden würde.

Im Laufe der Jahre folgten gute Diäten, ausgewogen und abwechslungsreich. Ich nahm ab – und sobald ich mein Ziel erreicht hatte, nahm ich wieder zu. Jedes Mal schneller und jedes Mal mehr. Die Diäten versprachen den ersehnten Erfolg, und ich hatte auch Erfolg. Warum nur blieb ich nicht dauerhaft dabei? Warum?

Inzwischen bin ich Diäten mehr als leid. Schon das Wort macht mich aggressiv. Dennoch bin ich fest entschlossen. Die Wut auf Martin beflügelt mich, und mit Verstand und Willenskraft werde ich es diesmal schaffen.

Aber ich schaffe es nicht.

Wenn ich nervös bin, muss ich mich mit Essen beruhigen. Wenn ich vor Wut platzen könnte, muss mich Essen besänftigen. Wenn ich traurig bin und mich einsam fühle, muss ich mich mit Essen trösten. Wenn ich mich langweile, muss mir Essen angenehme Abwechslung verschaffen. Wenn etwas gut gelaufen ist, muss ich mich mit Essen belohnen. Wenn ich erschöpft bin, muss ich mich mit Essen entspannen.

Oft esse ich etwas und merke gar nicht, dass ich gerade esse. Plötzlich ist der Teller, die Tüte oder die Packung leer, und ich habe es nicht einmal wahrgenommen. Ich habe nichts vom Essen gehabt, und deshalb brauche ich natürlich ständig noch mehr – als Ersatz.

Oft habe ich keine Lust, mir etwas Richtiges zu essen zu machen, da ich der Meinung bin, für mich allein lohnt es sich eigentlich nicht. Aber dann falle ich irgendwann in ein Energieloch und stürze mich auf alles Essbare, was ich in die Finger bekomme. Das fängt schon beim Einkaufen an: Meist kaufe ich viel zu viel ein und koche zu große Portionen. Zwar sage ich mir dann immer, der Rest sei für morgen, aber dann lasse ich doch nichts übrig. Ich musste es aufessen, weil es so gut geschmeckt hat, beschwichtige ich mich, aber ich schlinge alles so schnell hinunter, dass ich von dem Geschmack sowieso nichts habe. Im Grunde bin ich nie richtig satt und zufrieden.

Dagegen komme ich nicht an.

Ein ständiger Kampf wütet in mir, dem ich mich ganz und gar ausgeliefert fühle. Ich weiß nicht, was ich tun soll. Trotzdem vergesse ich bei allem, was ich mir zwischendurch in den

Mund schiebe, nie mein Ziel. Mein schlechtes Gewissen erinnert mich ständig daran.

Eines Tages stoße ich in einem Buch auf einen bemerkenswerten Satz: »99 Prozent aller Probleme lassen sich darauf zurückführen, dass Problem Nummer eins nicht gelöst ist.« Genau das trifft auf mich zu: Wenn ich mein Figurproblem gelöst hätte, dann könnte ich mich am Leben erfreuen, an meinen beruflichen Erfolgen, an meiner Gesundheit, meiner Leistungsfähigkeit und meinen guten Freundschaften. Dann könnte ich gelassen und souverän sein, selbstbewusst und mutig, großzügig und großmütig und glücklich … Nur ein Problem ist zu lösen – alles andere würde sich in einer Kettenreaktion wie von selbst fügen. Doch solange ich dieses eine Problem nicht gelöst habe, bin ich in einem Kreislauf von Gier und Reue gefangen und niedergedrückt von schlechtem Gewissen.

Einen Tag später sitze ich mit geschlossenen Augen in meinem Sessel und spüre ein kleines Pflänzchen Hoffnung und Lebenszuversicht in mir wachsen. Es muss doch möglich sein, dass essen wieder zu einer unbeschwerten, befriedigenden und schönen Angelegenheit wird, dass mir das Essen Energie und Lebensfreude schenkt, dass ich mich freuen kann an der Fülle von guten und leckeren Speisen und alles intuitiv richtig auswähle, ganz locker und selbstverständlich. Endlich frei zu sein von diesem ewig schlechten Gewissen, das Essen wirklich genießen und mich in mir selbst richtig zu Hause fühlen können, das wünsche ich mir.

In dieser hoffnungsvollen Stimmung nehme ich mein rotes Kleid aus dem Schrank, will freudig hineinschlüpfen – und bekomme es nicht einmal über die Hüften. Voller Wut und Enttäuschung ziehe und reiße ich daran herum, knülle es schließlich zusammen und werfe es ganz unten in den Schrank.

Der Traum

In dieser Nacht habe ich einen Traum.

Vor mir erstreckt sich ein finsterer, höhlenartiger Raum. Nachdem sich meine Augen an das Dunkel gewöhnt haben, kann ich im hinteren Teil einige dunkle, dicht zusammengedrängte Gestalten ausmachen. Obwohl ich mich fürchte, treibt mich die Neugier voran, und ich nähere mich ihnen vorsichtig. Nach und nach erkenne ich die Gestalten, und voller Staunen nehme ich wahr, dass da dicht zusammengedrängt eine ganze Hammelherde steht, mit gebleckten Zähnen und riesigen Augen, aus denen sie mich mustern, abweisend, streng, unerbittlich.

Erschrocken weiche ich vor ihren düsteren Blicken zurück und will schon flüchten, da tritt eines der Schafe vor und spricht mich an.

»Du kennst uns zwar nicht, Louisa«, sagt es. »Aber wir kennen dich, denn wir begleiten dich schon seit Beginn deines Lebens. In unverbrüchlicher Treue gehören wir zu dir, und wir wollen nichts weiter, als dass es dir gut geht! Du dagegen behandelst uns schlecht und bekämpfst uns mit allen Mitteln, du willst uns unterdrücken und gar loswerden. So geht es nicht weiter!«

Ich bin verwirrt, denn ich verstehe kein Wort. Dennoch bin

ich auch tief berührt von dem Bild der entschlossenen Schafe. Wer sind sie? Und was genau tun sie für mich?

Das Schaf fährt fort, sehr resolut und streng, mit herber, vorwurfsvoller Stimme. »Tagein, tagaus hetzt du von einem Termin zum nächsten, Louisa. Es fängt damit an, dass du auf die letzte Minute aufstehst, dann heißt es, schnell fertig machen, schnell Kaffee trinken, schnell zur Arbeit, schnell alles erledigen, weil der Chef drängt und weil Termine drängen, dann schnell etwas einkaufen, schnell noch die Wohnung aufräumen, schnell noch die Hausarbeit erledigen, schnell ins Bett, damit du am anderen Morgen wieder schnell weitermachen kannst. Wenn ich nicht da wäre, hättest du nur noch Stress. Aber ich sorge dafür, dass du zwischendurch immer etwas Leckeres bekommst, damit du wenigstens ein bisschen Freude im Leben hast.«

LEBENSFREUDE-LÄMMLEIN

Ja, denke ich, Lebensfreude, das ist es, was ich brauche. Im selben Moment fühle ich Freude in mir aufwallen, sich ausbreiten, mich voll und ganz erfüllen. Voller Staunen nehme ich wahr, dass sich das Schaf verändert. Vor meinen Augen richtet es sich auf und bekommt ein ganz helles Fell. Es wird zu einem niedlichen Lämmlein, das mich aus großen Augen liebenswürdig anschaut, einen Schimmer von Stolz und Freude in der Miene. Der rosige Schein auf dem Gesicht des Lämmleins breitet sich aus, lässt die düstere Höhle heller werden. Auf einmal sehe ich, dass in seinem gelockten Fell lauter große, bunte Blüten stecken und dass es auf dem Kopf einen Blütenkranz trägt. Mit einer anmutigen Bewegung setzt es sich in einen kleinen Korbsessel und schlägt die Hinterbeine übereinander.

Nun tritt das nächste Schaf vor.

»Was du wirklich brauchst, Louisa, das ist ein warmes Nest, in dem du dich erholen kannst. Das mit dem Abnehmen ist ja schön und gut, aber wichtiger ist, dass du entspannen kannst. Deshalb dürfen wir auf das Kuscheln, das am besten beim Essen auf dem Sofa vor dem Fernseher gelingt, unter keinen Umständen verzichten.«

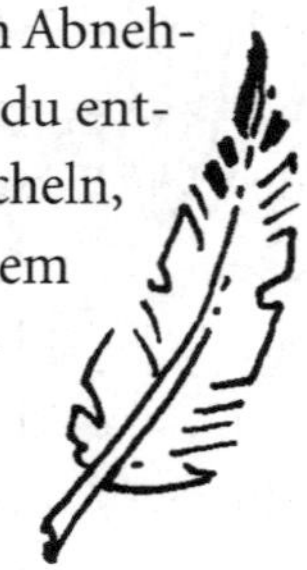

Während dieser Worte fühle ich das wundervoll weiche, schlaffe Kribbeln durch meinen ganzen Körper sinken, und es zieht mich in warme, wohlige Entspannung. In diesem Augenblick verwandelt sich das Schaf in ein süßes, verspieltes keines Lämmlein mit einem hellblauen Strampelanzug, das eine weiße Kuscheldecke mit blauen Sternchen unterm Vorderbein trägt. Mit der Decke auf dem Schoß setzt es sich auf den Boden neben das Lebensfreude-Lämmlein und blinzelt mir ganz lieb zu.

Da macht das dritte Schaf einen Schritt nach vorn.

»Am liebsten würde ich mit dir in ferne Länder reisen, Louisa, um spannende Abenteuer zu erleben. Aber wie die Dinge liegen, tue ich hier zu Hause mein Bestes, um dir immer mal wieder einen kleinen Abenteuerkick zu geben. Wir gehen zusammen ins Kaufhaus, und ich zeige dir, was es alles an Ess-Sachen gibt, die du ausprobieren kannst. Schon wenn du die Verpackungen siehst, bist du neugierig und gespannt, und wenn du dann erst schmeckst, was drinnen ist – das sind wahrlich Abenteuer der besonderen Art. Und sie sind lange nicht so gefährlich, wie beispielsweise Bungeespringen oder Kanufahren in wilden Gewässern.«

Während das Schaf spricht, spüre ich die freudige Spannung, die ich so häufig beim Einkaufen im Supermarkt empfinde, wo es ständig etwas zu entdecken gibt. Da liegt hier etwas Neues, noch dazu appetitlich verpackt, und dort etwas Überraschendes, Unbekanntes … Zu Hause dann all die Schätze auszupacken und zu probieren ist wahrlich ein spannendes Abenteuer, und ich denke, das ist also der Abenteurer in mir.

Das gefällt dem Schaf. Plötzlich trägt es einen keck in die Stirn gezogenen Cowboyhut, dazu Cowboystiefel mit scharfen Sporen dran, ein rot-schwarz kariertes Holzfällerhemd und verwaschene Jeans. Der Colt steckt lässig im Gürtel, und alles sieht ungemein stark aus. Mit wiegendem Gang nimmt es seinen Platz neben dem Kuschel-Lämmlein ein. Elastisch wippt es auf den Stiefelspitzen vor und zurück, und in seinen Augen blitzt Abenteuerlust auf. Im Stillen nenne ich es jetzt Jack, mein Abenteuer-Lämmlein.

Nun macht das vierte Schaf einen Schritt auf mich zu.

»Louisa, wenn früher, als du klein warst, ein Kind Süßigkeiten verteilte, dann mussten immer alle etwas abbekommen. Wenn heute im Büro jemand Pizza für alle bestellt, dann musst du natürlich auch eine mitbestellen. Da können wir nun mal keine Rücksicht darauf nehmen, ob du gerade wieder eine Diät machst. Niemals werde ich zulassen, dass dir das Herz blutet und du dich ausgeschlossen fühlst. Du musst das Gleiche bekommen wie alle anderen.«

Bei seinen Worten muss ich mir ein paar Tränen aus den Augenwinkeln wischen. Das steht also dahinter, wenn ich wie unter Zwang zugreifen muss, sobald jemand eine Packung Kekse herumgehen lässt. Ja, dann … Ich gehöre dazu, und das ist das Wichtigste für mich: dazugehören und mit anderen in Harmonie leben. Ich sehe dem Schaf an, wie stolz es darauf ist, dass ich seine Bedeutung endlich wahrnehme. Es ist nun zu einem sympathischen Lämmlein geworden, das ein weißes T-Shirt mit zwei großen roten Herzen vorne drauf trägt. Ich nenne es im Stillen Harmonie-Lämmlein, während es sich bei Abenteuer-Jack einhakt und mich glücklich anstrahlt.

Wieder ist es ein wenig heller geworden in der Höhle, und ich kann nun das fünfte Schaf deutlich sehen, als es das Wort an mich richtet.

»Wer würde dich für deinen Fleiß, deine Ausdauer und deine Geduld belohnen, Louisa, wenn ich es nicht täte? Ich sorge dafür, dass immer etwas Leckeres in den Schubladen liegt, im Büro oder zu Hause. Bunt verpackt sieht es nämlich ganz wunderhübsch aus, und du hast immer eine Belohnung griffbereit.«

Ich weiß genau, was das Schaf meint. Oft mache ich im Büro Überstunden, die niemand würdigt, geschweige denn bezahlt. Wenn ich dann zwischendurch in die Schublade greife und mich selbst belohne, geht es mir gleich besser, und ich kann weiter durchhalten. Das mit der Verwandlung kenne ich inzwischen schon. Das Lamm richtet sich stolz auf und trägt auf einmal einen witzigen Anzug, der aussieht wie ein großes, dickes Bonbon. Sein Gesicht sieht aus wie ein Smiley auf einer riesigen, knallgelben Schokolinse. Wie ein kleiner Kobold springt es vor mir herum und hüpft neben das Harmonie-Lämmlein. Das ist also mein Belohnungs-Lämmlein.

BELOHNUNGS-LÄMMLEIN

Nun tritt das sechste Schaf vor.

»Du bist so oft frustriert und entmutigt, Louisa, fühlst dich einsam und hilflos. Wie bedrückt und traurig wärst du wohl, wenn ich dich nicht immer wieder gerettet hätte? Beispielsweise durch eine Schachtel Pralinen oder zwei leckere Wurstbrote zwischendurch.« Ja, gerettet werden! Ich spüre die ungeheure Anspannung, die schwer auf mir lastet und beim ersten Bissen von mir abfällt. Vor meinen Augen verwandelt sich das Schaf in ein adrettes Lämmlein in weißer Schwesterntracht mit einem roten Kreuz auf dem Ärmel. Das ist also mein Rettungs-Lämmlein, denke ich. Selbstbewusst stellt es sich neben das Belohnungs-Lämmlein.

Wieder ist die Höhle ein wenig heller geworden, und ich sehe jetzt das siebte Schaf nach vorn kommen, sehr bestimmt im Auftreten, sehr gewichtig.

»Louisa, du brauchst einfach Nervennahrung. Wenn du täglich die beunruhigenden Nachrichten aus aller Welt hörst, dann ist klar, dass du hinterher durch ein gutes Essen erst einmal Boden unter die Füße bekommen musst, um deinen Lebensmut wiederzufinden. Nach meiner Erfahrung gibt es nichts Besseres als Spaghetti mit Sahnesoße, um diesen täglichen Beunruhigungen standzuhalten. Abgesehen davon ist es wichtig, dass du durch einen Speckgürtel für schlechte Zeiten gewappnet bist.«

Die anderen Lämmlein nicken zustimmend. Das stimmt, denke ich, Sicherheit ist es, was ich dringend brauche. Und ich staune wieder über die Verwandlung: Stämmig, beide Beine fest auf der Erde, im perfekten Security-Outfit in Schwarz, einen breiten Gürtel um die auch nicht eben schmale Taille, daran verschieden große Schlösser mit den entsprechenden Schlüsseln – so reiht es sich ein, mein Sicherheits-Lämmlein.

Das achte Schaf tritt nach vorn, sehr streng, sehr entschlossen.

»Ich will, dass du deine Sache perfekt machst, Louisa. Du sollst die höchsten Ansprüche erfüllen – deine eigenen und die der anderen, dann kann dir keiner an den Karren fahren und du bestimmst, wo es langgeht. Im Übrigen bin ich der Ansicht, wenn man etwas nicht hundertprozentig macht, kann man es auch gleich lassen!«

Diese hohen Ansprüche machen mir Angst. Aber es ist klar: Wenn ich sie erfüllen würde, hätte ich ja mein Ziel erreicht und mein Leben in der Hand. Perfektion, das will ich, und im nächsten Moment geht eine wahrhaft perfekte Verwandlung vor sich: Vom dunkelblauen Nadelstreifenkostüm über die Frisur, das Make-up, die Perlenkette, den Nagellack auf den Vorderhufen und die Pumps, in denen die Hinterhufe stecken, ist alles genau aufeinander abgestimmt und passt perfekt zusammen. Wieder ist es ein bisschen heller geworden in der Höhle. Man könnte fast meinen, der Glanz der Perfektion bringe den gesamten Raum zum Leuchten. Alle schauen bewundernd, wie es in den Pumps ohne zu stolpern neben das Sicherheits-Lämmlein tritt, mein Perfektions-Lämmlein.

Jetzt tritt das neunte Schaf nach vorn.

Es spricht in knappen Sätzen und wirkt extrem kurz angebunden. Ein Wunder eigentlich, dass es so lange gewartet hat, denke ich. Es hat förmlich Dollarzeichen in den Augen und verbreitet eine hektische und gehetzte Atmosphäre. Zwischendurch hat es schon öfter auf die Uhr gesehen, die ein riesiges Zifferblatt hat, auf dem die Zeit bis auf die Hundertstelsekunde genau angegeben ist.

»Ich hüte deine Zeit, und ich hüte dein Geld«, beginnt es. »Mein Motto lautet ›Zeit ist Geld‹! Du hättest es nämlich nie so weit gebracht, Louisa, wenn du zu viel Zeit mit Essen oder womit auch immer vertrödelt hättest. Und außerdem: Wenn du dir schon etwas zu essen kaufst oder im Restaurant bestellst, dann wird das auch aufgegessen, sonst ist es Verschwendung – und darin liegt schließlich nicht der Sinn des Geldverdienens.«

Es bleibt eine Weile still in der Runde, allen ist klar, dass es hier um Bedeutsames geht. Schüchtern wage ich zu fragen, ob Schatzhüter ein angemessener Name für seine Aufgabe sei?

Das Schaf zögert einen Moment überrascht, aber dann zeigt es sich erfreut: Die Dollarzeichen in den Augen können bleiben, dazu kommt eine große Schatztruhe mit silbernen Beschlägen und einem dicken, eisernen Schloss. Es stellt einen Fuß lässig und gleichzeitig voll Besitzerstolz auf die Truhe.

»Ja, das ist richtig«, sagt es zufrieden. »Ein Schatzhüter bin ich in der Tat. Deine Zeit, Louisa, ist nämlich sehr kostbar, und deine Kraft ist es auch, und es gilt, beides wertzuschätzen und zu schützen!« Damit rückt es die Schatztruhe neben das Perfektions-Lämmlein und setzt sich darauf.

Das zehnte Schaf kommt nach vorn.

»Ich habe da so meine Bedenken, wenn es um das Abnehmen geht«, hebt es an, »und ich bremse dich, wo ich nur kann, Louisa. Ich bin dafür, dass alles so bleibt, wie es ist. Wir haben es doch mehrfach erlebt, dass durch die vielen Diäten alles nur schlimmer geworden ist. Jede Neuerung bringt Risiken mit sich, die sich kaum abschätzen lassen. Du sollst es bequem haben, und ich will jede Überlastung und Verwirrung von dir fernhalten.«

So habe ich die Dinge noch gar nicht betrachtet, und ich gestehe mir ein, dass seine Bedenken oftmals berechtigt sind. Das Schaf scheint damit zufrieden zu sein, dass ich es verstehe. Es steht nun aufrecht da, die zerfurchte Stirn behält es allerdings bei. Es setzt sich neben den Schatzhüter auf den Boden, die Ellbogen auf die Knie und den Kopf in die Hände gestützt, mein Bedenken-Lämmlein.

Jetzt ist nur noch ein Schaf übrig, und ich rätsele, was wohl seine gute Absicht sein mag. Ganz dunkelbraun, fast schwarz ist es, und es bebt vor unterdrücktem Zorn, als es nach vorn tritt.

»Für Freiheit und Selbstbestimmung haben im Laufe der Geschichte viele Menschen ihr Leben gelassen – und du, Louisa, verzichtest freiwillig auf dein Grundrecht und beugst dich unentwegt neuen Einschränkungen und Verboten! Aber nicht mit mir! Nicht, solange noch ein Atemhauch in mir ist! Ich stehe mit aller Macht dafür ein, dass dir wenigstens die freie Wahl beim Essen zusteht!«

Freiheit, Selbstbehauptung und Selbstbestimmung soll es auch für mich geben? Schön wäre das ja. Während ich noch über den Begriff Freiheit und seine Bedeutung nachsinne, wächst das Schaf über sich hinaus. Es bekommt einen geradezu überirdischen Gesichtsausdruck und trägt die Freiheitsstatue in Miniaturform unter dem Vorderbein.

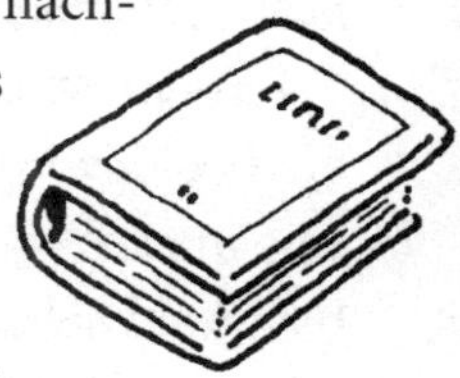

Im selben Augenblick wird die Höhle in strahlend helles Licht getaucht, der Raum hat plötzlich Fenster, die weit geöffnet sind und durch die das Sonnenlicht hereinflutet. Da stehen sie nun alle vor mir, und ich bin gerührt von dem guten Willen, mit dem jedes einzelne Lämmlein auf meiner Seite steht. Zahlreiche Situationen aus der Vergangenheit sehe ich nun mit neuen Augen und tieferem Verständnis.

Irgendwie wünsche ich mir ein paar anschauliche Beispiele für ihre guten Absichten, und als ich meinen Wunsch vortrage, sind die Lämmlein sofort bereit. Sie tragen eine große Leinwand, einen Projektor sowie Scheinwerfer mit verschiedenfarbigen Vorsatzscheiben, einen roten Vorhang und einen roten Plüschsessel für mich herein und laden mich ein, Platz zu nehmen.

Der erste Film läuft an, und ich sehe mich als kleines Kind.

Klein-Louisa hat aus Bauklötzen einen ziemlich hohen Turm gebaut, klatscht begeistert in die Händchen, juchzt und lacht und ist riesig stolz. Da kommt meine Mutter herein, und reißt das Bauwerk aus Versehen mit ihrem langen Rock um. Klein-Louisa weint und schluchzt bitterlich, sie ist untröstlich. Kurz sehe ich mein Lebensfreude-Lämmlein aufblitzen, als meine Mutter Klein-Louisa ein Bonbon gibt und die Kleine wieder voller Zuversicht und Energie strahlt, um sich erneut ans Bauen zu machen.

»Erkennst du«, wendet sich mein Lebensfreude-Lämmlein an mich, »wie es gewirkt hat? In den letzten Jahren hast du es mir immer schwerer gemacht, dich wieder in die Energie zu bringen. Du hast einen großen Bogen um Süßigkeiten gemacht oder sie versteckt, aber ich habe jedes Mal einen Weg gefunden!« Voller Stolz richtet es sich noch ein wenig mehr auf und strahlt mich aus leuchtenden Augen an.

Im nächsten Film ist mein Kuschel-Lämmlein zu sehen. »Vor einigen Jahren, als du anfingst, Diät zu halten, wolltest du dich nach der Arbeit auch mehr bewegen. Du hattest dir in den Kopf gesetzt zu walken, zu joggen oder was noch alles damals in Mode war!«

Ich beobachte mich auf der Leinwand, wie ich von der Arbeit nach Hause komme, das Gesicht verspannt, die Augen müde, der Nacken wie unter einem schweren Gewicht niedergedrückt.

Mein Lämmlein fährt fort: »Ich habe gehört, wie du zu dir selbst gesagt hast: ›Ich muss mich unbedingt bewegen, das wird mir guttun!‹ Aber ich habe sofort gemerkt, dass du dich mit dem Gedanken, dir Bewegung verschaffen zu müssen, nur noch mehr unter Druck gesetzt hast. Eigentlich hattest du gar keine Lust dazu, und es war nichts als eine weitere Pflicht für dich.«

Ich erinnere mich gut daran, wie oft ich nach Hause kam und mir mit letzter Kraft sagte: »Nicht aufs Sofa! Keine Kekse!«

Das Lämmlein fährt fort. »Richtig, aber ich habe dich dazu gebracht, dich mit einer Packung Kekse aufs Sofa zu legen. Ich habe genau gesehen, wie sich schon beim ersten Bissen die Anspannung in deinem Gesicht gelöst hat, wie die Last von deinen Schultern abgefallen ist, wie sich alle deine Muskeln entspannt haben, und ich wusste: Dann warst du richtig zu Hause angekommen. Seitdem mache ich das immer so. Es funktioniert jedes Mal und geht außerdem blitzschnell.«

Ich bemerke ein kleines, wenn auch nur kurzes Lächeln auf meinem Filmgesicht und verstehe, was das Lämmlein mit seiner guten Absicht meint.

Im nächsten Film erkennt man Abenteuer-Jack, wie er auf dem Spielplatz mit Klein-Louisa schaukelt, immer höher, und ich quietsche vor Angst und Wonne. Weitere Szenen zeigen mich als pflichtbewusste Schülerin, dann als Angestellte im Büro: mit ernster Miene und streng, wie innerlich abgestorben. Man sieht Abenteuer-Jack, wie er mir immer wieder neue Flausen in den Kopf setzen will, auf die ich jedes Mal mit Ausreden reagiere. »Keine Zeit für solchen Kinderkram!«, sage ich ständig.

In der nun folgenden Szene sind wir im Kaufhaus. Mit gesenktem Kopf und eiligen, harten Schritten gehe ich zielstrebig durch die Gänge der Lebensmittelabteilung. Zu all den großen und kleinen Verführungen will ich gar nicht hinschauen, und auf keinen Fall will ich etwas davon kaufen. Aber dann werde ich leichtsinnig. Etwas versetzt mir einen Kick, wie elektrisiert gehe ich plötzlich aufrecht und mit vor Aufregung leicht geröteten Wangen weiter. Irgendetwas zieht mich offenbar in seinen Bann. Dann trete ich mit elastischem Schritt an ein Regal mit Süßigkeiten, greife zu, bezahle mit einem glücklichen Lächeln im Gesicht und verlasse das Kaufhaus mit leuchtenden Augen und voller Energie. Jack strahlt mich stolz an. Ich verstehe.

Den nächsten Film führt mein Harmonie-Lämmlein vor: Ich sehe meine Mutter, wie sie mit mir schimpft. Sie gibt mir die Schuld an einer zerbrochenen Vase. Dabei war ich es gar nicht. Ich rede auf sie ein, aber sie schüttelt nur den Kopf und sieht mich streng an, offensichtlich glaubt sie mir nicht. Mein Gesicht ist inzwischen so rot wie ein Luftballon, ich schnappe nach Luft, und meine Stimme überschlägt sich. Meine Mutter bleibt jedoch unerbittlich, und ich renne in mein Zimmer, werfe mich schluchzend aufs Bett – und entdecke unter dem Kopfkissen einen Schokoriegel. Ich schlucke die Schokolade und meine Wut hinunter – und beim gemeinsamen Abendessen bin ich wieder lieb.

Ich habe den längst vergessenen Vorfall hautnah miterlebt und auch diesen ungeheuren inneren Druck gespürt. Er hätte mich zum Platzen gebracht, hätte nicht mein Harmonie-Lämmlein mit dem Schokoriegel dafür gesorgt, dass wieder alles glatt und reibungslos lief.

Nun ist mein Belohnungs-Lämmlein an der Reihe.

Diesmal komme ich als Erwachsene ins Bild und stehe mitten im Berufsleben. Beim genaueren Hinsehen spüre ich, wie die Louisa im Film ständig darauf bedacht ist, zu merken, welche Erwartungen ihr Chef gerade an sie hat. Er gibt ihr einen Stapel Akten mit der Bitte, alle Vorgänge noch bis Feierabend zu erledigen. Nachdem er die Tür geräuschvoll hinter sich geschlossen hat, wirft sie einen Blick auf die Uhr – es ist schon Nachmittag – und sinkt ein wenig in sich zusammen. Dann sieht man, wie das Belohnungs-Lämmlein in den Schubladen herumklettert und kleine, bunt verpackte Süßigkeiten so platziert, dass Louisas Blick fast automatisch darauffällt und sie zwischendurch wie unabsichtlich danach greifen kann. Man merkt, wie die Süßigkeiten sie über diesen Berg von Arbeit hinwegziehen. Das finde ich nur gerecht, denn sie braucht in dem Moment dringend eine Entschädigung, einen Ausgleich für diese Zumutung – zumal ich weiß, dass ihr Chef die besondere Leistung ganz gewiss nicht anerkennen wird. Deshalb muss sie sich die Anerkennung eben selbst geben, jawohl!

Die nächste Szene zeigt mein Rettungs-Lämmlein.

Es zupft an seiner weißen Hemdbluse, und das rote Kreuz blitzt kurz auf. Ich sehe mich selbst bei einer meiner Diät-Gruppen, an denen ich vor Jahren teilgenommen habe. Die Leiterin gibt uns gerade gute und vernünftige Anleitungen, doch plötzlich schiebt sich mein Perfektions-Lämmlein ins Bild und verdeckt alles andere. Es flüstert der Louisa von damals zu: »Komm, wir wollen schneller sein als die anderen. Wir machen es besser mit dem Abnehmen und essen einfach weniger als empfohlen. Warum nur hundertprozentig, wenn es auch hundertfünfzigprozentig geht?«

Ich folge seinen Einflüsterungen, doch dann sackt mein Blutzuckerspiegel ab, meine Hände zittern, und mir wird schwarz vor Augen. Zum Glück entdecke ich eine Bäckerei, die Rettung naht. Keine Ahnung, wie ich es damals noch geschafft habe, den Laden zu betreten – jetzt kommt jedenfalls mein Rettungs-Lämmlein ins Bild und kauft nicht nur ein Stück Kuchen für mich, sondern gleich zwei. Ich esse sie noch auf der Straße im Stehen, und zwar alle beide. Sofort geht es mir besser. Ja, ich bin gerettet, und ich erinnere mich jetzt, dass es damals unzählige Situationen gab, in denen ich gerettet werden musste. Im Stillen leiste ich dem Lämmlein Abbitte wegen meiner Wut.

Im nächsten Film ist mein Sicherheits-Lämmlein zu sehen, wie es mit wachsamem Blick jeden meiner Schritte im Auge behält. Der Film zeigt eine Begebenheit aus der Zeit, als ich mit großer Anstrengung mein Traumgewicht erreicht hatte. Noch jetzt kann ich das leichte, luftige Gefühl und die Euphorie, die mich damals emportrugen, deutlich spüren. Auf der Leinwand verfolge ich im Zeitraffer-Tempo, wie ich das Essen öfter ausfallen lasse, weil ich es nicht mehr brauche – schließlich macht es nur dick und behindert mich in meinem Höhenflug. Ich esse nur ab und zu, um das schlimmste Hungergefühl zu überdecken.

Mein Sicherheits-Lämmlein schaut sich das eine Weile an, merkt recht schnell, dass mir diese Art von Dünnsein die Lebensenergie raubt, und schreitet ein. Durch besondere und raffinierte Angebote sorgt es dafür, dass ich nicht widerstehen kann, dass ich zurückfalle in alte Muster und dass sich mir auf einmal sogar noch mehr Gelegenheiten bieten, um mich bis zum Äußersten vollzustopfen und in kürzester Zeit wieder einen beachtlichen Rettungsring anzulegen.

Nach solchen Essgelagen werde ich schlagartig todmüde. Ich kann jetzt noch spüren, wie es mich damals mit aller Macht aufs Sofa zog und ich regelrecht in ein Suppenkoma fiel – auch wenn die Suppe am wenigsten schuld war, dass mich bleierne Müdigkeit überfiel. Mein Sicherheits-Lämmlein wirkt sehr beruhigt, dass es mich auf diese Weise dazu gebracht hat, eine Schlafpause einzulegen und mir eine kleines Polster zu schaffen. Heute verstehe ich – im Gegensatz zu damals – seine gute Absicht.

Der nächste Film soll mein Perfektions-Lämmlein zeigen.

Bei ihm kann ich mir gar nicht vorstellen, wo eine gute Absicht zu finden sein soll. Ich habe es bisher immer nur so erlebt, dass mein Streben nach Perfektion den Druck verstärkt, der sowieso schon viel zu groß ist. Kein Wunder, dass mein Rettungs-Lämmlein so oft einschreiten musste.

Der Vorhang geht auf, und ich bin geblendet von der Pracht und Leuchtkraft der Farben und Bilder. Der Film zeigt mir meine eigenen Wunschträume als wundervolle Ziele, in herrlichen Farben und in fantastischer Qualität. Wie ich diese Bilder sehe, so lebensecht und als hätte ich sie schon erreicht, spüre ich in mir eine Begeisterung, die nach Aktivität und Schaffenskraft ruft.

»Ja, so soll es sein, das will ich erreichen!«, rufe ich aus dem Zuschauerraum. Es ist einfach perfekt: Der Glanz der Vollkommenheit gibt mir Energie für die größten Aufgaben. Kein lauwarmer Kompromiss, kein Mittelmaß, kein schlaffes Dahindümpeln in den Niederungen des Lebens. Ich will Perfektion erreichen und damit alles unter Kontrolle bringen, im Griff haben, ganz und gar!

Warum habe ich es bisher nur nicht geschafft? Stattdessen hat es mir jedes Mal Beklemmungen im Brustkorb verursacht, und mein Rettungs-Lämmlein musste immer wieder eingreifen.

Im nächsten Film ist mein Schatzhüter zu sehen.

Er wirkt darin wesentlich jünger, und in der Tat spiele ich in dem Film offensichtlich noch keine Rolle, denn er zeigt meine Eltern als jüngere Menschen. Ich höre meinen Vater sagen: »Fleiß, Pünktlichkeit, Ordnung und Sparsamkeit, das sind die Tugenden, mit denen man es zu etwas bringt!«

Meine Mutter nickt zustimmend. Sie blättert gerade in einem Poesiealbum von früher und liest vor: »Lerne Ordnung, liebe sie, Ordnung spart dir Zeit und Müh!«

Mein Vater kann die Sprüche auswendig: »Spare in der Zeit, dann hast du in der Not!«

Meine Mutter erwidert daraufhin: »Wer den Pfennig nicht ehrt, ist des Talers nicht wert!«

Beide sind sich einig: So muss man sein Leben führen, um nicht in Armut und Elend zu versinken. Genau so haben sie es mir später auch beigebracht. Auf einmal wird mir klar, warum ich Reste nicht einfach wegwerfen kann. Mein Schatzhüter nickt zustimmend.

Der nächste Film zeigt mein Bedenken-Lämmlein.

Gleich die erste Szene macht unseren erbitterten Kampf

deutlich: Ich habe gerade den guten Vorsatz gefasst, regelmäßig ins Fitnessstudio zu gehen, und das Lämmlein lässt mein Vorhaben blasser und blasser werden. Zwar bäume ich mich auf und setze mich zur Wehr, aber gegen dieses Entschwinden, gegen dieses große Vergessen komme ich einfach nicht an. Das Lämmlein hat zu allem ein »Ja, aber« parat.

Doch was soll an all den Zweifeln und Bedenken Gutes sein? Ah, ich bekomme eine Ahnung: Es will mich zurückhalten, weil im Grunde alles ein gewisses Risiko birgt. Wer weiß, was passiert, wenn ich abnehme? Wer weiß, was passiert, wenn ich meine wahre Gestalt habe? Wer weiß, was passiert, wenn ich sportlich und fit bin? Ein kleiner Schauder durchfährt mich: Das Lämmlein hat Recht! Lieber lasse ich alles so, wie es ist, da weiß ich, was ich habe. Zwar fühle ich mich nicht besonders wohl, aber doch wenigstens sicher. Und das ist schon mal viel wert.

Als Letztes kommt mein Freiheits-Lämmlein auf die Leinwand. Die Lämmlein an der Beleuchtung drehen das Licht voll auf, halten verschiedenfarbige Scheiben vor die Scheinwerfer und tauchen den gesamten Raum in einen Farbrausch. Dann ertönen die Freiheitsfanfaren aus riesigen Lautsprechern, die überall verteilt sind. Das Freiheits-Lämmlein strahlt mich an. Das ist es, was es mir geben möchte: Rausch und Fülle, Glanz und Überschwang, die ganze Herrlichkeit des Lebens! Und ich? Ich habe rundherum Schranken aufgebaut und fühle mich wie eingesperrt. Zeitpläne, Essenspläne, Gewichtstabellen, dazu Diät halten, Maß halten, Disziplin beweisen, Kalorien zählen ... all das hält mich fest.

Mein Freiheits-Lämmlein rüttelt immer wieder an den

Schranken und feiert jedes Mal einen Triumph, wenn es mich wenigstens beim Essen dazu bringen kann, über die Stränge zu schlagen und einen Exzess zu wagen. Nur beim Essen ist es ihm bisher gelungen, die Barrieren einzureißen.

FREIHEITS-LÄMMLEIN

Wenn ich jetzt daran denke, wie oft ich mein Freiheitsbedürfnis mit einer Tüte Süßigkeiten oder einer Bratwurst abgespeist habe!

Der rote Vorhang fällt, und alle Lämmlein treten noch einmal zusammen nach vorn an die Rampe. Sie winken mir zu, allerdings nicht, um sich zu verabschieden, sondern sie wollen mir bedeuten, dass ich zu ihnen auf die Bühne kommen soll. Zwei von ihnen strecken mir ihre Hufe entgegen, um mir hinaufzuhelfen, und nun stehe ich auf der Bühne. Der Vorhang hebt sich, und ich würde am liebsten mitspielen im Film meines Lebens.

Als ich mich aber nach den Lämmlein umdrehe, sehe ich kein einziges mehr. Wohin sind sie verschwunden? Da höre ich Stimmen, doch sie kommen nicht von außen, sondern von innen, sie sind in mir drin. Ich schließe die Augen, und da sehe ich sie: Die Lämmlein sind in meinem Inneren und blicken mich erwartungsvoll an!

In dem Moment bin ich aufgewacht.

Das Lämmlein-Chaos

Noch ganz verwirrt von dem eigenartigen Traum öffne ich den Küchenschrank, um den Kaffee herauszuholen. Ich zwinkere und reibe mir die Augen, denn genau neben der Kaffeedose sitzt mein Lebensfreude-Lämmlein und bietet mir strahlend einige Kekse an. »Damit du dich freust!«, sagt es.

Ich öffne die Schublade, in der ganz hinten die Süßigkeiten versteckt sind, und da sitzt doch tatsächlich das Belohnungs-Lämmlein und hält mir Schokolinsen hin. »Belohnung fürs frühe Aufstehen!«, ruft es mir entgegen.

Ich muss mich zuerst einmal hinsetzen – und bemerke direkt gegenüber das Freiheits-Lämmlein, das sich auf dem Stuhl dehnt und räkelt und breitmacht. Trotz der frühen Morgenstunde vibriert in mir ein frohes, leichtes Hochgefühl, das sich noch verstärkt, als Abenteuer-Jack dazukommt. Nach und nach sitzen sämtliche Lämmlein um den Tisch herum, und wir frühstücken alle zusammen sehr gemütlich. Aus den Augenwinkeln sehe ich, wie mein Schatzhüter ungeduldig mit den Hufen scharrt, denn ich müsste eigentlich längst im Büro sein. Das Perfektions-Lämmlein wirft mir zornige Blicke zu, aber sie dringen in unserer fröhlichen Runde nicht bis zu mir durch.

Es ist das erste Mal, dass ich zu spät ins Büro komme. Abenteuer-Jack findet das sehr prickelnd, aber ich bin froh, dass es niemand bemerkt. Als ich an meinen Schreibtisch komme, sitzt da schon das Bedenken-Lämmlein und wiegt bedenklich das Haupt: »Wenn das mal gut geht!«, sagt es skeptisch.

»Es wird schon gut gehen«, erwidere ich ausgelassen und

summe ein paar Takte vor mich hin. Ich freue mich schon auf die Entspannung am Abend mit Keksen, Chips und Schokolade – und einem Gläschen Wein. So sollte das Leben sein!, denke ich zufrieden.

Wieder murmelt das Bedenken-Lämmlein vor sich hin: »Wenn das mal gut geht, wenn das mal gut geht …«

Den Berg erklimmen

Am nächsten Tag türmt sich so viel Arbeit auf meinem Schreibtisch, dass ich am liebsten gleich wieder umkehren möchte, als ich am Morgen ins Büro komme. An der Tür erwischt mich gerade noch mein Perfektions-Lämmlein. »Halt, halt, meine Liebe, wohin so schnell?«, ruft es mir zu. »Du wirst doch wohl keine Angst haben vor so einem Minihügelchen an Arbeit? Anfangen und Durchhalten, das ist das Geheimnis!« Also setze ich mich brav hin, schließlich möchte ich den Berg bis zum Abend bewältigen.

Die Schublade ist schon offen, mein Belohnungs-Lämmlein steht bereit und reicht mir eine Krokantpraline.

»Wieso jetzt schon?«, frage ich. »Ich habe doch noch gar nicht angefangen!«

»Das soll dir den Anfang erleichtern«, antwortet es, setzt sich munter oben auf den Aktenberg und sieht zu, wie es mir schmeckt.

Tatsächlich, es geht mir gleich besser, und ich mache mich energiegeladen ans Werk. Nach einer Weile muss ich mich zurücklehnen und ein wenig entspannen.

»Hier habe ich einen Kaffee für dich, schön mit Sahne und

Zucker, wie du ihn magst, und noch ein Schokolädchen dazu!«

Ah, mein Kuschel-Lämmlein, wie schön! Hinter ihm entdecke ich mein Bedenken-Lämmlein, wie es bedenklich das Haupt wiegt.

»Wenn dir die Arbeit nur nicht zu viel wird, Louisa!«, sagt es besorgt.

Mir wird nichts zu viel. Allmählich wird der Berg kleiner, doch plötzlich geht die Tür auf, mein Chef stürmt herein, wie immer hektisch und in Eile, und legt noch einen dicken Stapel obendrauf. Jetzt ist der Berg sogar höher als am Morgen. Vor Entsetzen bleibt mir die Luft weg, und mir wird schwindelig. Hilfe!, denke ich.

Gott sei Dank sehe ich im nächsten Moment ein rotes Kreuz aufblitzen, mein Rettungs-Lämmlein ist zur Stelle. »Schwester, ich brauche Stärkung!«, sage ich rasch.

Mein Sicherheits-Lämmlein fängt mich auf und hält mich – gut, dass es so stark ist. Beide beraten sich und kommen zu dem Schluss, dass hier ein ernster Fall vorliege und dass nur ein richtig dickes Stück Schokosahnetorte helfen könne. Während ich die Torte verspeise, knirscht jemand mit den Zähnen. Das kann nur mein Perfektions-Lämmlein sein, das angesichts meines Zusammenbruchs äußerst ungehalten ist.

»Wir haben unser Ziel nicht erreicht, jetzt ist sowieso alles egal«, schimpft es und fügt noch hinzu: »Mach doch, was du willst!«

»Ja, mach einfach, was du willst«, flüstert mir mein Freiheits-Lämmlein ins Ohr.

Aber ich will den Stapel unbedingt abarbeiten, schließlich habe ich meinen Ehrgeiz. Ich nehme einen neuen Anlauf und motiviere mich mit einigen kleinen Energie-Riegeln.

Einige der Lämmlein feuern mich begeistert an: »Halte durch, Louisa. Du schaffst es!«

Nur das Bedenken-Lämmlein wiegt wie immer bedenklich das Haupt und murmelt: »Wenn das mal gut geht! Wer hoch steigt, kann auch tief fallen!«

Am Abend ist alles erledigt, der Berg ist bezwungen.

Mein Perfektions-Lämmlein nickt anerkennend und sagt: »Der Lohn deiner Mühe liegt in der Befriedigung über die vollbrachte Leistung! Und davon nimmt man auch nicht zu!« Mein Belohnungs-Lämmlein flüstert mir zu: »Lass die nur reden. Hier, ich habe etwas Leckeres für dich, eine richtige Belohnung!« Und mein Kuschel-Lämmlein führt mich nach Hause zu einem kleinen Entspannungsbierchen, einer Tüte Chips und noch einigen anderen leckeren Kleinigkeiten, die wir auf dem Sofa gemeinsam vernaschen werden.

Wut im Büro

Als ich ein paar Tage später ins Büro komme, sehe ich mit einem Blick, dass meine liebe Kollegin wieder mal alle unangenehmen Vorgänge mir hingelegt hat. Sie selbst sitzt dagegen an einem relativ aufgeräumten Schreibtisch. In Bruchteilen einer Sekunde schießt heiße Wut in mir hoch bis in die Haarwurzeln. Am liebsten würde ich auf der Stelle zu ihr hinstürzen, sie schütteln, sie anschreien, sie aufs Heftigste beschimpfen, ihr die Mappen vor die Füße werfen, ihr den Hals umdrehen …

Da höre ich ein zartes Stimmchen in mir: »Psst, sag nichts. Komm, ich habe etwas Schönes für dich!« Mein Harmonie-Lämmlein zieht mich sanft zu meinem Stuhl, führt meine Hand zur Schublade, lässt mich einen Schokoriegel ergreifen, die Verpackung öffnen, abbeißen … Ah, das tut gut, die Spitze meiner Wut ist gekappt. Dennoch: Es ist unmöglich, wie meine Kollegin sich verhält. Lustlos arbeite ich den Stapel ab – mit der restlichen Wut im Bauch, die immer wieder hochkommt und die im Laufe des Tages noch mit mehreren Süßigkeiten gedämpft werden muss.

Zu Hause angekommen greife ich als Erstes zu einem kühlen Bier und mache es mir damit auf dem Sofa bequem. Mein Kuschel-Lämmlein setzt sich dazu und ermuntert mich, mir eine Tüte Chips und ein weiteres Bierchen zu holen, anstatt die Anstrengung zu unternehmen und mir etwas Richtiges zu essen zuzubereiten. Nach und nach spüre ich, wie sich alles in mir entspannt, und ich beginne, den Vorfall zu vergessen.

Gerade schließe ich mit einem wohligen Gefühl die Augen, da erklingt die messerscharfe Stimme meines Perfektions-Lämmleins. »Du hast versagt!«, zischt es. »Auf der ganzen Linie hast du versagt! Du hättest deiner Kollegin sofort Bescheid stoßen müssen, anstatt das ganze Zeug in dich hineinzustopfen ohne Sinn und Verstand!«

Ich bin so zerknirscht, dass ich unbedingt noch Schokolade brauche. Natürlich hält mein Rettungs-Lämmlein eine Tafel meiner Lieblingssorte bereit, und ich greife dankbar zu. Erst dann kann ich zur Ruhe kommen und zu Bett gehen.

Die Waage

Heute früh, noch vor dem Frühstück, habe ich mich auf die Waage gestellt: Sie zeigt nach wie vor mein Höchstgewicht an. Wieso sollte es sich auch geändert haben?

Trotzdem, ich hatte es irgendwie gehofft, und ein brennendes Gefühl breitet sich in mir aus. Ich schäme mich. Wie ferngesteuert bewege ich mich auf die Küche zu. Oh, wie schön, mein Kuschel-Lämmlein ist schon da und reicht mir ein ordentliches Käsebrot. Mein Rettungs-Lämmlein kommt auch noch dazu, die beiden beraten sich und beschließen, dass noch ein kleiner Schokoladenpudding vonnöten sei.

Gerade als ich den letzten Löffel auf der Zunge zergehen lasse, höre ich die enttäuschte Stimme meines Perfektions-Lämmleins. »Du hast wieder mal versagt!«, tadelt es mich.

Ich mache mich ganz klein und hoffe, ihm so zu entgehen, aber seine strengen, unerbittlichen Augen sind überall. Wie kann ich das nur wiedergutmachen? Da brauche ich mich allerdings nicht zu sorgen.

Mein Perfektions-Lämmlein hat ganz klare Vorstellungen. »Du nimmst dir jetzt vor, ab morgen alles richtig gut zu machen, ist das klar? Wie stehen wir denn da, wenn du dein Ziel nicht erreichst?«

Ich nicke kleinlaut, fasse den Vorsatz, es morgen supergut zu machen, und ein Flämmchen der Hoffnung glüht auf.

Der nächste Tag kommt, ich bestätige mir meinen guten

Vorsatz – und im selben Moment höre ich ein richtig hämisches Lachen.

»Was ihr euch da ausgedacht habt: Vergesst es!« Es ist mein Freiheits-Lämmlein, das da voller Empörung wie Rumpelstilzchen herumspringt und seinen Worten sogleich Taten folgen lässt. Denn statt des geplanten gesunden Müslis mache ich mir Toastbrot – Weißbrot – mit Nutella, und zwar drei Scheiben. »Damit das mal klar ist, hier herrscht Freiheit!«, trumpft es auf.

Mein ganzer Plan ist zunichte, und damit ist nun sowieso alles egal, da kann ich auch noch ein weiteres Nutella-Brot essen. Während ich vor mich hin kaue und dabei die Augen schließe, sehe ich mein Lebensfreude-Lämmlein, das sich auf einen unbeschwerten Tag freut. Da jetzt sowieso alles egal ist, kann es nun mit mir zusammen nach Herzenslust von einer kulinarischen Lustbarkeit zur nächsten wandern. Wir geraten in einen wahren Taumel des Leichtsinns, und nur in vereinzelten kurzen Momenten nehme ich ganz am Rand ein düsteres Gesicht wahr, das mir signalisiert: »Das wirst du bitter bereuen, Louisa!«

Abends im Bett denke ich über diesen Tag nach.

»Du hättest dich gar nicht erst auf die Waage stellen sollen!«, sagt mein Lebensfreude-Lämmlein bekümmert, als es spürt, wie geknickt ich bin. Aber ich weiß, dass das nicht die Lösung ist.

Alles Essen ist erlaubt

Heute springt mein Freiheits-Lämmlein schon am frühen Morgen wild durch die ganze Wohnung. Die Freiheitsstatue, die es sonst mit dem Vorderbein hochhält, hat es auf den Couchtisch gestellt und schwenkt nun eine große Fahne. Es trägt die Mütze der Freiheitskämpfer auf dem Kopf und sieht wild und leidenschaftlich aus. »Freiheit für Louisa!«, ruft es, und: »Alles Essen ist erlaubt!«

»Alles Essen soll erlaubt sein?« Mein Bedenken-Lämmlein lugt vorsichtig hinter mir hervor, und man merkt, dass ihm die Szene äußerst suspekt ist. »Wenn das mal gut geht, Louisa. Da sollten wir uns lieber fernhalten. Das gibt nur Ärger!«

Abenteuer-Jack kommt von der anderen Seite hinzu. »Ach was, von wegen Ärger. Das gibt jetzt so richtig Spaß! Mal sehen, was passiert!«

Soeben saust das Freiheits-Lämmlein an uns vorbei und schreit, wobei es die Fahne schwenkt: »Freie Essenswahl für freie Menschen in einem freien Land!« Es ist nicht zu bremsen, und ich will es auch gar nicht bremsen, denn ich will genau diese Freiheit!

Im Restaurant

Seit ich mir zugestanden habe, dass alles Essen erlaubt ist, gehe ich öfter ins Restaurant zum Essen. Die großen Portionen dort sind für mich überhaupt kein Problem mehr. Ich esse einfach alles auf – ohne Wenn und Aber und ohne inneren Kampf, ob ich einen Rest übrig lassen müsste. Es gibt ein wunderbares Menü und dazu Wein, danach selbstverständlich noch ein leckeres Dessert und einen kleinen Verdauungsschnaps. Wunderbare Glücksgefühle erfüllen mich. Mein Schatzhüter ist richtig verdattert. »Ich lege Polster an!«, verkünde ich fröhlich »Allerdings keine finanziellen!«

Er versucht, mich zu verstehen. Mein Bedenken-Lämmlein beschäftigt sich dagegen ernsthaft mit der Frage, ob Abnehmen wirklich gut für mich sei, da ich mich doch mit dem Essen viel wohler zu fühlen scheine. Mir ist vor allem eines klar geworden: Ich will alles haben und genießen, ich will Fülle und Leicht-Sinn, ich will mich entschädigen für all die Qualen und Mühen der vergangenen Jahre. Mein Sicherheits-Lämmlein sieht voller Wohlwollen zu, wie mein Speckgürtel wächst. Die Zeit vergeht wie in einem Rausch, jeder Tag ist wie ein Fest. Auf einmal fühle ich mich gar nicht mehr einsam. Ich fühle mich auch nicht mehr hilflos. Und schon gar nicht gestresst. Schließlich darf ich alles essen, und ich esse auch alles. Ich esse jederzeit und überall, ob gesund oder ungesund: Mir geht es gut, und ich fühle mich wunderbar.

Ich esse zu jedem Anlass, der sich mir bietet, so viel ich will. Bedenken werden weggewischt, die Perfektion zurückgedrängt, ich fühle mich frei und glücklich.

An einem dieser entspannten Tage komme ich abends zufrieden nach Hause, als meine Freundin anruft. Sie möchte mit mir zum Tanzen gehen. Am besten heute. Jetzt gleich.

Ich frage: »Heute?«

»Ja, heute!«

»Jetzt?«

»Ja, jetzt!«

Ich muss mich kurz setzen, aber vorher brauche ich noch ein Schnäpschen – auf den Schock hin.

Tanzen! Ich fühle mich wie erstarrt, ich bin erstarrt: steif und unbeweglich. Ich kann gar nicht mehr tanzen, ich kann nur noch in einer Ecke des Sofas liegen. Als ich mich zum Spiegel drehe, schaue ich in ein aufgedunsenes, maskenhaftes Gesicht. Ich habe mein Leben auf Essen reduziert und bin jetzt in einem neuen Käfig gefangen; ich bin entsetzt über mich. Vorher hatte ich mich dauernd kontrolliert und alles unterdrückt, was sich in mir hätte regen können. Jetzt ist es so, als hätte ich eine Dose geöffnet, aus der zahllose Springteufelchen hervorgesprungen sind, die sich nun nicht mehr einsperren lassen wollen. Meiner Freundin sage ich ab. Den Schnaps lasse ich stehen, ein schaler Geschmack bleibt zurück.

An diesem Abend bekomme ich Bauchschmerzen. Von Stunde zu Stunde werden sie schlimmer, steigern sich. Meine Lämmlein liegen im Halbkreis um mich herum und blicken besorgt und schuldbewusst zu mir auf.

Diese Art von Freiheit ist nicht wirklich gut, ich bin ihrer überdrüssig. Wo ist das Gute, das die Lämmlein für mich tun wollten? Keine Frage: Diese Bauchschmerzen sind ein Signal, eine Warnung!

Etwas läuft falsch

In der darauffolgenden Nacht habe ich wieder einen Traum. Ich bin erneut in dem großen, hellen Raum, alle Lämmlein sind versammelt, liegen in einem weiten Halbkreis um mich herum, die Vorderbeine artig übereinandergelegt, und schauen mich aus großen, unschuldigen Augen an.

»Ich danke euch für all das Gute und Schöne«, höre ich mich sagen, »das ihr für mich tun wollt, Lebensfreude, Entspannung, Sicherheit, Freiheit und all dies. Es sind wunderbare Dinge. Aber ich habe nachgedacht: So wie es jetzt ist, entsteht auf Dauer nur Chaos. So will ich es nicht! Es darf so nicht weitergehen. Ich habe ein Ziel, und dieses Ziel will ich auch erreichen! Ich möchte Energie und Lebensfreude gewinnen, ich möchte mein Essen richtig genießen können und außerdem fit und gesund sein. Ich möchte abnehmen und irgendwann die Gestalt haben, die wirklich zu mir gehört!

Alle blicken betreten zu Boden. Das Kuschel-Lämmlein hebt das Köpfchen, und mit Tränen in den Augen bittet es: »Wir meinen es doch nicht böse, Louisa. Wir wissen es einfach nicht besser. Bitte schick uns nicht zurück in die Dunkelheit!«

»Nein, ich schicke niemanden zurück«, erwidere ich. »Ich brauche euch doch, und ich möchte, dass ihr mir dabei helft, mein Ziel zu erreichen!«

Das Bedenken-Lämmlein brummelt vor sich hin: »Wie soll das denn gehen? Das haben wir doch noch nie geschafft!« Abenteuer-Jack murmelt etwas von öder Langeweile, die nun ausbrechen würde, und mein Freiheits-Lämmlein ist völlig erstarrt vor Entsetzen. Das Perfektions-Lämmlein erkennt allerdings sofort seine Chance.

Unbeeindruckt fahre ich fort. »Ich möchte, dass ihr weiterhin all die guten Dinge für mich tut – aber eben anders als durch unmäßiges Essen oder starre Kontrolle wie früher! Stattdessen wünsche ich mir, dass ihr mir helft, die Dinge gut zu erledigen, allerdings ohne ständigen Druck. Ich möchte mein Essen in genau der richtigen Menge genießen können, jedoch ohne einen Speckgürtel anzulegen. Ich wünsche mir mehr Lebensfreude, jedoch ohne dauernd essen zu müssen. Ich möchte nicht mehr einem wilden Chaos ausgeliefert sein, sondern mich frei fühlen in meinen Entscheidungen.«

»Du willst es anders, Louisa«, entgegnen die Lämmlein, »aber anders haben wir es nicht gelernt! Wir wissen nicht, wie es anders gehen könnte. Wir sind ratlos!«

Ich antworte: Es muss anders gehen! Wir müssen Wege finden! Ich bitte euch, denkt darüber nach!«

Mit hängenden Köpfen, erschöpft und mutlos gehen die Lämmlein nach der Versammlung auseinander. Ich trete ans weit geöffnete Fenster und atme tief durch. Mit diesem tiefen Atemzug wache ich auf und bin den ganzen Tag lang ziemlich verwirrt.

Der Weg zu einer neuen Esweise

Louisas Entscheidung

Verwirrung hin und her, am nächsten Tag treffe ich eine Entscheidung, ich entscheide mich für mein Ziel. Allerdings weiß ich bisher nur, wie es nicht funktioniert, da habe ich reichlich Erfahrung. Aber wie finde ich nun heraus, wie es geht? Wie komme ich dahin?

Wenn meine Großmutter sich in einer schwierigen Situation befand, dann machte sie sich erst einmal einen Tee. »Eine gute Tasse Tee bringt die Gedanken zum Fließen« sagte sie dann immer. Genau das brauche ich jetzt, und deshalb bereite ich mir auch einen Tee zu.

Das Ziel

Wie heißt es so schön? *Wenn man das Ziel nicht kennt, ist kein Weg der rechte.*

Nun ja, ich habe natürlich eine bestimmte Vorstellung von meinem Ziel. Ich weiß genau, wie viel ich abnehmen muss, damit ich das Gewicht erreiche, mit dem ich mich früher wohl gefühlt habe. Trotzdem: Allein wenn ich daran denke, spüre ich Druck in der Brust und Beklemmung im Herzen. Dabei müsste ich mich doch darauf freuen! Aber ich freue mich nicht.

Ich setze mich in meinen Sessel und schließe die Augen. All meine zahllosen Misserfolge kommen mir in den Sinn, und meine Stimmung rutscht augenblicklich in den Keller. Da sehe ich mein Perfektions-Lämmlein vor mir, wie es mir hohe Ziele setzt: Schnell und hundertprozentig soll es gehen mit dem Ziel, so feuert es mich an. Mein Bedenken-Lämmlein äußert Zweifel, ob ich es überhaupt je schaffen würde, und sofort erlahmt meine Energie.

Da äußert sich mein Verstand. »Lass uns die Sache doch einmal ganz vernünftig und konkret angehen. Wie viel Gewicht willst du verlieren, und wie viel Zeit gibst du dir dafür?«

Mein Sicherheits-Lämmlein eilt aufgeschreckt herbei: »Verlieren? Wir wollen nichts verlieren! Überhaupt nichts!«

In meinem Kopf meldet sich meine Erfahrung zu Wort und versucht, das Lämmlein abzulenken: »Beim Menschen geht alles nicht so gradlinig wie bei einer Maschine, da kann man nicht einfach nach irgendwelchen Berechnungen gehen!«

»Genau!«, schaltet sich nun auch meine Kreativität ein und bekommt eine ganz schwärmerische Stimme. »So ist es, Menschen werden von ihrer Fantasie zu ihren Zielen emporgetragen. Louisa braucht ein Ziel, von dem sie richtig begeistert ist!«

»So wie damals«, fährt meine Erfahrung fort, »als sie unbedingt Autofahren lernen wollte. All die Schwierigkeiten, Aufregungen und Kosten hat sie auf sich genommen, weil sie im

Herzen die Sehnsucht nach der Weite des Landes hatte und schnell von Ort zu Ort gelangen wollte, leicht und unbeschwert!« Ja, das war wunderbar, ich erinnere mich noch genau daran, meine Erfahrung hat es ungewöhnlich poetisch, aber sehr zutreffend beschrieben.

»Dann mach es so wie damals!«, ruft mein Freiheits-Lämmlein spontan.

Damals hatte ich mir, wo ich ging und stand, vorgestellt, wie es ist, Auto zu fahren, hatte das berauschende Gefühl vorweggenommen. Und je lebendiger ich es mir in Gedanken ausmalte und durchlebte, desto leichter fielen mir das Lernen und Üben. Ich hatte mich hineingedacht, hineingefühlt, alle Situationen gedanklich durchgespielt und die Freude gespürt, wenn es in der Vorstellung gut lief.

»Ja, mach es jetzt genau so!«, rät mir auch meine Erfahrung. »Zeige deinem Inneren, wie dein Ziel aussieht, rufe es dir so lebendig in Erinnerung, dass alles in dir bereit ist mitzumachen!«

Aus den Augenwinkeln sehe ich, wie meine Lämmlein ihre Filmausrüstung herbeizerren, die Scheinwerfer aufstellen, eine Bühne herrichten und den Raum in strahlendes Licht tauchen. Diesmal stehe ich von Anfang an mitten auf der Bühne, und sie wollen für mich einen Film drehen, der mein Ziel so attraktiv macht, dass ich es unbedingt erreichen möchte. Sie entrollen verschiedene Leinwände und beobachten, bei welcher Kulisse mein Gesicht aufleuchtet. Da gibt es einen weißen Sandstrand mit Palmen und blauem Meer, ein Gebirgsmassiv mit Almhütte, einen Weg durch blühende

Obstbaumwiesen … Ich entscheide mich für den Meeresstrand.

Jetzt lassen die Lämmlein einen Mambo ertönen, der sofort in die Beine geht. Sie geben noch mehr Licht ins Bild, mehr Leuchtkraft in die Farben, lassen die Bilder größer werden und die Musik mitreißender. Ich spüre den warmen Wind auf meiner Haut, fühle die Beweglichkeit meines Körpers, blicke an mir herunter und sehe mich in meiner wahren Gestalt. Ich lege eine Hand in die Hüfte, und wenn man die Hüfte in bestimmter Weise spürt, dann weiß man, dass das Ziel erreicht ist. Genau so fühlt es sich jetzt an! Ich tanze über den Strand, selbstvergessen, ausgelassen. Auf einmal entdecke ich eine wunderschöne Feder, die direkt vor meinen Augen schwebt. Ich greife danach und fühle, wie weich sie ist und wie stark, wie biegsam sie ist und wie fest. Sie lässt den Vogel fliegen, und sie schwebt schwerelos im Raum.

Jetzt spüre ich so einen brennenden Wunsch nach meinem Ziel. Sehnsucht wächst in mir und Leidenschaft. Ich werde alles tun, um mein Ziel zu erreichen, das verspreche ich mir. Ich verspreche meinem Körper, dass er genau richtig sein wird, und ich verspreche meiner Seele, dass sie sich wohl fühlen wird. Mit diesem Hochgefühl komme ich wieder zurück und spüre die große Kraft, die von meinem Ziel ausgeht. Die Feder ist für mich ein Zeichen, genau so eine will ich mir suchen, damit sie mich immer wieder an mein Ziel erinnert!

»Du hast jetzt einen Traum, eine Vision, Louisa«, sagt meine Erfahrung. »Nun kannst du dein Ziel erreichen!« »Louisa kann es sich jetzt vorstellen«, schaltet sich mein Verstand ein. »Aber kann sie es auch glauben?«

»Ja, denn nur was man sich vorstellen und glauben kann, das kann man auch erreichen!«, sagt meine Kreativität.

Das stimmt, richtig glauben werde ich es erst, wenn ich auch das tue, was mich meinem Ziel wirklich näherbringt.

Merkzettel 1

Daran will ich mich erinnern:

Ich habe eine wunderschöne Feder gefunden. Sie liegt jetzt an einer Stelle, an der ich mehrmals am Tag vorbeikomme. Oft spüre ich, wie eine kleine Freude mich durchzuckt, wenn ich sie betrachte.

Das will ich tun:

Ich gehe jeden Tag ein Stück Weg – mal länger, mal kürzer – und nehme ein paar Stufen – mal mehr, mal weniger –, und zwar so leichtfüßig und beweglich, als hätte ich mein Ziel schon erreicht. Auf diese Weise zeige ich meinem Inneren immer wieder, wie es werden soll mit meinem Ziel.

Der Fragebogen

»Aber zunächst ist es wichtig, einmal genauer hinzuschauen und herauszufinden, wie es dazu kommt, dass du dein Ziel bisher nicht erreicht hast«, äußert meine Erfahrung und fährt fort: »*Erst wenn du weißt was du tust, kannst du anfangen, zu tun was du willst!*«

Tags darauf entdecke ich zufällig in einer Zeitschrift den folgenden Fragebogen.

Kommen Sie Ihrem Essverhalten auf die Spur! Betrachten Sie einmal mit den Augen einer wohlwollenden Forscherin, wie Sie es machen mit dem Essen.

1) Wie merken Sie, dass es Zeit ist, etwas zu essen?
Ja, wie merke ich es eigentlich? Manchmal steht etwas Verlockendes da – und dann muss ich einfach etwas davon essen. Dann wieder spüre ich einen unangenehmen Geschmack auf der Zunge und will ihn unbedingt loswerden. Mal sehe ich auf die Uhr und denke: Ah, Zeit fürs Mittagessen! Oder ich sage mir: Jetzt hast du aber eine Pause verdient! Und zu einer Pause gehört für mich nun einmal auch etwas zu essen. Manchmal spüre ich ein kleines flaues Gefühl im Magen, dann weiß ich, es ist wirklich Zeit zum Essen.

2) Wie wählen Sie Ihre Mahlzeiten aus? Essen Sie, worauf Sie wirklich Lust haben?
Diese Frage stelle ich mir gar nicht erst, denn es ergibt sich irgendwie immer, was ich esse. Ob ich gern größere Vorräte habe

oder lieber spontan einkaufe? Ich liebe Vorräte – genauso wie mein Sicherheits-Lämmlein – und kaufe genauso gern spontan ein, zusammen mit Abenteuer-Jack. So wachsen die Vorräte ständig und machen mir irgendwann Druck, dass sie verbraucht werden wollen, und Vorräte verbrauchen heißt natürlich, sie zu essen. Ob ich unterscheiden kann, wann ich etwas essen oder trinken will? Nun, das ist ganz einfach: Essen ist für mich immer interessanter als trinken. Ich will lieber etwas Richtiges kauen, als etwas Flüssiges einfach so hinunterschlucken. Zwei Liter Wasser am Tag zu trinken wäre mir ein Graus – allein bei dem Gedanken habe ich ein unangenehm wässeriges Gefühl im Bauch.

3) Woher wissen Sie, was für Sie die richtige Menge ist?
Ja, das ist in der Tat ein entscheidendes Problem: Ich weiß es nämlich nicht. Mal gehe ich danach, ob die Portion auf dem Teller gut aussieht, mal beobachte ich, wie viel andere sich auftun, dann wieder teile ich auf, was ich gekocht habe, oder ich sage zu mir: Es schmeckt so gut, da muss ich noch etwas nehmen! Oft denke ich allerdings auch, für mich allein lohnt es sich nicht, etwas zu kochen, und dann gibt es nichts Richtiges. Ob ich noch weiteresse, auch wenn ich eigentlich schon satt bin? Meist höre ich erst auf zu essen, wenn nichts mehr da ist. Ob ich zwischen den Mahlzeiten nach etwas Essbarem suche? Bei mir gibt es kein Dazwischen, es gibt immer etwas zu essen, entweder es liegt herum, oder ich suche danach – und ich finde eigentlich immer etwas.

4) Wie läuft es ab, wenn Sie essen?
Manchmal esse ich im Sitzen, aber ich glaube, meistens esse ich nebenbei, entweder im Gehen, im Stehen, beim Lesen, beim Fernsehen … Wenn ich ehrlich bin, habe ich längst den Überblick verloren. Ob ich das Essen dabei richtig genießen kann? Ich fürchte, ich schlinge alles Essen so schnell und so gierig herunter, dass man nicht gerade behaupten kann, ich hätte etwas davon. Wenn ich dazu doch nur in der Lage wäre: das Essen richtig genießen!

5) Essen Sie öfter aus Stress?
Oh ja, ich esse aus Stress, aus Frust, aus Langeweile, aus Lebensfreude – essen hält mich bei Laune.

Ich fühle mich durch diesen Fragebogen in vielen Situationen durchschaut und ertappt und kann nicht umhin, dieses und jenes Verhalten doch nicht so wohlwollend zu betrachten. Wenn ich es recht bedenke, trifft sogar alles auf mich zu, was Essen zum Problem macht.

Ich weiß jetzt deutlich mehr über mich. So genau habe ich vorher nur selten hingesehen, und wenn, dann immer nur mit dem schwarzen Gefühl von Schuld und Reue – und keineswegs wohlwollend. Diesmal war es gar nicht so schlimm. Ich bin sogar neugierig geworden, neugierig auf mich.

Merkzettel 2

Daran will ich mich erinnern:

Die wohlwollende Forscherin in mir erinnert mich daran, dass ich mich selbst genauer erkunden will: Wie kommt es dazu, dass ich zu viel oder zu schnell esse? Oder Sachen, von denen ich genau weiß, dass sie nicht gut für mich sind?

Das will ich tun:

Ich will beobachten, was meine Augen, Ohren, Hände, ebenso meine Zunge und meine Nase alles mit dem Essen zu tun haben. Und was sind das eigentlich für Diskussionen, die unaufhörlich in mir ablaufen?

Die Reise nach innen

Heute ist mir in der Stadt ein Buch mit dem Titel *Wenn du es eilig hast, gehe langsam!* aufgefallen.

Ich habe es sehr eilig, will mein Problem sofort gelöst haben, will es los sein, und zwar spätestens in vierzehn Tagen – auch wenn ich weiß, dass das völlig unrealistisch ist. Aber langsam gehen? Trotzdem, der Buchtitel geht mir nicht aus dem Kopf.

Gestern Abend habe ich in einer Radiosendung einen Satz nebenher gehört, der Ähnliches besagt, nämlich: »Nehmen Sie sich Zeit.« Und jetzt denke ich, ich muss die Botschaft ernst nehmen. Ich habe zwar nicht mitbekommen, wofür man sich Zeit nehmen sollte, aber ich nehme mir jetzt Zeit für mein Ziel. Ich setze mich in meinen Sessel, kuschele mich in eine Decke und schließe die Augen. Ich nehme mir Zeit. Und weil ich ja nun nichts zu tun habe, entspanne ich mich ein wenig. Und wie ich so entspannt zurückgelehnt dasitze, verändert sich mein Atem: Er wird langsamer und tiefer. Es kommt mir so vor, als würde nicht ich atmen, sondern als atmete es in mir.

Wieder denke ich an mein Ziel und will mir Zeit nehmen – weiß aber nicht, wofür ich sie nutzen soll. Also sitze ich einfach zurückgelehnt in meinem Sessel da, während es in mir atmet. Mit jedem Ausatmen sinke ich tiefer in den Sessel, mein Körper wird schwerer – und gleichzeitig so leicht, dass ich ihn so gut wie gar nicht mehr spüre. Dafür spüre ich etwas anderes. In meinem Bauch entsteht ein warmes Gefühl, das sich von der Mitte her in Wellen ausbreitet. Und jetzt bekommt die Wärme eine wunderbare Farbe, und kleine, glitzernde Leuchtpunkte blitzen überall auf.

Und wie diese Farbe sich immer mehr ausbreitet, nehme ich wunderbare Veränderungen wahr: Ich wachse von innen und nehme Raum ein, meinen Raum, auch werde ich größer, fühle mich aufrecht, aufgerichtet. In mir breitet sich ein wunderbares Gefühl einer tiefen Übereinstimmung mit mir selbst aus.

Auf einmal bin ich gelassen und selbstbewusst. Ich spüre einen tiefen inneren Frieden, und es fühlt sich an wie eine vibrierende Bewegung im Gleichgewicht. Plötzlich sehe ich mich mit anderen Augen. Ich bin es wert, mein Ziel zu erreichen – und ich bin es *mir* wert! Dieses Gefühl der Übereinstimmung mit mir selbst soll mir den Weg weisen. Es kommt mir vor wie eine Art innere Weisheit, wie eine intuitive Gewissheit, die mein Ziel bejaht und mir sagen will, dass ich auf dem richtigen Weg bin.

Nun habe ich zwar ein ungemein tiefes Urvertrauen erlebt, wie ich zu meinem Ziel komme, weiß ich jetzt aber immer noch nicht. Es ist also wieder mal Zeit für eine gute Tasse Tee, damit meine Gedanken ins Fließen kommen.

Merkzettel 3

Daran will ich mich erinnern:

Ich bin es mir wert, mein Ziel zu erreichen!

Das will ich tun:

Wenn ich den Kopf hängen lasse, kommen Zweifel in mir hoch, und ich bin mir überhaupt nicht mehr sicher, ob ich mein Ziel je erreichen werde. In solchen Momenten stelle oder setze ich mich aufrecht hin, atme mich innerlich groß und weit, hebe den Kopf so, dass der Nacken sich dehnt. Dann lasse ich die Schultern locker sinken – und atme, bis das ersehnte Gefühl entsteht, und ich denke: Ich bin es mir wert, mein Ziel zu erreichen – und ich bin schon auf dem Weg dorthin!

Die Suche nach dem Weg

»Wer etwas nicht wirklich will, sucht Gründe,
wer etwas wirklich will, sucht Wege!«

Die Lämmlein schaffen es nicht

Als ich nach einem hektischen Tag am nächsten Abend nach Hause komme, werfe ich meinen Mantel über einen Stuhl, streife Ringe, Armband und Uhr ab, ziehe die Schuhe aus und setze mich aufs Sofa. Abenteuer-Jack schaut mich erwartungsvoll an, das Kuschel-Lämmlein zwinkert mir zu, und das Rettungs-Lämmlein reicht mir als Erste-Hilfe-Aktion ein paar Kekse. Auch das Belohnungs-Lämmlein springt mit einer Tüte Süßigkeiten heran. Aber ich nehme sie ihm nicht ab, verschmähe auch die Kekse und mache mir stattdessen einen Tee. Ich lege alle Festigkeit in meine Stimme, die ich aufbringen kann, und sage: »So geht das nicht weiter mit uns! Was soll aus meinem Ziel werden?«

Betretenes Schweigen. Alle haben die Köpfe gesenkt. Nur mein kleines Kuschel-Lämmlein blickt zu mir hoch, dicke Tränen laufen ihm übers Gesicht, und es schluchzt: »Wir schaffen es einfach nicht! Auch wenn wir es uns ganz fest vornehmen, an dein Ziel zu denken, bekommen wir es einfach nicht hin. Wir sind es so gewöhnt, immer sind Chips und Kekse, Süßigkeiten und Kuchen schneller da, und dann ist es wieder passiert.«

»Wir schaffen es alle nicht!«, sagen die anderen Lämmlein im Chor.

Das Freiheits-Lämmlein meint, Freiheit sei das Wichtigste, und schlägt dabei über die Stränge.

Das Perfektions-Lämmlein sagt, wenn es nicht hundertprozentig wird, dann ist sowieso alles egal.

Das Belohnungs-Lämmlein findet, dass Süßes, Buntes und Knuspriges die schönste und schnellste Belohnung seien.

Das Rettungs-Lämmlein sagt: »Essen ist einfach das wirksamste Mittel in meinem Erste-Hilfe-Köfferchen!«

Das Lebensfreude-Lämmlein fügt hinzu: »Ich sehe doch, wie sehr du dich freust über all die leckeren Sachen!«

Ich verstehe – aber ich will mein Ziel erreichen.

Die Lämmlein nicken und rufen: »Wir sind ja bereit mitzumachen, wir schaffen es nur einfach nicht!« Enttäuscht zuckeln sie von dannen.

Die Wiederentdeckung der großartigen Helfer

Am nächsten Tag komme ich wiederum ziemlich erschöpft nach Hause und setze mich erst mal mit einer schönen Tasse Tee hin. Meine Lämmlein sind noch verschreckt von gestern und halten sich in gebührender Entfernung. Ich verkünde noch einmal laut und deutlich: »Ich will mein Ziel erreichen, und wir müssen gemeinsam einen Weg finden!« Aber noch habe ich keine Ahnung, wie dieser Weg aussehen wird und wer mir dabei helfen könnte.

Nach einer Weile des bedrückten Schweigens kommt mir eine Frage in den Sinn: Wie wird das sein, wenn ich mich nachher wieder mit dem Essen aufs Sofa setze und den Fernseher anschalte? Sofort fällt mir die Antwort ein: Es wird sein, wie es schon tausendmal war. Ich kuschele mich in die Kissen, starre gebannt auf den Bildschirm und merke gar nicht, was ich esse. Trotzdem stopfe ich alles in mich hinein, werde irgendwann schläfrig und bereue hinterher, wenn ich benommen zu später Stunde wieder zu mir komme, dass ich den Abend nicht auf schönere, wirklich zufriedenstellende Weise verbracht habe.

Meine Erfahrung sagt mir ganz deutlich: »Nur aus bewusster Erfahrung kann man klug werden! Viele halten das für Erfahrung, was sie seit jeher falsch gemacht haben, aber ich bin der Meinung, es hat keinen Zweck, immer den gleichen Fehler zu wiederholen. Stattdessen ist es wichtig, neue Erfahrungen zu machen und etwas anderes auszuprobieren. Ich sage immer, probieren geht über studieren. In jedem Experiment liegt die Chance für einen wunderbaren Erfolg. Ich erinnere nur an die Erfindung der Glühbirne. Edison hat unzählige Versuche unternommen, bis es ihm endlich gelang. Ich kann nur eines sagen, Louisa: *Erfolg ist, einmal mehr aufstehen, als man hingefallen ist!*«

Während ich so über die Worte meiner Erfahrung nachdenke, kommt mir eine andere Frage in den Sinn: Wie könnte ich es denn anders machen? Da sehe ich auch schon, wie meine Kreativität locker einen riesigen Computer anwirft und zum Laufen bringt. Sie hat mir schon oft die entscheidende Lösung gebracht. Meine Kreativität schaut aus, wie ich mir eine Mischung aus Albert Einstein mit langen grauen Haarsträhnen und Nickelbrille und einem Hans Dampf in allen Gassen vorstelle. Heute gibt sie sich besonders weltgewandt und locker und grüßt nach rechts und links. Sie trägt ein langes schwarzes Jackett, vorn offen, grünes Seidenfutter, das Grün des Propheten, blitzt hervor, schwarzen Rolli darunter und Slipper ohne Strümpfe. Während der Computer warmläuft, wendet sich meine Kreativität an mich: »Du weißt doch, dass ich immer eine Lösung finde, du musst mich nur fragen!«

Nun gibt sie lässig die Frage ein: »Wie müsste es sein, damit Louisa ihr Ziel erreicht und gleichzeitig alle Lämmlein zufrieden sind?« Sie lehnt sich entspannt zurück und wartet gelassen ab, was der Computer ausspuckt. Er hat so seine Besonderheiten, denn er gibt seine Lösungsvorschläge gern direkt nach dem Aufwachen oder wenn man gerade unter der Dusche steht und an nichts Besonderes denkt. Manchmal dauert es auch ein bisschen länger, aber dafür zeigt er einem ganz individuelle, vollkommen neue Wege auf – das ist das Geniale an ihm.

Am nächsten Tag komme ich wiederum erschöpft nach Hause und mache mir einen Tee. Damit setze ich mich in meinen Sessel und denke über mein Ziel nach. Irgendwie bin ich enttäuscht, weil mir noch keine zündende Idee gekommen ist. Meine Lämmlein spüren, dass sie mich jetzt nicht ablenken dürfen, und halten sich zurück.

Ich frage mich noch einmal: Wie kann ich mein Ziel erreichen?

Da höre ich auf einmal laut und deutlich meinen Verstand sagen: »Da kannst du lange warten! Mit einer zündenden Idee ist es eben nicht getan. Sei doch einfach mal vernünftig, Louisa! Ich kenne mich aus mit den neuesten wissenschaftlichen Erkenntnissen, die dich geradewegs zu deinem Ziel bringen. Auch kann ich dir genau sagen, was richtig und was falsch ist, was du essen darfst und wie viel. Mach einen schönen Plan, und ich garantiere dir, dass du deinem Ziel jeden Tag näher kommst!«

Ja, ich will auf meinen Verstand hören, nehme ich mir fest vor. Wie konnte ich nur alle seine guten Ratschläge in den Wind schlagen!

Und er fährt mit seiner klaren Stimme fort: »Fang doch erst mal mit einer einzigen kleinen Regel an: Nur essen, wenn man wirklich richtigen Hunger hat!«

Schweigen breitet sich aus, mir wird das Herz schwer. »Ja, so müsste ich es machen«, seufze ich, »aber ob ich das schaffe?«

Da bricht ein Tumult aus, wie ich ihn noch nie erlebt habe. Die Lämmlein schreien alle wild durcheinander: »So ein Mist, das macht ja überhaupt keinen Spaß, immer nur warten, bis man richtig Hunger hat! Das ist doch wieder nur so ein billiger Trick, um Druck zu machen, das kennen wir schon! Und überhaupt, wenn man wartet, bis man richtig Hunger hat, ist doch alles zu spät mit dem Vorbereiten und so, deshalb hat Louisa auch so oft zum Schokoriegel gegriffen!«

Noch nie haben meine Lämmlein es gewagt, so offen gegen die Vernunft zu rebellieren – schließlich hatte sie doch Recht.

Da gibt meine Erfahrung zu bedenken: »Allerdings hat es mit der Vernunft allein ja bisher nicht funktioniert. Also müssen die Lämmlein mit ins Boot!«

Meine Kreativität ist sofort zur Stelle und fragt: »Wie könnte es denn gehen, damit alle mitmachen?« Diesmal spuckt der Computer die rettende Idee sofort aus, und alle sind begeistert: richtig leckere Mahlzeiten, jeden Tag, und zwar Essen, mit dem es mir auch hinterher rundherum gut ginge.

Nach kurzem Stutzen sieht mein Lebensfreude-Lämmlein seine Chance: Das bedeutet jeden Tag Lebensfreude, garantiert. Die Mienen entkrampfen sich. Abenteuer-Jack erkennt die Herausforderung, die darin liegt, und findet es sehr spannend. Mein Freiheits-Lämmlein ist zufrieden, weil es keine Verbote gibt. Ich fühle mich getragen von einer Woge der Zustimmung.

Wie ein Wermutstropfen fällt in die gute Stimmung eine gallebittere Stimme – es ist mein Perfektions-Lämmlein. »Ohne Verzicht und eiserne Disziplin erreicht man nichts im Leben!«, sagt es.

»Das wollen wir erst einmal sehen!«, erwidern die anderen Lämmlein wie aus einem Mund.

Die Erfahrung macht daraufhin den Vorschlag, eine Probezeit für alle Neuerungen zu vereinbaren, und alle nehmen erleichtert an.

Merkzettel 4

Daran will ich mich erinnern:

Mein Verstand, meine Erfahrung und meine Kreativität sind wirklich großartige Helfer. Allerdings gewinnen sie ihre wahre Stärke erst im Zusammenspiel, und deshalb will ich jeden zu Wort kommen lassen.

Das will ich tun:

Ich sammle Fragen, die mit »Wie« beginnen:
Wie kann ich mein Ziel erreichen?
Wie müsste es sein, damit alle in mir mitmachen?
Wie kann ich gut für mich sorgen?

Übrigens, wenn ich mir Fragen stelle, die mit »Warum« beginnen, entstehen ganz andere innere Stimmungen: Warum sorge ich nicht gut für mich? Solche Fragen führen eher zu Ratlosigkeit und einem Gefühl von Verzweiflung.

Mit Fragen, die mit »Wie« beginnen, entsteht dagegen Lebensmut.

Gemütlich essen

Im Fernsehen habe ich eine Sendung mit dem Titel *Abnehmen gelingt nur durch essen* gesehen. Noch während ich im Anschluss darüber nachdachte, kam mir ein Gedanke: *Wenn ich etwas esse, worauf ich richtig Lust habe, und wenn ich es mir dabei gemütlich gemacht habe und mit Genuss kaue und schmecke, dann bin ich mit genau der richtigen Menge auch satt und zufrieden – und zwar für eine ganze Weile.*

Damit weiß ich ja eigentlich, wie es geht!

Ich mache mir einen guten Großmutter-Tee und frage mich: Worauf habe ich überhaupt Lust? Was will ich denn essen?

Mein Freiheits-Lämmlein flüstert: »Du darfst alles essen!« Dann murmelt es noch etwas von Kaviar, Hummer und Champagner – zum Frühstück!

»Nein, nein, mein Kleiner! Wie müsste mein Essen sein, damit alle zufrieden sind?«, frage ich genauer nach.

Daraufhin lässt sich das Lämmlein kaum noch bremsen, schwärmt von Sahnesoßen, Schokoladenpudding und Hefekuchen und bekräftigt: »Alles Essen ist erlaubt! Keiner kann es dir verbieten! Essen ist Menschenrecht!« Die letzten Worte stößt es heftig hervor, und ich spüre den Ernst und die Größe seines Bewusstseins dahinter.

Mir wird ganz warm ums Herz, denn nun gehöre ich nicht mehr zu den Menschen, die sozusagen entmündigt sind, die unentwegt irgendwelchen Vorschriften folgen müssen und ihrem schlechten Gewissen niemals entrinnen können. Ich bin jetzt ein freier Mensch!

»Dein Ziel, Louisa, was ist mit deinem Ziel?« Mein Perfektions-Lämmlein will mich mal wieder unsanft auf den Boden der Realität zurückholen.

Aber ich werde getragen von meiner Hochstimmung und habe eine geniale Idee. Ich will alles: Freiheit ***und*** mein Ziel erreichen ***und*** Lebensfreude. Ich will das essen, worauf ich richtig Lust habe und was mich zugleich meinem Ziel näher bringt! Ich sehe Bewunderung in den Mienen aller, Bewunderung für die Größe meines Gedankens.

In diesem Sinne stelle ich mir also jetzt noch einmal die Frage: Was will ich essen?

Mein Verstand bittet um das Wort und sagt: »Was soll dir das Essen bringen, Louisa?«

»Energie und Lebensfreude«, antworte ich.

»Und Sicherheit, damit du nicht verhungerst!«, ergänzt mein Sicherheits-Lämmlein.

Mein Verstand fährt fort: »Du brauchst Eiweiß, Fett, Kohlenhydrate, Vitamine und vieles andere!« Verstand und mein Perfektions-Lämmlein sind sich da absolut einig, auch wenn »Fett« nicht sehr attraktiv klingt und sich mein Perfektions-Lämmlein bei dem Wort angewidert abwendet.

»Wo bleibt denn da noch der Spaß am Essen?«, kommt so ein ganz kleines Stimmchen. Mein Lebensfreude-Lämmlein macht sich offenbar Sorgen.

Da tritt meine Erfahrung vor und räuspert sich. »Probiere es aus, Louisa. Stell dir ein Essen vor, so dass du es in leuchtenden Farben vor deinem inneren Auge sehen kannst!« Ich brauche einen Moment, und schon schickt mir meine Kreativität ein passendes Bild. »Jetzt nimm den Duft wahr, spüre den Geschmack und das Kaugefühl. Begleite das Essen mit deiner Aufmerksamkeit bis in den Magen, und frage deine Intuition, was sie dazu meint!«

Ich stelle mir etwas Leckeres zu essen vor, aktiviere alle meine Sinne und frage meine Intuition: »Was meinst du dazu?« Ich muss ganz fein hinspüren – und da merke ich es. Etwas öffnet sich in mir, wird weit, ist bereit, dieses Essen entgegenzunehmen und mir seine Energie zu schenken.

»Mach ein weiteres Experiment, Louisa, zum Vergleich«, schlägt meine Erfahrung vor. Sofort stelle ich mir eine Tüte Chips vor und höre sie verlockend knistern, der Duft ist köstlich, das Knacken klingt unwiderstehlich. Ich knacke, kaue und schlucke, und etwas verändert sich. Ich knacke, kaue und schlucke weiter – und der Geschmack wird schal. Dennoch kaue und schlucke ich weiter. Es ist, als ob mich etwas zwingt, alles aufzuessen, und ich fühle mich innerlich grau, angestrengt, schwer.

So soll es auf keinen Fall sein, deshalb nehme ich mir jetzt ein wenig mehr Zeit, um mir etwas anderes zu essen auszudenken. Ich will nämlich noch einmal dieses außerordentlich gute Gefühl erleben. Allmählich kristallisieren sich die Bedingungen für mein Essen heraus:

- Es soll appetitlich aussehen, gut duften und lecker schmecken.
- Es muss schnell zuzubereiten sein, darauf besteht mein Schatzhüter.
- Es muss alles erlaubt bleiben, fordert mein Freiheits-Lämmlein.

- Es soll Genuss und ein Gefühl von Luxus vermitteln, wünscht sich mein Lebensfreude-Lämmlein.
- Es soll wach machen und nicht müde, fordert mein Rettungs-Lämmlein.
- Es soll alles enthalten, was zum Leben nötig ist, fordert mein Sicherheits-Lämmlein.
- Und ich will, dass es mich satt und zufrieden macht und gleichzeitig zu meinem Ziel bringt!

Meine Erfahrung sagt: »Nimm etwas, was sich bereits als gut erwiesen hat, Louisa. Du brauchst das Rad doch nicht neu zu erfinden. Sieh einfach in deinen Kochbüchern nach!«

Tatsächlich habe ich sogar schon eine Idee und wandere mit diesem Gericht durch meine Sinne. Ich sehe das Essen vor meinem inneren Auge, nehme die Idee seines Duftes wahr und fühle, wie tief er geht, spüre den Geschmack in seiner Vielfalt und gleichzeitig das Kaugefühl. Blitzschnell komme ich im Bauch an, und dort spüre ich es: das kleine Aufleuchten der Vorfreude. Da brauche ich nicht lange zu überlegen. Das ist es! Und mir wird klar: Immer wenn ich dieses kleine Aufleuchten im Bauchgefühl wahrnehme, dann ist alles in Ordnung. Im Gegensatz dazu vergegenwärtige ich mir nun das schreckliche Gefühl, als ich mir vorgestellt hatte, eine ganze Tüte Chips zu essen, diese graue, angestrengte Schwere.

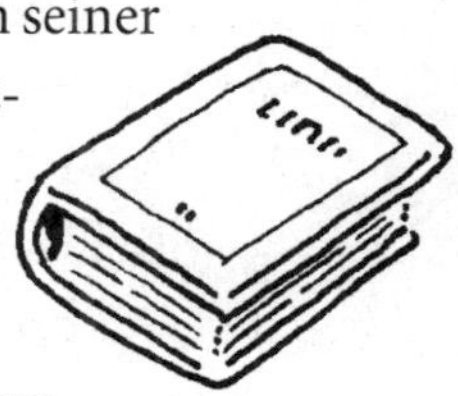

Mein Bedenken-Lämmlein nörgelt: »Das ist doch alles viel zu umständlich!«

Bevor es sich weiter aufregen kann, antwortet meine Erfahrung: »Ja, am Anfang dauert es tatsächlich ein wenig, und man braucht etwas Geduld«.

»Geduld, Geduld, die haben wir nicht!«, zetert mein Freiheits-Lämmlein.

Aber meine Erfahrung lässt sich nicht beirren. »Erinnert euch noch einmal an das Autofahren. Als Louisa es gelernt hat, ging es zuerst sehr holperig, und vieles klappte nicht so schnell, wie sie es sich wünschte.« Da kann ich ihm wirklich zustimmen und nicke. »Aber nach einiger Zeit des Lernens und des Übens ging es automatisch richtig und leicht. So ist das hier auch.«

»Aha«, brummelt mein Bedenken-Lämmlein, und seine Stirn glättet sich ein wenig.

Meine Erfahrung fährt fort: »Es ist ein Prozess, und der dauert nun mal seine Zeit. Übrigens bin ich der Ansicht, dass man nur aus Fehlern lernen kann. Jeder Erfolg – und sei er am Anfang auch noch so klein – bringt dich, Louisa, deinem Ziel näher!«

Meine Erfahrung hat mich sehr ermutigt, und ich bin voller Tatendrang. Zeit für einen Tee, denke ich, koche mir gleich eine ganze Kanne voll und setze mich gemütlich in den Sessel, um mir lauter gute Mahlzeiten auszudenken. Ich will mir unbedingt solche Gerichte zubereiten, bei denen ich das kleine Aufleuchten in meinem Bauch schon spüre, wenn ich bloß daran denke.

Nach dieser Diskussion sind mir die Bedingungen für mein Essen plötzlich ganz klar, und ich überlege, mir in der nächsten Woche jeden Tag einige Minuten Zeit zu nehmen für diese neue Art, mir mein Essen auszudenken. Ich weiß auch schon einen passenden Zeitpunkt – und natürlich gibt es dazu einen Tee.

Merkzettel 5

Daran will ich mich erinnern:

Das »kleine Aufleuchten im Bauchgefühl« ist der Wegweiser für mein Essen.

Das will ich tun:

Ich schreibe mir die Bedingungen für meine Mahlzeiten auf. Sie sollen

- appetitlich aussehen,
- gut duften,
- lecker schmecken,
- schnell zuzubereiten sein (in höchstens 30 Minuten),
- Genuss und ein Gefühl von Luxus vermitteln,
- wach und fit machen,
- gesund sein,
- satt und zufrieden machen,
- zu meinem Ziel führen.

Dazu sammle ich Rezepte für verschiedene Mahlzeiten und habe dann nicht nur meine ganz persönliche Sammlung, sondern auch einen Fundus, auf den ich jederzeit zurückgreifen kann.

Genau die richtige Menge – also wie viel?

In der vergangenen Woche habe ich jede Menge Ideen und Rezepte gesammelt, doch nun taucht eine weitere Frage auf: Wie viel darf ich davon denn nun essen?

»Du wirst jetzt wohl oder übel Kalorien zählen müssen«, sagt mein Verstand in selbstgefälligem Ton, als hätte er die Weisheit gepachtet.

»Oh nein!«, schreit mein Freiheits-Lämmlein auf. »Nicht das!«

»Es kommt bei der Menge doch auch darauf an, wie anstrengend Louisas Tag war und für wie lange das Essen vorhalten soll«, gibt mein Sicherheits-Lämmlein zu bedenken.

Nun wirft Abenteuer-Jack einen Vorschlag in die Runde. »Lasst uns die Menge doch einfach vorher abschätzen! Es ist spannend zu sehen, ob wir richtig liegen.«

»Die Menge vorher abzuschätzen ist gar nicht dumm«, bemerkt meine Erfahrung. »Ich mache das bei meinen Experimenten auch immer so. Dabei werde ich bei jedem Versuch genauer und habe es mehr und mehr im Gefühl.«

»Ich habe da so meine Zweifel«, ertönt eine Stimme von weiter hinten. Ah, mein Bedenken-Lämmlein macht sich mal wieder Sorgen. »Wie soll das denn bei den versteckten Fetten gehen mit dem Abschätzen? Wenn sie versteckt sind, kann man sie schließlich nicht sehen!«

»Ja, das ist wahr, aber die Intuition erkennt auch die versteckten Fette und weiß genau, was und wie viel man braucht.

Man muss nur hinspüren!«, erwidert meine Erfahrung, und damit ist die Diskussion beendet.

Abschätzen

Ich setze mich in meinen Sessel und male mir aus, worauf ich Lust haben könnte – natürlich auch Gerichte mit versteckten Fetten, versteht sich. Sofort läuft mir das Wasser im Munde zusammen. Meine Erfahrung sagt mir, dass es außerordentlich wirksam ist, die Experimente zuerst nur im Kopf zu machen und danach in der Wirklichkeit. Es geht dann nämlich viel leichter, weil die Wege im Gehirn auf diese Weise schon geebnet sind. Das kenne ich aus anderen Situationen und kann daher gleich anfangen. Ich stelle mir also meinen Küchentisch vor und lege einige Zutaten darauf bereit. Anschließend überlege ich, was zusammenpassen könnte.

Jetzt also die Menge!

»*Das Maß macht, ob ein Ding Gift ist*«, murmelt mein Verstand. »Das hat schon Paracelsus gesagt«.

Huch, Gift, denke ich, das will ich natürlich nicht. Sorgfältig nehme ich die einzelnen Zutaten in Gedanken in die Hand und betrachte sie ausgiebig. Dabei stelle ich mir vor, dass ich sie zu einem Gericht zusammenstelle, und frage meinen Bauch, ob es mich wohl satt und zufrieden machen wird – bis zur nächsten Mahlzeit. Es fühlt sich gut an. Dann gehe ich einen Schritt weiter und lege noch etwas dazu. Das war eindeutig zu viel, denn ich verspüre einen unangenehmen Druck im Bauch. Rasch nehme ich wieder etwas weg, doch auf einmal ist es zu wenig, und eine leichte Panik lässt es mich schnell wieder dazutun.

Um mehr Übung zu bekommen, stelle ich mir nun andere Zutaten vor, zum Beispiel Hähnchenbrustfilet. Ich lasse es erst größer und dann kleiner werden und kann vor meinem geistigen Auge gut sehen, wie groß es ist, wenn es »genau richtig« ist. Ebenso mache ich es jetzt mit dem Brokkoli, immer wieder füge ich ein bisschen hinzu, lege wieder etwas zur Seite und spüre nach. Außerdem soll es noch geröstete Sonnenblumenkerne geben, Gewürze, Tomaten als frischen Farbklecks und einen Löffel Creme fraîche als i-Tüpfelchen. Erneut frage ich meinen Bauch, ob dieses Essen mich richtig satt und zufrieden machen wird – und zwar auch diesmal bis zur nächsten Mahlzeit. Es fühlt sich gut an.

Spaßeshalber probiere ich noch etwas anderes aus. Ich lege mein Essen in Gedanken auf einen Teller und vergrößere die Portion mitsamt dem Teller. Das ist eindeutig zu viel, denn sofort spüre ich den wohlbekannten Druck. Nun lasse ich den Teller kleiner werden, und da macht sich Enttäuschung in mir breit. Also lasse ich ihn wieder wachsen, bis die Portion genau richtig ist und sich Vorfreude in mir ausbreitet. Als Nächstes mache ich den gedanklichen Mengentest mit einer Linsensuppe. Ich stelle mir die fertige Suppe vor und lasse sie nun in Zeitlupe aus der Schöpfkelle auf den Teller gleiten. Gleichzeitig bleibe ich mit meinem Bauch in Kontakt. Ich kann deutlich sehen und fühlen, wann genau die richtige Menge auf dem Teller ist.

Jetzt kommt noch der Nachtisch. Davor fürchte ich mich ein wenig, denn ich bin ein großer Fan von Süßspeisen und habe da bislang nie das rechte Maß finden können.

Mein Perfektions-Lämmlein meldet sich. »Lass den Nachtisch weg, das sind nur unnötige Kalorien!«, schlägt es vor.

Aber ich weiß jetzt, dass mein Lebensfreude-Lämmlein enttäuscht wäre, wenn es nichts Süßes zum Abschluss bekäme. Während ich so nachdenke, kommt mir eine Idee: Joghurt mit Honig. Ich stelle mir einen großen Becher Joghurt vor und nehme etwas davon. Dabei kippe ich den Becher nicht einfach und gieße den Joghurt auch nicht in das extra Schüsselchen, sondern ich schöpfe ihn mit einem Löffel heraus, langsam, wie bei der Suppe. Dann der Honig: Ich sehe genau hin, wie viel es sein soll und wie viel ich will – nicht zu viel, aber auch nicht zu wenig.

Ich spüre mehr und mehr, dass ich mein richtiges Maß im Blick, in der Hand und im Gefühl habe, und bin richtig stolz auf diese Fähigkeit. Meine Lämmlein finden dieses Experiment durchaus interessant und machen eifrig mit.

»Aber was ist, wenn wir dich zwischendurch mal mit Süßigkeiten erfreuen wollen?«, fragt mein Lebensfreude-Lämmlein.

Oft habe ich gerade nachmittags ein richtig starkes Verlangen nach Süßem, das ist wahr, außerdem ist alles erlaubt! Ich lasse also jetzt vor meinem inneren Auge sämtliche Lieblingstorten, Kuchen, Eisbecher, Pralinen, Schokoladen, Bonbons und all die zahlreichen bunt verpackten Süßigkeiten aufmarschieren. Es sieht einfach prächtig aus!

Jetzt frage ich meinen Bauch. Ich gehe eine Leckerei nach der anderen durch und spüre nach. Im Grunde habe ich es schon geahnt: Es ist ihm alles zu viel. Manches ist mir schon auf der Zunge zuwider, manches will nicht durch den Hals, und der Magen möchte nur ganz wenig hereinlassen. Solche Reaktionen kenne ich ja nun schon, und ich spüre genauer hin, was mir denn wichtig ist bei diesem Wunsch nach Süßem. Es sollte etwas Cremiges sein und schokoladig schmecken, lautet das Ergebnis. Da kommt mir plötzlich eine Idee: Quark mit ein wenig Sahne, echtem Kakao, Zucker und etwas Vanille, alles verrühren – fertig. So wird es meine eigene Portion!

Jetzt ist genau der richtige Zeitpunkt, nicht zu früh und nicht zu spät am Nachmittag. Ich spüre eine Vorfreude in mir und zugleich eine große Bereitschaft, dann weiß ich: Ja, es ist wirklich der richtige Moment! Dieses Gefühl will ich mir merken.

Belebt gehe ich danach in die Küche, um das Abschätzen der Mengen auch einmal praktisch auszuprobieren. Meine Lämmlein traben brav hinter mir her. Ein bisschen zweifele ich noch, ob ich mich wirklich auf mein Gefühl verlassen kann, denn die Portion auf meinem Teller sieht nach dem Abschätzen ungewohnt klein aus. Dafür wirkt sie aber sehr lecker, und es duftet köstlich.

»Falls du davon nicht satt wirst, bekommst du eben noch etwas anderes!«, sagt mein Sicherheits-Lämmlein entschieden.

Aber ich werde satt, und zwar richtig satt – und zufrieden. Nach dem Dessert gibt es sogar noch einen kleinen Espresso, und das ist Luxus.

Merkzettel 6

Daran will ich mich erinnern:

Ich kann die Menge richtig abschätzen, wenn ich nach Augenmaß gehe und mit meiner Intuition verbunden bin.

Das will ich tun:

Ich will herausfinden, wie groß meine individuelle Portion ist. Außerdem will ich das richtige Maß flexibel bestimmen: Mal brauche ich mehr, mal weniger. Das hängt von vielerlei Einflüssen ab, von meiner Tagesform, von den Belastungen, vom monatlichen Zyklus, vom Lebensalter, von den Jahreszeiten …

Das ist wahre Selbstbestimmung!

Mit Genuss kauen und schmecken

Nach dieser positiven Erfahrung nehme ich mir vor, mich beim Essen noch genauer zu beobachten. Ich setze mich also hin – an den Esstisch, nicht mehr auf das Sofa – und fange an. Der erste Bissen ist kaum im Mund, und schon bereitet meine Hand mit der Gabel den nächsten vor, noch während ich schlucke, wird die Gabel – kaum geleert – wieder gefüllt.

Ich halte inne. Wie bekomme ich nur die Energie aus der Hand, die immer weiterschaufelt, wie der Besen in dem Gedicht vom Zauberlehrling, der nicht aufhören will, Wasser zu schöpfen? Mein Verstand sagt: »Wenn du eine Gewohnheit ändern willst, musst du das eingeschliffene Verhalten irgendwie unterbrechen!« Irgendwie? »Ja«, fügt meine Kreativität hinzu, »du musst irgendetwas anders machen als bisher, um Zeit zu gewinnen für etwas Neues.« Ich bitte um Beispiele, und meine Lämmlein sind sofort zur Stelle, spulen den inneren Film zurück, und wir fangen noch einmal ganz von vorn an, in Zeitlupe. Wie kann ich das Schaufeln und Schlingen unterbrechen? Jemand ruft: »Zähl bis zehn, bevor du weiterisst!« Jemand anders macht den Vorschlag, ich solle mir innerlich ein Stopp-Schild vorstellen. Da kommt mir eine bessere Idee, nämlich das Besteck abzulegen, solange ich mit Kauen beschäftigt bin. Aber wo kann ich dann die Hände lassen, während ich kaue? Im Schoß? Aufgestützt? Locker neben dem Teller? Sie finden ihren Platz, und auf einmal spüre ich, wie meine Aufmerksamkeit wandert – ein tolles Erlebnis! Zuerst ist sie in den Augen und sieht genau hin, was auf die Gabel soll. Danach ist sie in der Nase, beim Riechen, und schließlich im Mund, beim Kauen und Schmecken.

Jetzt spüre ich auch, wie ein plötzlicher starker Impuls die Hand dazu bewegen will, die Gabel erneut zu füllen, und wie die Aufmerksamkeit vom Kauen und Schmecken weggeht, obwohl ich dort noch gar nicht fertig bin.

Sobald ich aber die Hände locker liegen lasse und mich entspannt auf dem Stuhl zurücklehne, kann ich beim Kauen und Schmecken bleiben. Ich nehme die verschiedenen Geschmacksrichtungen auf der Zunge wahr, fühle genau, wie fest oder weich das Essen ist, wie warm oder wie kalt, spüre die Kraft der Zähne, die Kaubewegung, merke auf einmal sogar, wann genug gekaut ist, spüre, wie der zerkaute Bissen durch die Kehle in den Magen gleitet, achte auf den Nachgeschmack – und erst dann geht meine Aufmerksamkeit wieder zu den Händen, zum Besteck.

Noch nie ist mir so sehr bewusst geworden, was alles in mir stattfindet, während ich esse. Es ist erstaunlich, faszinierend. Wenn ich mich auf diese Weise mit dem Essen beschäftige, brauche ich weder Fernseher noch Zeitung dabei.

»Was, Louisa soll beim Essen weder fernsehen noch Zeitung lesen?«, ruft mein Kuschel-Lämmlein entsetzt. »Ist das denn dann noch gemütlich?«

»Ist sie dann überhaupt noch ein freier Mensch?«, äußert mein Freiheits-Lämmlein seine Zweifel.

Ich muss die beiden beruhigen. Aber ich beginne zu verstehen: Mein Geschmackssinn und mein Kaubedürfnis wol-

len richtig zufrieden gestellt werden. Kein Problem, ich bin dabei und freue mich regelrecht auf die Party der Geschmacksnerven! Allmählich bekomme ich eine konkrete Vorstellung davon, wie es ist, wenn ich meine Mahlzeiten richtig genieße.

Damit sich diese Idee verfestigen kann, will ich mich auch weiterhin jeden Tag für einige Minuten in den Sessel setzen, um diese neuen Gedanken im Kopf durchzugehen. Von der Zeit, als ich den Führerschein gemacht habe, weiß ich schließlich noch, dass es dann auch in der Realität leichter und schneller geht.

Merkzettel 7

Daran will ich mich erinnern:

Meine Aufmerksamkeit wandert hin und her wie ein Gespann übermütiger Pferde – und ich halte die Zügel in der Hand.

Das will ich tun:

Ich mache es wie die Sportler, die sich vor einem Wettkampf mental auf ihre Höchstform einstimmen. So ebne ich in meiner Vorstellung den Weg für die neue Gewohnheit: Ich stelle mir vor, das Besteck oder das Essen nach jedem Bissen aus der Hand zu legen, und spüre nach, wie es sich anfühlt, und zwar so lange, bis es leicht geht. Dann setze ich die Vorstellung in die Tat um, vielleicht nicht gleich bei jedem Bissen, aber ich bleibe dran und merke, dass es von Mal zu Mal leichter geht. Eigentlich macht es sogar Spaß, und ich habe mehr vom Essen.

Es dabei gemütlich haben

»Gemütlich ist es immer dann, wenn du Besuch hast!«, sagt mein Lebensfreude-Lämmlein und bekommt geradezu einen selig-schwärmerischen Gesichtsausdruck.

Ja, seufze ich innerlich, dann sitzen wir alle in einer Runde am Tisch und genießen!

»Was wäre, wenn du dein eigener Gast wärest?«, fragt meine Kreativität. »Würdest du dann auch nebenbei im Stehen essen?«

Ich kann mich doch nicht bei jedem Essen hinsetzen, denke ich empört. Dann könnte ich ja an manchen Tagen gleich vor dem Kühlschrank sitzen bleiben! Wenn ich zum Beispiel vom Einkaufen komme, dann will ich die frischen Sachen doch mal schnell probieren, auch wenn ich zugeben muss, dass ich da manchmal ziemlich viel »probiere«. Wenn ich mich dazu jetzt auch noch hinsetzen würde … Ich fühle mich unverstanden.

Da meldet sich der Schatzhüter mit vor Zorn bebender Stimme zu Wort. »Auch noch hinsetzen bei jedem Essen? Es dauert doch sowieso schon alles viel zu lange!«

Als Antwort schleppen meine Lämmlein die Filmausrüstung herbei, stellen alles auf und holen genügend rote Plüschsessel für alle. Erst zeigen sie einen Film, wie ich Essen im Stehen hinunterschlinge, und danach einen anderen, wie ich gemütlich dasitze und esse. Es ist eindeutig: Ich brauche zwar beim Hinsetzen mehr Zeit, aber insgesamt verbringe ich weniger Zeit mit essen. Wenn ich nämlich bei jedem Gelüst, das mich zwischendurch überkommt, erst einmal überlege und mich frage: »Wenn ich mich dazu hinsetzen soll, will ich dann jetzt überhaupt essen?«, dann will ich es oft gar nicht mehr. Stattdessen bekomme ich eine Ahnung von dem, was ich wirklich will. Manchmal spüre ich nämlich auch, dass mich das gemütliche Essen davon abhalten will, Dinge zu erledigen, die dringend getan werden müssen.

Mein Schatzhüter grummelt noch ein wenig vor sich hin, scheint aber besänftigt.

Das mit dem Auswählen und Abschätzen geht jetzt schon viel leichter, nun will ich diese ungewohnte Vorstellung, mich bei jedem Essen hinzusetzen, in mein tägliches Teeritual einbauen.

Die Bedingungen für mein Essen sind mir durch diese Übung wieder ein ganzes Stück klarer geworden, und das ist den Einsatz wert!

Merkzettel 8

Daran will ich mich erinnern:

Ab sofort werde ich mich beim Essen immer hinsetzen.

Ich betrachte es als eine Spielregel, dann fällt es mir leichter, sie einzuhalten. Manchmal ist es allerdings unmöglich, sich beim Essen hinzusetzen, zum Beispiel bei einem Stehempfang. Aber ich merke, dass ich auch beim Stehen einen Unterschied machen kann, indem ich mich frage: Schlinge ich mein Essen gerade unbewusst und nebenbei hinunter? Oder stehe ich aufrecht und bewusst da und genieße, was ich zu mir nehme?

Das will ich tun:

Ich werde mir einen richtig schönen Essplatz einrichten, einen Ort, der so angenehm ist, dass ich mich zum Essen regelrecht dort hingezogen fühle. Wenn Essen ein Menschenrecht ist, dann kann auch Hinsetzen zum Essen ein Menschenrecht sein!

Satt und zufrieden

Wenn ich langsamer esse, bekomme ich ein Gefühl dafür, wie es ist, satt und zufrieden zu sein. Denn irgendwann haben die Zähne genug gekaut, der Geschmack hat alle Geschmacksrichtungen – süß, sauer, salzig, bitter, herb – gespürt, der Magen ist angenehm gefüllt und entspannt, kein Reuegefühl plagt mich, und ich fange auch nicht schon eine Stunde nach der Mahlzeit an, erneut nach etwas Essbarem zu suchen: Das bedeutet satt und zufrieden.

Auch diesen Gedanken integriere ich in mein tägliches Ritual. Dabei habe ich erfahren, dass langsam essen nicht bedeutet, die Zeit zwingend in die Länge zu ziehen, etwa indem man jeden Bissen dreißigmal kaut. Nein, langsam essen bedeutet vielmehr, dass ich mein eigenes Tempo finde. Anfangs spüre ich bei den Mahlzeiten immer noch eine leichte Anspannung, die mich vorantreibt. Doch dann schalte ich einen Gang zurück, erinnere mich daran, dass ich mir meine Zeit nehmen darf, und dann kommt noch so ein kleines Ausatmen, und dann bin ich richtig entspannt und ganz bei mir. Auf diese Weise werde ich immer häufiger satt und zufrieden, und das fühlt sich einfach wunderbar an.

Merkzettel 9

Daran will ich mich erinnern:

Ich will mir ganz genau merken, wie es sich anfühlt, satt und zufrieden zu sein. Mein eigenes Tempo beim Essen gehört jetzt mit zu meiner persönlichen Esskultur!

Das will ich tun:

In der nächsten Zeit werde ich beim Essen immer mal wieder eine Uhr vor mich hinstellen, um ein Gefühl dafür zu bekommen, wie lange ich denn eigentlich zum Essen brauche. Nicht etwa, um mich – wie früher – damit unter Druck zu setzen und anzutreiben, sondern um mir ausreichend Zeit zuzugestehen. Meinen Schatzhüter setze ich am besten gleich daneben.

Für eine ganze Weile – die Öffnungszeiten des Magens

Zu diesem Thema will ich mir gemeinsam mit meinen Lämmlein einen Lehrfilm anschauen, den ich in der Stadtbibliothek ausgeliehen habe. Die Lämmlein stellen den Projektor bereit, entrollen die Leinwand, und schon sehen wir den Magen in Großformat und Querschnitt.

»So wie es den Rhythmus von Tag und Nacht gibt, von Monaten und Jahreszeiten, so gibt es auch Öffnungszeiten für den Magen«, beginnt die sympathische Stimme des Sprechers. Neben der Speiseröhre erscheint nun ein großes weißes Schild, auf dem »Öffnungszeiten« steht. Die Stimme fährt fort: »In diesen Zeiten ist der Magen bereit, eine gewisse Menge an Lebensmitteln aufzunehmen.« Ganze Äpfel, Hühnerbeinchen und Spaghetti liegen plötzlich darin. »Er kann sich dabei sogar ein wenig ausdehnen.« Man sieht deutlich, wie er an manchen Stellen sogar schon gefährlich ausgebeult ist. »Dann verarbeitet er die Lebensmittel und leitet sie weiter, bis sie als Lebensenergie zur Verfügung stehen. Dahinter verbirgt sich eine Art höhere Ordnung, ein bestimmter Rhythmus, den es wiederzuentdecken gilt, übrigens bei jedem Menschen ganz individuell.«

Meine Lämmlein schauen mich interessiert an, aber bei mir war das bislang nicht so.

Die Stimme fährt fort: »Wenn der Magen nun immer wieder zwischendurch geöffnet wird, etwa für einen Schokoriegel, Kekse, Obst oder Ähnliches, dann wird er durcheinandergebracht. Das reißt ihn sozusagen aus seiner Arbeit heraus, und das Gefühl, wann es genug ist mit dem Essen, geht verloren. Es ist, als ob der Schließmechanismus dann nicht mehr funktioniert. Das heißt, jemand kann dann grenzenlos viel essen und spürt trotzdem keine Sättigung.«

Aha, so war das also bei mir, deshalb war ich nie satt, obwohl ich dauernd etwas gegessen habe oder besser gesagt: *weil* ich dauernd etwas gegessen habe.

»Der Magen kann die unterschiedlichsten Dinge vertragen und verarbeiten – wenn sie zum richtigen Zeitpunkt kommen und wenn es nicht zu viel auf einmal ist. Deshalb ist es also sehr gut, seinen individuellen Rhythmus zu kennen und alles, was man essen will, auf diese Zeiten zu verteilen.« Der Magen auf der Leinwand hat jetzt geschlossen, das sieht man an der großen roten Schleife um die Speiseröhre. In der Zwischenzeit wird das Essen geknetet und gerührt, man sieht genau, wie der Magen intensiv arbeitet – wobei er übrigens sehr zufrieden wirkt.

Der Film bekommt tosenden Beifall. Als Erstes tritt meine Erfahrung nach vorn und regt uns an, ein Experiment zu machen, um zu erforschen, wann die optimalen Öffnungszeiten für unseren Magen sind.

Alle Lämmlein haben die Augen geschlossen und spüren konzentriert nach innen. Ich merke gar nichts, denn ich weiß einfach nicht, wann es für mich optimal wäre.

Meine Kreativität springt mir bei und will mir helfen. »Stell dir vor, eine gute Fee würde dir dein Essen bringen. Wann wäre für dich der richtige Zeitpunkt? Für wann würdest du es dir wünschen?«

Der Gedanke mit der Fee ist verlockend, also für wann? Wie

finde ich heraus, ob es wirklich Hunger ist, was so oft in meinem Magen rumort? Könnte es vielleicht auch Durst sein?

Mein Rettungs-Lämmlein schleppt eine große Kanne Tee heran und dazu einen schönen bemalten Becher. Die Leinwand ist noch nicht wieder abgebaut, und so zeigen sie in Windeseile einen Film von mir, wie ich im Büro Tee trinke statt mich von einer Kleinigkeit zur nächsten zu hangeln. Tatsächlich, ich habe nichts zwischendurch genascht und nur dann etwas gegessen, wenn ich wirklich essen wollte. Dabei habe ich mich allerdings auch jedes Mal richtig satt gegessen. Ich bin stolz, dass ich den Unterschied gespürt habe. Sollte ich mir also ab sofort eine Kanne Tee auf den Schreibtisch stellen, wenn es so gut wirkt?, überlege ich.

Da meldet sich mein Harmonie-Lämmlein zu Wort: »Was sollen denn deine Kollegen denken, wenn du dauernd trinkst? Wenn du dann ständig zur Toilette musst, werden sie denken, dass du nicht genug arbeitest!«

Offenbar ist wieder einmal alles nicht so einfach, aber ich werde es am Wochenende zu Hause ausprobieren, und dann sehen wir weiter. Ich habe jetzt schon so viele gute Lösungen gefunden, dass ich auch in diesem Fall auf meine Kreativität vertraue.

Jeden Abend gelingt es mir besser, mir während meines täglichen Zehn-Minuten-Rituals all die neuen Schritte so plastisch vorzustellen, dass es in der Praxis immer leichter geht. Ich bin gespannt und neugierig, wie das mit den Öffnungszeiten meines Magens werden wird, deshalb will ich meine Aufmerksamkeit ganz bewusst auf den rechten Zeitpunkt lenken.

Merkzettel 10

Daran will ich mich erinnern:

Die optimalen Öffnungszeiten meines Magens lassen sich mit Hilfe der folgenden Fragen ermitteln:

Wie fühlt es sich an, wenn ich etwas zu essen brauche – vor dem »brüllenden« Hunger?

Wie fühlt es sich an, wenn ich beginne, satt zu werden?

Ist es vielleicht ein Signal, wenn der Geschmack nachlässt und ich nicht mehr so richtig bei der Sache bin?

Das will ich tun:

Ich beobachte mich und mein Verhalten und schreibe mir die folgenden Punkte auf:

- Wann ist der optimale Zeitpunkt für meine Mahlzeiten?
- Wie viele Mahl-Zeiten brauche ich?
  - Frühstück?
  - Zwischenmahlzeit?
  - Mittagessen?
  - Snack?
  - Abendessen?
  - kleiner Imbiss zwischen Abendessen und Schlafengehen?

Und wie mache ich es, dass die Mahlzeiten nicht mit meinen täglichen Terminen kollidieren?

Die Lämmlein machen mit, auch wenn sie noch diesen oder jenen Einwand haben

Meine nächste Mahlzeit ist das Frühstück. Ich setze mich hin, lege das Brot nach jedem Bissen auf den Teller zurück, kaue und schmecke. Und wie ich so mit allen Sinnen hineinspüre in das Schmecken, sehe ich doch tatsächlich mein Lebensfreude-Lämmlein auf meiner Zunge inmitten meiner Geschmacksknospen sitzen wie in einer Wiese voller duftender Sommerblumen. Sogar die Tasse stelle ich nach jedem Schluck wieder hin. Ich genieße mein Frühstück – mehr als je zuvor – und ich esse weniger. Nicht weil ich es mir vornehme, sondern weil ich satt und zufrieden bin.

Mein Perfektions-Lämmlein schaut ungewöhnlich wohlwollend drein und sagt: »Weniger bringt dich unserem Ziel näher, Louisa, also nur zu!«

Mein Sicherheits-Lämmlein steht ein wenig abseits, aber aus den Augenwinkeln sehe ich, dass es einen Nachschlag griffbereit hält, für den Fall, dass ich doch nicht satt geworden wäre. Mein Rettungs-Lämmlein verspricht sich vom guten Kauen einen Zuwachs an Gesundheit und ist uneingeschränkt dafür. Mein Kuschel-Lämmlein hat sich entspannt auf seine Decke gelegt. Abenteuer-Jack blickt allerdings leicht skeptisch drein, weil er noch nicht davon überzeugt ist, dass er auf diese Weise auch zu seinem Recht kommt.

Mein Bedenken-Lämmlein wiegt das Haupt und murmelt: »Das Essen wird ja kalt, wenn man so langsam isst!«

»Was sollen eigentlich die Leute denken, wenn du ständig das Besteck ablegst! Das sieht so komisch aus!«, wirft mein Harmonie-Lämmlein ein.

Mein Freiheits-Lämmlein muss sich mühsam bremsen, um nicht einfach – wie immer – draufloszuessen, aber zugleich gefällt ihm die Sache mit dem Experimentieren. In vielen Punkten ist es sich mit der Erfahrung einig.

Einer ist allerdings absolut gegen mein neues Verhalten: mein Schatzhüter. Er hat ausgerechnet, dass das Essen nun insgesamt einfach zu viel Zeit in Anspruch nimmt – selbst wenn ich die Vorbereitung und Zubereitung rationell gestalte. Er hat penibel aufgeschrieben, wie viel Zeit ich in den letzten Wochen pro Tag für das Essen »verschwendet« habe: eine halbe Stunde für das Frühstück, zehn Minuten für eine Kleinigkeit zwischendurch, eine Stunde für das Mittagessen, zehn Minuten für einen Snack am Nachmittag, eine Stunde für das Abendessen.

»Das sind insgesamt zwei Stunden und fünfzig Minuten!«, hält er mir vor. »Außerdem hast du noch mit dem Haushalt jede Menge Zeit vertrödelt. Vom Duschen und Zähneputzen will ich mal absehen, das ist wichtig, um einen guten Eindruck zu machen. Aber schließlich musst du auch noch sieben bis acht Stunden schlafen, und wie viel Zeit bleibt da noch fürs Geldverdienen?«

Ich rechne ihm vor, dass ich täglich mindestens acht Stunden im Büro arbeite, oft genug auch noch am Wochenende und abends an meinem Schreibtisch zu Hause. Er bekomme also durchaus den Löwenanteil meiner Zeit. Dann frage ich ihn noch, ob er denn wolle, dass ich über kurz oder lang ausgebrannt sei oder krank würde? Zu guter Letzt kann ich ihn dadurch überzeugen, dass ich ihm den Mehrfachnutzen des langsamen Essens vor Augen führe: Wenn ich schon mal gut zwei Stunden Lebensfreude durch die Vorfreude und das Genießen habe, brauche ich keine vordergründige Zerstreuung mehr.

Mein Lebensfreude-Lämmlein nickt zustimmend. Wenn ich beim Essen richtig entspanne, brauche ich kein zusätzliches Entspannungs- oder Stressabbau-Training.

Mein Kuschel-Lämmlein bestätigt den Gedanken mit einem lauten »Genau!« Ich könne sogar das Essen als Meditation betrachten, dann brauchte ich nicht einmal im Jahr in ein Meditations-Camp zu fahren, fügt es noch hinzu. Und das mit dem Gesundheitszuwachs durch gutes Kauen und bedachtsames Essen sei immerhin wissenschaftlich erwiesen. Man müsse schließlich langfristig denken.

Da ist auch mein Schatzhüter endlich überzeugt.

Das abendliche Ritual

Seit kurzem gibt es jeden Abend ein weiteres kleines Ritual, an dem alle Lämmlein unbedingt teilnehmen wollen. Wir gehen zusammen in die Küche, und ich stelle die Frage: »Wie wird es morgen sein? Was wollen wir dann essen?«

Alle sehen nach, was an Vorräten da ist, und Abenteuer-Jack kriecht selbst in die hintersten Winkel meines Vorratsschrankes und fördert so manche Überraschung zutage. Danach legen sich alle hin, die Vorderbeine artig übereinander, die Stirn in Falten, und warten auf Einfälle für die verschiedenen Mahlzeiten. Ich schreibe sämtliche Vorschläge mit, dann kommt der spannendste Moment: Bei welchem Gericht spüre ich das kleine Aufleuchten des Bauchgefühls?

Ich weiß, dass die Lämmlein mich aus den Augenwinkeln beobachten, ganz genau nehmen sie jede Resonanz wahr. Sie wollen an meinem Gesicht ablesen, welches Essen mir richtige, wirkliche Lebensfreude bringt, dann sind sie furchtbar stolz, ich sehe es an ihren Mienen, und sie gehen zufrieden schlafen.

Handwerkszeug zur Essgestaltung

Ich entdecke, dass durch diese Art von Achtsamkeit eine neue Lust am Essen entsteht. Die negativen Gefühle wie Gier, Reue und schlechtes Gewissen verschwinden mehr und mehr, und ich kann unbeschwert einfach gut essen, bis ich satt und zufrieden bin – und das jeden Tag. Mein Werkzeug für diesen äußerst angenehmen Zustand habe ich sozusagen immer dabei, es sind die folgenden Fragen:

- Was will ich essen?
- Wie viel will ich essen?
- Wann ist der beste Zeitpunkt?

Dazu noch die vorausblickende Frage, die in Kopf und Bauch die größte Resonanz hervorruft:

- Wie wird das sein?
- Wie wird das sein, wenn ich die Sache x kaufe?
- Wie wird das sein, wenn ich die Sache y esse?
- Wie wird das sein, wenn ich z tue?
- Wie wird das sein, wenn ich ja sage?

Meine Kreativität hat neulich die Idee gehabt, die Frage ein wenig abzuwandeln, und meine Lämmlein waren davon ziemlich verwirrt:

- Wie wird das sein, wenn ich x **nicht** kaufe?
- Wie wird das sein, wenn ich y **nicht** esse?
- Wie wird das sein, wenn ich z **nicht** tue?
- Wie wird das sein, wenn ich **nein** sage?

Ich schwankte zwischen Enttäuschung und Erleichterung, zwischen Bedauern und Desinteresse.

Auf einmal entstehen völlig neue Landschaften von Gefühlen, und ich habe wieder eine neue Art von Wahlfreiheit erlebt.

Merkzettel 11

Daran will ich mich erinnern:

Zwei Kräfte bringen mich – wie eine Rakete – auf Zielkurs: Zum einen will ich weg von dem unangenehmen Gefühl des Überessens. Zum anderen will ich hin zu dem angenehmen Gefühl, vital und zufrieden zu sein.

Das will ich tun:

Ich will die unterschiedliche Wirkung meiner Fragen spüren:

- Wie wird das sein, wenn ich meinen Schreibtisch aufräume?
- Wie wird das sein, wenn ich ihn nicht aufräume?
- Wie wird das sein, wenn ich dranbleibe am Essthema?
- Wie wird das sein, wenn ich nicht dranbleibe?
- Wie wird das sein, wenn ich früh genug aufstehe?
- Wie wird das sein, wenn ich nicht früh genug aufstehe?

Zieht es mich mehr zu dem guten Gefühl hin? Oder drängt es mich eher, das schlechte Gefühl zu vermeiden?

Was bringt mich wirklich in Gang?

Rückfall und Wut

Es geht mir wunderbar, und ich habe sogar schon abgenommen – einfach durch diese andere Art des Essens, leicht und undramatisch. So habe ich mir Erfolg immer vorgestellt, und in mir breitet sich ein besonderes Triumphgefühl aus, das sich ganz anders anfühlt als bei meinen bisherigen Diäterfolgen. »Sei still«, sage ich zu mir, »noch ist das Ziel nicht erreicht!« Mit schwingendem Schritt gehe ich durch meine Wohnung.

Da ruft meine beste Freundin an. Sie will mich besuchen und schlägt vor, mit mir für ein paar Tage in Urlaub zu fahren, irgendwohin, wo die Sonne scheint und wo es schön ist. Ein kleiner Schreck durchzuckt mich: Ich soll raus aus meinem neuen Rhythmus? Doch dann beruhige ich mich gleich wieder, schließlich habe ich mein Werkzeug immer dabei. Du kannst einfach weitermachen wie bisher mit dem Nach-Innen-Spüren und dem Fragen, sage ich mir. Einfach nebenbei weitermachen, unangenehm auffallen werde ich damit ja nicht. Ich sage also freudig zu, und wir reden uns in Begeisterung für ein schönes Reiseziel.

Mein Freiheits-Lämmlein bekommt wieder leuchtende Augen, es behauptet plötzlich, es habe genug von meinem neuen Essverhalten, das zwar seine Freiheitsgrundsätze beachte, aber eben doch noch dauernde Konzentration erfordere. Das Abenteuer-Lämmlein haut in die gleiche Kerbe und signalisiert, dass die Experimente ihm inzwischen langweilig geworden seien. Es lechzt förmlich nach neuen Abenteuern. Mein Lebensfreude-Lämmlein und mein Kuschel-Lämmlein finden den Gedanken, Besuch zu haben und eine Reise zu machen, auch ganz wunderbar, und so geht es los.

Es wird ein herrlicher Urlaub. Wir gehen zum Strand, machen Ausflüge, kaufen uns hier mal ein Eis, naschen dort mal ein paar Süßigkeiten, genießen die überbordende Fülle von Früchten, schlagen beim Büffet zu, gehen Pizza essen, genießen das Leben. Am ersten Tag stelle ich mir noch meine Fragen, aber danach vergesse ich es einfach. Meine Freundin und ich sind in wunderbarer Urlaubsstimmung, und ich sage mir: Im Urlaub ein paar Pfündchen zuzunehmen ist nicht weiter schlimm, das lässt sich hinterher leicht wieder ausgleichen.

Als wir zurückkommen, ist es grau und regnerisch. Meine Freundin fährt gleich weiter, und ich bin plötzlich wieder allein. Jetzt ist der richtige Moment da. Ich hole meine Aufzeichnungen hervor, um wieder hineinzukommen in mein Programm.

Mein Lebensfreude-Lämmlein sagt: »Ach, heute noch nicht, lass doch die Urlaubserinnerung noch ein wenig in uns nachklingen!«

Recht so, denke ich und gehe eine Pizza essen, um das Urlaubsgefühl zu verlängern.

Am nächsten Tag höre ich mein Kuschel-Lämmlein mit schmeichelndem Stimmchen sagen: »Ach, lass uns doch noch ein wenig entspannen, es war so schön!«

Auch wieder wahr, sage ich mir und lege meine Aufzeichnungen noch mal beiseite.

Am dritten Tag höre ich die wohlbekannte scharfe Stimme meines Perfektions-Lämmleins: »Alles ist verdorben, wir sind raus aus den hundert Prozent, du hast deine Chance vertan!«

Mir wird es schwer ums Herz – aber gleichzeitig bin ich auch erleichtert: Jetzt ist es sowieso egal. Also genieße ich das leichte, unbeschwerte Gefühl, einfach in den Tag hineinzuleben: Ich brauche mich nicht mehr zu fragen, was ich will, nicht ständig so weit vorauszuplanen und daran zu denken, ob genug frische Zutaten da sind. Ich kann morgens länger schlafen und den Kaffee im Stehen schlürfen, ich kann mir mal eben dies und das vom Bäcker holen, zwischendurch eine oder zwei Kleinigkeiten vom Kiosk, nachmittags ein Stückchen Kuchen und abends Pizza oder Pasta und Chips, Kekse, Brot oder sonst etwas. Wie ein normaler Mensch, der sich schließlich auch nicht so viele Gedanken ums Essen macht.

Mein Ziel ist auf einmal wieder so fern wie der Mond, und ich denke ungerührt: So ist es eben bei mir. Ohne Druck von außen kann ich offensichtlich keinen Plan lange genug durchhalten – und sei er noch so gut.

Am nächsten Tag kaufe ich mir wiederum morgens etwas beim Bäcker, nachmittags Kuchen, zwischendurch Kleinigkeiten aus dem Kiosk, und abends lasse ich mir Pizza oder Pasta bringen. Und in allem ist ein Hauch von Urlaub und Freiheit.

Am dritten Tag denke ich: Schon wieder morgens was vom Bäcker? Schon wieder nachmittags Kuchen? Schon wieder Süßes und Pizza und Pasta? Es schmeckt mir nicht mehr, zumindest nicht richtig. Das Essen liegt mir vielmehr quer im Magen, es hält nicht vor, es weckt in mir eine Gier auf mehr, es macht mich todmüde. Ich esse wieder von allem zu viel und schlinge zu schnell.

In dieser Nacht habe ich einen Traum: Ich besteige einen sehr hohen Berg, der Gipfel ist schneebedeckt, und ich bin ungefähr auf halber Höhe. Ich gehe weiter und weiter, den Gipfel fest im Blick, aber ich komme einfach nicht voran. Ich trete auf der Stelle, den ganzen Traum lang, bis ich irgendwann völlig erschöpft aufwache.

Mein Bedenken-Lämmlein bemerkt völlig überflüssigerweise: »Ich hatte gleich meine Zweifel, ob du das schaffst mit deinem Ziel.«

Ich herrsche es an: »Sei still mit deinen ewigen Zweifeln!«

Und es ist tatsächlich still.

In mir wächst ein tiefer Groll, der sich im Laufe des Tages noch verstärkt und sich abends in einem Essanfall entlädt, wie ich ihn schon lange nicht mehr hatte. Ich schlage zu, vehement, unerbittlich, bis ich mich nicht mehr rühren kann. Am nächsten Morgen – einem Sonntag – wache ich mit diesem ekelhaften sauren Geschmack im Mund und mit aufgeblähtem Bauch auf. Ich stehe auf, ziehe mich an, und da passiert es: Unbändige Wut ergreift mich in roten, heißen Wellen, die über mir zusammenschlagen. Wut auf mich selbst! Ich bin so wütend, dass ich nicht weiß, wohin mit mir, also nehme ich meine Jacke und verlasse die Wohnung.

Ich laufe einfach los, immer geradeaus, mit großen Schritten, den Blick auf den Boden geheftet. Nach einigen Stunden kann ich die Augen wieder heben und wahrnehmen, wo ich überhaupt bin. Ich kann auch den Kopf wieder heben, und in mir ist keine Wut mehr, sondern Klarheit. Klarheit über meinen Weg. Ich will nicht mehr zurück zu diesem bewusstlosen Vollstopfen und Überessen bis zur Besinnungslosigkeit.

Mein Verstand lag mir früher so oft in den Ohren mit dem ewig gleichen Satz: »Louisa, du musst bewusst essen!« Ich habe es versucht, nicht nur einmal, zahllose Versuche habe ich unternommen, aber der Druck war jedes Mal unerträglich. Bewusst, das hieß: alles richtig machen, nur Gesundes essen und niemals zu viel – ich habe jedes Mal nach kurzer Zeit kapituliert.

Diesmal ist es ganz anders. Ich bin mir so vieler Dinge bewusst, die bei mir mit dem Essen zusammenhängen. Ich bin mir bewusst, dass Verstand, Erfahrung und Kreativität mit ihren jeweiligen Spezialfähigkeiten auf meiner Seite sind, dass meine Intuition wie ein inneres Korrektiv für alle äußeren Anregungen wirkt, dass sich in mir eine ganze Herde von gutwilligen Lämmlein befindet, die ich jedes für sich mit seiner jeweiligen guten Absicht wahrnehme. Zwar lasse ich mich noch manchmal von ihnen ins alte Fahrwasser ziehen, aber ich sehe nicht mehr weg, sondern ich schaue hin, und ich höre auch hin. Ich vergeude keine Energie mehr mit Schuldgefühlen, sondern lenke meine Aufmerksamkeit auf das, was ich noch brauche, damit es immer besser klappt. Ich spüre diese Bewusstheit in mir wie eine große Klarheit, wie eine neue Plattform, von der aus ich einen umfassenderen Blick gewonnen habe. Ich sehe, wie es um mich steht, und ich sehe die Aufgabe vor mir, immer mehr gute Lösungen zu finden. Mir ist klar, dass es

nicht schlagartig gehen wird, sondern Schritt für Schritt, es gibt nicht den Stein der Weisen, sondern viele Mosaiksteinchen, die sich zu einem Gesamtbild fügen werden.

Meine Erfahrung sagt: »Du hast es doch erlebt, wie gut es sich anfühlt, wenn du dir dein Essen bewusst aussuchst und es dann auch wirklich genießt!« Ja, das war wirklich wunderbar. »Und du weißt inzwischen, wie es geht! Je mehr du präsent bist in dem, was du tust, desto mehr bist du Herrin in deinem Haus!«

Während dieser Worte spüre ich es überdeutlich: Ich bin angenehm aufgeregt, ein Prickeln strömt durch meinen Körper bis in die Haarwurzeln, erfüllt mich mit Sehnsucht und Leidenschaft für mein Ziel – und das trägt mich jetzt. Ich bin wieder bereit für den bewussten, holprigen Weg des Alltags.

Alltagsgeschichten, Kompromisse, Fortschritte

Vergilbter Kohlrabi

Wieder einmal setze ich mich mit einem Tee in meinen Sessel und merke, wie mein Atem ruhiger wird, mein Körper sich entspannt. Es atmet in mir, wird weit, und ich spüre meine Intuition, spüre, wie ich mit ihr verbunden bin.

Als ich wieder auftauche, habe ich Hunger, richtigen Hunger.

Da ich mich in der letzten Zeit nicht ausreichend um gute Vorräte gekümmert habe, finde ich nur noch einen Kohlrabi mit vergilbten Blättern, der schon ziemlich unansehnlich und keineswegs verlockend aussieht. Mit so einem Kohlrabi ist es wirklich schwer, einen neuen Aufschwung zu nehmen. Der Gedanke allerdings, ihn einfach wegzuwerfen, verbietet sich aus zwei Gründen: Erstens passt mein Schatzhüter auf, dass eine derart ungeheuerliche Verschwendung nicht stattfindet, zweitens ist Sonntag, und ich kann nichts anderes einkaufen. Wie ich das grüngelbe Ding so anschaue, spüre ich eine tiefe Enttäuschung in mir aufsteigen. Nur so ein gammeliger Kohlrabi!, denke ich. Mich verlässt die gerade gewonnene Kraft, meine Hände zittern leicht, und ich spüre, wie sich panikartiger Aufruhr in mir ausbreitet, der mich kopflos werden lässt. Jetzt beherrscht mich nur noch ein einziger Impuls: zur Tankstelle fahren und einkaufen.

Mein Rettungs-Lämmlein führt mich erst mal zum Sessel und zum Tee zurück, denn in solch einem kopflosen Zustand sollte ich keine Entscheidungen treffen. Ich schließe die Augen, trinke einen Schluck, und das Zittern lässt etwas nach.

Meine Erfahrung räuspert sich und gibt mir einen Rat. »Lass den Film mit der Tankstelle doch erst mal vor deinem geistigen Auge ablaufen! Wie wird das sein, wenn du jetzt zur Tankstelle fährst?«

Ich höre darauf und schaue mir an, wie es schon so oft in der Vergangenheit in solchen Momenten weitergegangen ist. Ich fahre hektisch los, im Kopf nur den Gedanken an die Tankstelle, komme an und greife gezielt zu: Tüten, Packungen, Tafeln, Erdnüsse, Chips, Schokolade … Wieder zurück im Auto öffne ich sofort eine Tüte, esse, kaue, spüre die Beruhigung, bin erleichtert.

Mein Rettungs-Lämmlein ist ebenso erleichtert und hält

mir die offene Tüte so hin, dass ich auch während der Rückfahrt leicht hineingreifen kann. Erst als ich meine Wohnungstür aufschließe, spüre ich, wie sich das schlechte Gewissen in mir breitmacht und mir mein Lebensgefühl vergällt.

Meine Erfahrung sagt: »Du erinnerst dich, so ist es schon mehr als hundert Mal abgelaufen. Das Schöne daran ist, dass du es gerade eben nur in deiner Vorstellung erlebt hast, nun stelle dir andere Möglichkeiten vor, und dann kannst du wählen! Wie wird das sein, wenn du nicht zur Tankstelle fährst?«

Ich bin erleichtert, und es fühlt sich auf einmal ganz anders an. Mit dieser Art Frage entsteht in mir sofort eine ganz andere Stimmung, und als mein Blick jetzt auf den mickrigen Kohlrabi fällt, fühle ich, wie meine Kreativität aktiv wird:

Leicht angetrockneter Kohlrabi als Herausforderung für ein Süppchen. Geschält sieht er schon gar nicht mehr so unappetitlich aus, in Stücke geschnitten und weich gekocht, nun gut, aber dann: cremig püriert, Salz und Muskat dazu, ein Klecks saure Sahne obendrauf für das Luxusgefühl. Vorfreude keimt in mir auf! Das ist schon mal sehr gut!

Jetzt brauche ich noch etwas, das richtig satt macht. Da sehe ich, wie Abenteuer-Jack die Ärmel hochkrempelt und mit den Worten: »Dafür werden wir jetzt auch noch etwas finden!« in die Tiefen meiner Vorratsschränke eintaucht. Kurz darauf kommt er mit seiner Beute wieder hervor: zwei Eier und eine Dose Heringe in Senfsoße. Ich entscheide mich für die Eier, und zwei sind mir gerade recht. Jetzt bin ich bereit, mich ans Werk zu machen, und gehe erhobenen Hauptes in die Küche

Nachdem ich kurz darauf alles genüsslich verspeist habe, fühle ich, wie schön es ist, ohne Reue und schlechtes Gewissen richtig satt und zufrieden zu sein.

Erst wenn ich verschiedene Möglichkeiten in Gedanken durchspiele, dann kann ich frei wählen und mich für das entscheiden, was ich wirklich will!

Hinsetzen und Besteck ablegen

Die Kohlrabisuppe habe ich selbstverständlich im Sitzen gelöffelt, denn Suppe würde kleckern, wenn man sie im Stehen isst. Allerdings kam es mir diesmal besonders komisch vor, jedes Mal den Löffel zur Seite zu legen. Was soll ich denn so lange mit der Suppe im Mund anfangen?

»Probier es einfach aus«, rät meine Erfahrung. »Es ist ein neues Experiment!«

Und tatsächlich: Ich lasse die Suppe sich im Mund ausbreiten, bewege sie ein wenig hin und her, spüre das Prickeln des Heißen, nehme ihre weiche, cremige Konsistenz wahr und spüre den Geschmack der Gewürze und des Kohlrabis, bevor ich sie schließlich in den Magen gleiten lasse und spüre, wie sich auch dort warmes Wohlbehagen ausbreitet. Das tut gut.

Ein Experiment zu machen ist wirklich etwas ganz anderes als von außen vorgegebene Regeln einhalten zu müssen.

Einkaufen

Inzwischen weiß ich: Wenn ich etwas kaufe, dann esse ich es auch. Also muss ich die entscheidenden Weichen für essen oder nicht essen rechtzeitig stellen, nämlich schon beim Einkaufen.

Wie wird das sein, wenn ich heute zum Einkaufen gehe?, frage ich mich, und Verstand und Erfahrung sind konzentriert bei der Sache. Alle Lämmlein kommen mit in den Supermarkt. Der Schatzhüter sitzt vorn im Einkaufswagen, damit er den Überblick hat. Mein Freiheits-Lämmlein klettert waghalsig auf dem Rand herum, das Kuschel-Lämmlein liegt weiter hinten im Wagen auf seiner weichen Decke und hält ein kleines Schläfchen. Belohnungs-Lämmlein und Lebensfreude-Lämmlein sind dagegen hellwach – und ungemein wachsam. Ich kann ja jetzt nicht mehr einfach so das Gewohnte in den Wagen packen, sondern frage bei jedem Teil, auf das mein Blick fällt: »Wie wird das sein, wenn ich das kaufe? Wie wird das sein, wenn ich das **nicht** kaufe?«

Jedes Mal, wenn ich diese Frage stelle, entsteht helle Aufregung unter den Lämmlein. Es ist, als ob sich mit einem Schlag ganz viele Türen öffnen.

Ich fange mit dem Gemüse an und nehme zuerst die Farben wahr: das Rot der Paprika, das Orange der Möhren, das dunkle Grün des Wirsings, das helle Grün des Kopfsalats, das Weiß der Champignons und das Schwarz des Winterrettichs. Danach versuche ich zu spüren, welche unterschiedlichen Energien von dem Gemüse ausgehen. Dann erst packe ich ein, und zwar alles, was zu mir will.

Mein Verstand fragt kritisch nach. »Wie wird das sein, wenn du alles zu Hause hast, in deiner Küche?«

Einiges ist tatsächlich zu viel, und ich lege es wieder zurück, schließlich kaufe ich öfter ein. Auf einmal fühle ich mich richtig gut.

Mein Freiheits-Lämmlein hat aufmerksam verfolgt, was ich tue, und bemerkt: »Du spürst die Inspiration, die von den Lebensmitteln ausgeht, und fühlst deine innere Antwort. Dann erst entscheidest du dich. Das ist ja auch eine Art von Freiheit!«

Die Zügel locker lassen

Einige Tage später geht es wieder zum Einkaufen. Natürlich nicht allein, sondern in großer Besetzung. Die Lämmlein freuen sich sehr auf diesen Ausflug ins Schlaraffenland, und ich wiederhole vorab noch einmal im Stillen meine Fragen:

- Was will ich?
- Worauf habe ich Lust?
- Wie viel will ich?
- Womit fühle ich mich wohl?
- Wie wird das sein, wenn ich das und das kaufe?
- Wie wird das sein, wenn ich das und das **nicht** kaufe?

Dann entdecke ich ein günstiges Angebot: fünf Stangen Porree im Bund. Aber will ich allen Ernstes fünfmal hintereinander Porree essen? Mein Geschmack wendet sich angewidert ab bei dem Gedanken, auch mein Bauch signalisiert Abwehr.

Plötzlich ruft hier etwas: »Ich bin gesund!«, dort winkt etwas: »Kauf mich, ich bin ein Sonderangebot!«, gleich daneben präsentiert sich etwas: »Ich bin neu. Probiere mich!«

Jedes Mal frage ich erst meinen Bauch und spüre dem Gefühl nach, bis das zarte Aufleuchten von Vorfreude entsteht. Als ich am Ende in den Einkaufswagen blicke, bin ich zufrieden. Es ist genug, es ist abwechslungsreich, es ist verlockend, und es ist kein einziger Fehlkauf dabei. Meine Lämmlein-Herde trottet zufrieden hinter mir her, und auch sonst hat niemand einen Einwand. Zu Hause bereite ich mir eine leckere Mahlzeit zu, verspeise sie in Ruhe und mit Bedacht und genieße es.

Einige Tage geht es ganz wunderbar so weiter, und ich merke erfreut, dass meine Hose schon lockerer sitzt. Oh, denke ich, es geht aber wirklich einfach mit dem Abnehmen, und ich mache es gut.

Am gleichen Tag flüstert mir mein Lebensfreude-Lämmlein zu: »Jetzt kannst du doch die Zügel ein wenig lockerer lassen!«

Nur zu gern höre ich auf meinen kleinen Freund, als hätte ich darauf gewartet. Ich lasse die Zügel lockerer und gehe nach Büroschluss mit einem wunderbaren Hochgefühl in den nächsten Supermarkt.

»Erfolg macht leichtsinnig!«, warnt mich mein Bedenken-Lämmlein.

Aber ich finde, ich kann es mir durchaus leisten, ein wenig leichtsinnig zu sein.

Gleich im ersten Gang liegen die Kekse, Erdnüsse und Süßigkeiten in großer Vielfalt. Ob ich die Taler mit den Erdnuss-Stückchen nehmen soll? Ich spüre den Duft, den Vor-Geschmack, das Kaugefühl. Letzteres ist am interessantesten: das Knusprig-Krümelige – und dann die festeren Stückchen! Vor meinem geistigen Auge sehe ich, wie ich die Packung aufreiße, genieße die Vorfreude, geradezu eine kleine Aufregung.

Doch dann spüre ich, dass zu diesem ersten Keks auch die anderen in der Packung gehören. Wenn ich den ersten Keks nehme, dann will ich auch den zweiten, und der ist noch nicht hinuntergeschluckt, dann holt die Hand schon den dritten heraus – und so wird es immer weitergehen, bis die Packung alle ist. Allerdings schmeckt keiner mehr so lecker wie der allererste – trotzdem kann ich nicht beim ersten aufhören und mir sozusagen jeden Tag nur einen ersten Keks gönnen. Ich spüre, dass ich mich in meiner Fantasie satt gegessen habe, und gehe weiter. Für den Moment bin ich sehr zufrieden mit mir.

Da fällt mein Blick auf das Lakritzkonfekt im Regal daneben, in großen Tüten, gemischt, bunt, toll.

Sofort ruft mein Lebensfreude-Lämmlein: »Mmmmmm, lecker Lakritzkonfekt, das hatten wir ja schon ganz lange nicht mehr!«

Ehe ich es mich versehe, liegt die Tüte in meinem Wagen. Ich kaufe noch dies und das und verspüre wieder dieses großartige Hochgefühl – es kommt eindeutig von der Lakritztüte. Ich habe einen richtigen Jieper darauf, bezahle schnell und beeile mich mit dem Einpacken, ohne mit den Gedanken recht bei der Sache zu sein. Das Lakritzkonfekt liegt obenauf. Draußen angelangt mache ich mich sofort an der Tüte zu schaffen und muss sogar die Zähne zu Hilfe nehmen. Schließlich klappt es. Die Tüte ist offen, und der unvergleichliche Duft strömt mir entgegen. Meine Hand zittert leicht vor Gier. Da ist auch schon ein Stück im Mund, und eine tiefe Entspannung breitet sich in mir aus. Das ist Glück.

Ich muss gleich das nächste Stück nehmen, alle Sorten durchprobieren – und auf einmal ist da kein Glücksgefühl mehr, sondern nur noch nackte Gier. Wie wird das sein, wenn ich so weitermache? Die Tüte ist ja ziemlich groß, und es ist noch sehr viel drin. Mit drei Schritten bin ich beim Papierkorb und versenke das gesamte Lakritzkonfekt darin.

Als mein Schatzhüter diese Ungeheuerlichkeit bemerkt, ist es schon zu spät. Ich schaue ihm direkt ins Gesicht und lege alle Festigkeit in meine Stimme: »Ich bin hier der Boss!«, sage ich, und mir ist plötzlich ganz schwindelig. Gleichzeitig spüre ich aber auch Erleichterung. Ich gestehe mir eine Panne zu, dadurch lasse ich mich doch nicht umwerfen. Aber was nun?

Mein Lebensfreude-Lämmlein befürchtet, dass ich ihm Vorwürfe mache, weil es mich zu dem Lakritz verleitet hat, aber ich glaube, ich bin selbst schuld. Ich habe mir in den letzten Tagen zu oft das Gleiche gekocht, und an einen leckeren Nachtisch habe ich überhaupt nicht gedacht. Bei diesen Gedanken spüre ich eine wohlige Vorfreude, die immer stärker wird, je mehr ich mich hineindenke.

Die Sache mit der Lakritztüte ist wieder eine Erfahrung mehr: Ich bin dem ersten Impuls gefolgt, anstatt auch die leiseren Stimmen rechtzeitig zu Wort kommen zu lassen und dann eine Entscheidung zu treffen.

Satt vom Anschauen

Für das Einkaufen nehme ich mir seit dem Erlebnis mit der Lakritztüte mehr Zeit und gehe auch öfter als früher. Ich finde es unglaublich spannend, in allen Einzelheiten wahrzunehmen, was dabei in mir vorgeht.

Wir haben alles gut erledigt, was auf der Einkaufsliste stand, und sind wieder mal bei den Süßigkeiten angelangt. Alle verstummen vor Aufregung. Ich schaue mir alles in Ruhe an, und da werden meine kleinen Begleiter auch wieder lebhaft und geben ihre Kommentare ab.

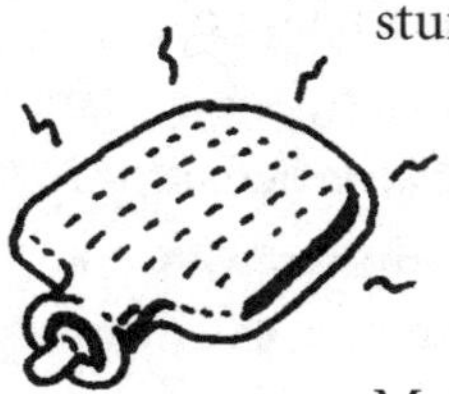

»Schokolade mögen wir!«, rufen sie.

Meine Erfahrung wirft ein: »Schokolade macht gierig, und man kann nicht aufhören!«

Mein Verstand korrigiert: »Nicht jede Schokolade macht gierig!«

Meine Erfahrung räumt ein, dass das stimmt.

»Alles so schön bunt hier!« Mein Belohnungs-Lämmlein ist entzückt.

Wir stehen ziemlich lange vor diesem Regal, sehen uns alles an und lassen es auf uns wirken. Ich bin ja nun ein freier Mensch und kann wählen, was ich will. Allerdings habe ich immer noch ein wenig Angst, dass diese Freiheit zu Zügellosigkeit werden könnte, die ich eigentlich überwunden zu haben glaube. So ganz traue ich mir und meinen Lämmlein noch nicht über den Weg. Also, was will ich? Was will ich wirklich? Jedes Mal, wenn ich denke: »Jetzt weißt du es!« oder: »Das nimmst du jetzt!«, dann macht sich so ein eigenartiges Zögern breit, und mein Bauchgefühl signalisiert: Das ist zu viel!, oder: Das macht gierig!

Ich bin ein bisschen enttäuscht. Als ich an der Kasse anstehe, fällt mein Blick auf zwei hübsch verpackte Pralinen. Im selben Moment spüre ich das kleine innere Aufleuchten. Darauf habe ich richtig Lust, und außerdem ist es genau die passende Menge!

Als ich auf den Preis schaue, schreit mein Schatzhüter entsetzt auf: »Was, so viel Geld für so eine kleine Packung?«

Ich bedanke mich dafür, dass er so gut aufpasst, und erkläre ihm, dass es in diesem Fall besser ist, eine kleine Packung zu nehmen, auch wenn sie viel teurer ist. Es fällt ihm schwer, aber er versteht. Ich freue mich, dass ich nicht gleich auf der Straße darüber herfallen muss, sondern ich suche mir die nächste Parkbank und verspeise die Leckerei ganz genüsslich und in Ruhe. Die Lämmlein liegen alle friedlich im Gras daneben und sehen zu, wie es mir schmeckt.

Bittere Orangenmarmelade

Ein anderes Mal stehe ich beim Einkaufen vor dem Regal mit den Marmeladen, und mich durchzuckt ein freudiger Schreck. Für die echte bittere Orangenmarmelade könnte ich nämlich sterben – oder zumindest meilenweit gehen.

»Greif zu«, flüstert mein Freiheits-Lämmlein. »Es ist doch alles erlaubt!«

Die mahnende Stimme meiner Erfahrung schiebt sich darüber: »Du hast schon hundert Dosen geleert und konntest dich nie bremsen!«

»Mmmmm, löffelweise mit heißem Darjeeling haben wir sie geschlürft, und eine halbe Dose war hinterher jedes Mal alle. Köstlich!«, ruft mein Lebensfreude-Lämmlein und schwelgt in Erinnerungen.

Mein Verstand drängt sich nach vorn: »Bist du wahnsinnig, Louisa, das süße Zeug! Geht das jetzt etwa wieder los?«

Mein Bedenken-Lämmlein fängt an zu nörgeln. »Das kommt davon, von diesen neuen Moden, von Freiheit und Selbstbestimmung – alles Lug und Trug!«

Jetzt ist auch noch das ängstliche Stimmchen von meinem Rettungs-Lämmlein zu hören. »Lass es lieber bleiben, Louisa. Das kommt mir sehr gefährlich vor!«

Ich nehme mir die Zeit, zuzuhören und abzuwägen, dann spüre ich zu meinem Bauchgefühl hin, und als ob es gar kein Problem gäbe, kommt von dort die Rückmeldung: »Ein bis zwei Teelöffel, das geht schon, ab und zu.«

Und mein Geschmack?

»Na ja«, sagt der. »Na ja, also«, kommt es etwas gedehnt. »Wenn du es so machst, dass du immer nur ganz wenig davon auf die Löffelspitze nimmst und die Marmelade langsam im Munde zergehen lässt, dann geht es schon. Ich mag dieses erste bittersüße Prickeln auf der Zunge nämlich furchtbar gern, und auf diese Art und Weise hätte ich dieses Gefühl oft genug – und es wäre keine Belastung für den Magen.«

Ich gehe das Wagnis ein, nehme eine Dose mit – und es hat funktioniert!

Waffelröllchen

Ein paar Tage später haben wir erneut alle »vernünftigen« Einkäufe erledigt und nähern uns wieder einmal den Keksen und Süßigkeiten. Früher habe ich oft versucht, mich an den entsprechenden Regalen vorbeizumogeln, habe bewusst in die andere Richtung geschaut oder sogar einen Umweg durch einen weniger gefährlichen Gang gemacht. Aber diesmal sehe ich ganz bewusst hin. Es sieht einfach lecker aus, die bunten Verpackungen, die Vielfalt, die verheißungsvoll oder witzig klingenden Namen, und hinter jeder Verpackung verbirgt sich ein anderer Geschmack. Wieder einmal läuft mir das Wasser im Mund zusammen.

Mein Verstand will mich dazu bringen, das geringste Übel zu wählen, nämlich fettfreie Gummibärchen oder Schokolade mit 85 Prozent Kakaoanteil.

Aber da schreien einige der Lämmlein sofort auf. »Wir dürfen alles, was wir wollen – und jetzt?« Es ist wie im Kindergarten.

»Also gut, versprochen ist versprochen«, sage ich, und schaue die einzelnen Reihen durch. Bei den Waffelröllchen durchzuckt mich ein winziger elektrischer Schlag. Wie wird das sein, wenn ich sie kaufe? Ich spüre Vorfreude auf das Kaugefühl, auf den Schokoladenschmelz.

»Nimm sie nur, dann hast du etwas im Haus, falls mal Besuch kommt oder du ein kleines Geschenk brauchst«, versucht mich mein Harmonie-Lämmlein zu überzeugen.

Es wird von der unangenehm scharfen Stimme meines Perfektions-Lämmleins übertönt. »Ha, ha, ha, fällst du darauf noch immer rein? Du wirst den Laden kaum verlassen haben und schon die Verpackung aufreißen, und bis du zu Hause bist, ist sie alle, restlos!«

»Aber sie sind wirklich lecker«, sagt mein Lebensfreude-Lämmlein mit leisem Bedauern in der Stimme.

Das Sonderbare ist, dass mir während des ganzen Hin und Her die wilde Lust auf die Waffelröllchen vergangen ist. Ich betrachte jetzt die anderen Dinge, gehe jedes Mal in den erinnerten Geschmack hinein und höre zu, was meine Lämmlein dazu sagen. Bei allem ist mir bewusst: Wenn ich etwas wirklich will, kann ich es haben!

Auf einmal merke ich, dass ich einfach weitergehen kann, einfach so, ohne Bedauern. Ich spüre eine ungeheure Erleichterung, weil ich weder den Waffelröllchen noch den anderen Süßigkeiten so wie früher ausgeliefert bin. Stattdessen kann ich souverän mit der Situation umgehen, und das ist mir den Zeitaufwand wert. Als ich weitergehe, bin ich ein bisschen größer geworden, trage den Kopf ein wenig aufrechter und lasse die Schultern entspannt sinken.

Gesundes Essen

Gesundheit ist nicht alles,
aber ohne Gesundheit ist alles nichts.

Ich bin immer wieder verunsichert beim Gedanken an meine gesunde Ernährung. Bei allem, was ich so höre und lese, habe ich öfter Angst, mich nicht gesund genug zu ernähren. Mein

Verstand ist ganz versessen darauf, alle, aber auch wirklich alle Informationen zum Thema Gesundheit zu sammeln. Wenn ich ehrlich bin, will ich es gar nicht mehr so genau wissen, denn immer ist irgendetwas falsch an meinem Essen oder an der Art, wie ich es zubereite.

Was ist denn eigentlich gesund? Ich setze mich in meinen Sessel, spüre nach innen, atme ein und aus und frage meine Intuition.

»*Wir leben nicht von dem, was wir essen, sondern von dem, was der Körper auch verdauen kann.*«

Aha.

Aber woran merke ich das?

»Ganz einfach: Dann bleibt der Bauch weich nach dem Essen, und du bist satt und zufrieden für eine ganze Zeit.«

Gut gekaut ist halb verdaut, fällt mir ein, das hat meine Großmutter immer gesagt, wenn ich bei ihr zu Besuch war und zu hastig gegessen hatte.

Vielleicht bin ich schon ziemlich nahe dran an »gesund«, wenn ich etwas esse, auf das ich richtig Lust habe, wenn ich es mir dabei schön gemütlich mache und mit Genuss kaue und schmecke? Dann bin ich nämlich mit genau der richtigen Menge auch satt und zufrieden – und zwar für eine ganze Weile.

Irrtum: der Energie-Salat

Ich glaube, jetzt weiß ich, wie es richtig geht mit dem leckeren Essen und mit dem Abnehmen. In einem Buch habe ich ein Rezept für einen Energie-Salat gefunden, dessen Wirkung mehr als verlockend klingt. Er reinigt den Körper, befreit jede einzelne Zelle von Schlacken und Giftstoffen, und vor allem gibt er dem Körper Energie. Kurzum, dieser Salat scheint das reinste Lebenselixier zu sein.

Ich besorge also frohen Mutes alle Zutaten und bereite ihn genau nach Rezept zu. Er wirkt tatsächlich, ich spüre es sofort, denn ich bin voller Energie, Leichtigkeit, guter Stimmung, kein »Suppenkoma« überfällt mich, es ist einfach fantastisch.

Mein Rettungs-Lämmlein ist verblüfft, als es diese Wirkung sieht und fühlt. Auch mein Lebensfreude-Lämmlein ist total begeistert. Diesen Energie-Salat, der seinen Namen zu Recht trägt, werde ich mir jetzt jeden Mittag machen, und das wird die Wirkung bestimmt noch steigern! Außerdem erspare ich mir so den ganzen Aufwand, jeden Mittag irgendetwas kochen zu müssen. Einfach und wirkungsvoll, so habe ich es mir immer gewünscht, und jetzt habe ich das Geheimrezept für Lebensenergie gefunden. Ich bin erleichtert, die Essenfrage für meine Hauptmahlzeit ein für alle Mal zufriedenstellend gelöst zu haben. Es gibt also jeden Tag Energie-Salat – mit Begeisterung.

Eine Zeit lang geht es tatsächlich gut, aber eines Tages spüre ich: Es ist keine Begeisterung mehr da für den Energie-Salat, ich freue mich nicht mehr darauf, die Zähne kauen lustlos darauf herum, der Bauch ist hinterher nicht mehr satt und zufrieden, sondern es rumort ungemütlich in den Gedärmen. Enttäuscht setze ich mich in meinen Sessel, spüre nach innen, frage meine Intuition, fühle die Antwort, die da lautet: Abwechslung und Vielfalt, Überraschung und Essenslust – und das jeden Tag!

Der Energie-Salat hat seinen Raum, und die ganze Vielfalt an Lebensmitteln und Gerichten soll ebenfalls genügend Raum bekommen: Fisch und Fleisch, Geflügel, Sojabohnen, Eier, Linsen, weiße Bohnen, Reis, Kartoffeln, Nudeln, Butter. Olivenöl und die ganze prächtige Auswahl an Gemüse und Früchten. Eigentlich habe ich es doch gewusst, wie sich einseitige Ernährung anfühlt. Da hatte sich altes Denken eingeschlichen, und ich bin überzeugt, dass mir das jetzt nicht noch einmal passieren wird. Ich muss einfach öfter in meinem Rezeptfundus blättern!

Rückschlag: Macht leckeres Essen maßlos?

»Leckeres Essen, mmmm«, sagt mein Lebensfreude-Lämmlein freudig.

Mein Perfektions-Lämmlein schaut missbilligend drein und erwidert: »Wenn es so lecker ist, kannst du doch nie aufhören! Und das können wir uns nicht leisten, denk an dein Ziel!« Das ist wahr, wenn es nicht so lecker ist, kann ich aufhören, sobald ich satt bin.

»Aber dann suchst du kurze Zeit später nach einer Entschädigung, und ich habe dir dann schnell etwas Schönes bereitgelegt«, wendet mein Belohnungs-Lämmlein ein.

»Muss leckeres Essen denn immer maßlos machen?«, sinniert meine Erfahrung und fährt fort: »Das scheint mir ein Fall für ein weiteres Experiment zu sein!«

Leckeres Essen, das satt und zufrieden macht. Meine Kreativität hat den Wunsch schon in ihren Computer getippt, und die Ideen kommen so schnell, dass ich kaum mitkomme, sie in ein großes Heft einzutragen. Alle Lämmlein liegen im Halbkreis um mich herum, die Köpfchen auf die Vorderbeine gelegt, und hören zu, was es noch alles gibt, was lecker ist und gleichzeitig satt und zufrieden macht. Nicht einmal mein Bedenken-Lämmlein hat irgendwelche Einwände, und meine Sammlung wächst.

Ich habe zwar eine Menge Kochbücher, aber nichts geht über einen eigenen Fundus an Rezepten.

Krokodildenken

Ich treffe einen Entschluss: Ich will jetzt einfach mal für eine Weile kein Bier und keine Chips zu mir nehmen. Ich habe es ganz freundlich zu mir gesagt, und trotzdem gehen mir die beiden Sachen den ganzen Tag nicht aus dem Kopf. Als ich nach Büroschluss noch kurz in den Supermarkt fahre, um einzukaufen, finden sich Bier und Chips unversehens im Einkaufswagen ein. In mir wächst Ärger. Es muss doch möglich sein, dass ich einen Beschluss, den ich fasse, auch durchsetzen kann!

»Das liegt an deinem Krokodildenken«, murmelt mein Verstand.

»Woran?«, frage ich verdutzt.

»Am Krokodildenken!«

»Ah«, meine Erfahrung kommt der Vernunft zu Hilfe. »Hier ist ein Experiment nötig! Louisa, stell dir einmal **nicht** ein Krokodil mit rosa-weiß geringelten Söckchen und einer rosa Pudelmütze vor! – Na, was hast du dir gerade vorgestellt?«

»Natürlich das dämliche Krokodil«, antworte ich leicht gereizt, weil ich das Gefühl habe, dass sich die beiden über mich lustig machen. Außerdem habe ich immer noch nicht verstanden, was das Krokodil mit dem Bier und den Chips in meinem Einkaufswagen zu tun haben soll.

Mein Verstand bemüht sich, es mir zu erklären. »Unser Gehirn ist nicht in der Lage, sich etwas nicht vorzustellen. Sobald du dir sagst: ›Es gibt ab sofort kein Bier und keine Chips mehr‹, stellt es sich als Erstes eine schöne Flasche Bier und eine große Tüte Chips vor, und zwar in Farbe und Großformat.« Meine Lämmlein lauschen mit vor Staunen offenem Maul. »Zwar steht da ganz klein ›kein‹ darunter, aber das Wörtchen kommt gegen die verlockenden Bilder nicht an«, führt mein Verstand weiter aus und fragt mich: »Was willst du stattdessen?«

»Stattdessen?«, antworte ich verdattert. »Nichts natürlich!«

»Glaubst du wirklich, dass ›nichts‹ gegen ein kühles Bier und eine appetitliche Tüte Chips ankommt?«

Ich denke nach. Was ist mindestens so verlockend wie Bier und Chips für heute Abend, frage ich mich, und meine Kreativität macht sofort ein paar Vorschläge. Ein spannendes Buch? Ein besonderer Gewürztee? Kerzenschein? Ein guter Film? Ich habe verstanden. Meine Aufmerksamkeit geht jetzt zu diesen Ideen, ich lasse diese neuen Vorstellungsbilder größer und schöner werden – und tatsächlich verblassen Bier und Chips schließlich dahinter.

Nichts vorbereitet

Warum klappt es zwischendurch immer mal wieder nicht?, frage ich mich. Wie wird das sein, wenn ich nach Hause komme?

Meine Erfahrung sagt mir: »Dann wirst du Hunger haben!«

Mein Entspannungs-Lämmlein möchte es sich mit mir auf der Couch schön gemütlich machen. Mein Lebensfreude-Lämmlein findet, dass Essenkochen viel zu viel Arbeit bedeutet – nach dem langen Tag im Büro. Meine Erfahrung wittert ein Experiment. Und in der Tat, ich will den Unterschied herausfinden.

Wie ist es, wenn es nicht klappt:

- wenn ich die Küche erst noch aufräumen muss,
- wenn ich mir nichts überlegt habe,
- wenn ich erst noch einkaufen müsste,
- wenn ich zu ausgehungert bin?

Wie ist es, wenn es gelingt:

- wenn schon etwas bereitsteht,
- wenn ein Zettel aus meinem Rezeptfundus bereitliegt,
- wenn alle Zutaten dafür im Haus sind,
- wenn die Zubereitung nicht länger als zwanzig Minuten dauert?

»Du hast es erfasst, Louisa«, lobt mich mein Verstand. »Genau das bedeutet Weitblick!«

Rechtzeitig vorbereiten

Für viele Erledigungen gibt es ein optimales Zeitfenster. Zum Beispiel denke ich jetzt immer öfter daran, etwas zum Essen vorzubereiten oder zumindest bereitzustellen.

Dennoch flüstert mir mein Kuschel-Lämmlein abends noch häufig zu: »Jetzt nicht, jetzt hast du Feierabend!«

Oft gebe ich ihm dann Recht und entspanne mich mit dem Gedanken, dass morgen früh auch noch Zeit ist. Am nächsten Morgen gibt es natürlich Wichtigeres zu tun, und da ich mich in Ruhe hinsetzen und Kaffee trinken will – oder soll ich mich etwa hetzen? –, klappt es oft nicht.

Eines Abends setze ich mich entschlossen in meinen Sessel und taste den nächsten Tag ab, um herauszufinden, wann ein geeigneter Zeitpunkt für die Vorbereitungen sein könnte. Ich muss ein wenig schieben und rücken, doch dann finde ich den passenden Zeitraum. Meine Vorbereitungen sind sozusagen wie in einem Sandwich verpackt, das Neue ist zwischen zwei Sachen eingefügt, die schon ihren festen Platz in meinem Tagesablauf haben.

Meine Erfahrung nickt anerkennend. »Das hast du gut gemacht! Denk an das Zähneputzen, es hat einen festen Platz in deinem Leben, ist eingepasst in den morgendlichen und abendlichen Ablauf. Du hast als Kind eine Weile dafür gebraucht, aber jetzt sitzt es fest – du merkst kaum noch, dass du es tust, du tust es einfach!«

Schrumpelige Möhren

Folgende Situation kommt immer mal wieder vor: Als ich die Möhren kaufte, waren sie frisch und knackig und leuchteten orangerot. Jetzt sehen sie schon leicht angeschrumpelt und eher bräunlich aus, und ich habe absolut keine Lust mehr darauf. Warum habe ich sie nur gekauft? Hatte ich wirklich mein Bauchgefühl gefragt? Hatte es wirklich zugestimmt? Oder war es etwa überfordert, weil ich gleich für mehrere Tage eingekauft habe?

Mein Schatzhüter sagt: »Du hast die Möhren gekauft, nun iss sie auch!«

Doch wenn ich etwas esse, worauf ich keine Lust habe, dann drängt mein Lebensfreude-Lämmlein auf Entschädigung, und solche Tage enden immer mit zu viel Süßigkeiten. Meine Kreativität schaut während meiner Grübelei schon mal im Computer nach, welche Möglichkeiten ich überhaupt habe, und gibt mir die Ergebnisse durch. Aus Möhren kann man Suppe, Gemüse und Rohkost machen, man kann sie schneiden, kochen, backen, braten, raspeln und pürieren. Jetzt kommen Vorschläge, womit man Möhren kombinieren kann: Kartoffeln, Erbsen, Linsen, weißen Bohnen. Weitere mögliche Zutaten sind Olivenöl, Salz und Pfeffer …

Ich bin immer noch nicht begeistert oder gar motiviert, mich der Schrumpelmöhren anzunehmen. Der Computer bietet inzwischen ein weich gekochtes Ei zum Möhrengemüse an, Würstchen zur pürierten Suppe und Schafskäse mit schwarzen Oliven zum Möhren-Kartoffel-Püree. Die letzte Variante gibt den Ausschlag, dabei durchzuckt mich ein kleiner Blitz und verleiht mir die Motivation, diese Mahlzeit auch zuzubereiten. Sie ist sehr lecker geworden!

Schwanken beim Einkaufen: der Samstagseinkauf

Neulich beim Einkaufen bin ich ins Schwanken geraten. Soll ich mal – zur Feier des Tages, es ist nämlich Samstag, und ich habe frei – helle Brötchen kaufen? Auch die Croissants sehen sehr lecker aus, sie erinnern mich an Frankreich und Urlaub. So könnte ich durch ein blättriges Croissant meine Erinnerungen beleben! Und warum nur eine Käsesorte? Drei sehen viel interessanter aus und bieten zudem mehr Abwechslung auf dem Teller. Und erst der Aufschnitt! Zu hellen Brötchen das wunderbare fettarme Roastbeef, innen noch rosa. Und dann noch die Fleischwurst mit Pistazien, sie ist zwar fett, aber sie erinnert mich an meine Kindheit. »Nasskalte Augenwurst« haben wir sie immer genannt. Und dann die Marmelade nach Hausfrauenart, und warum nicht auch mal Nutella?

Meine Lämmlein machen große Augen und sind ganz aufgeregt.

Ich fühle, wie ich in einen wahren Rausch der Begeisterung gerate. Fülle und Vielfalt! Deshalb frage ich mich: Wie wird das sein, wenn ich das alles kaufe? Einige Lämmlein tun jetzt so, als würden sie ebenfalls ernsthaft darüber nachdenken, aber ich weiß, dass sie hoffen, ich möge mal wieder so richtig zuschlagen, damit es ein Fest wird.

Aber da meldet sich mein Perfektions-Lämmlein mit seinem Weitblick zu Wort: »Du wirst alles essen wollen, wenn du es in der Küche vor dir siehst. Willst du das wirklich?«

»Ich kann doch etwas übrig lassen«, wende ich ein, aber ich höre selbst, dass meine Stimme nicht sehr glaubwürdig klingt.

»Du wirst Gründe finden«, schaltet sich mein Verstand ein. »Du wirst dir sagen, wenn ich sie jetzt nicht esse, werden die Brötchen alt und pappig, der Käse zerläuft, die Wurst wellt sich am Rand, das Roastbeef bekommt einen Grauschleier ...«

Ja, davor könnte ich diese schönen Dinge nur bewahren, indem ich sie aufesse, und zwar alle – oder soll da vielleicht ein einsamer Rest übrig bleiben? Diese Vorstellung gefällt mir nicht, mich stört die Zwangsläufigkeit des Ablaufs.

Ich sehe meinen Schatzhüter sich aufrichten, aber bevor er mir mit grundsätzlichen Erwägungen zum Thema Reste kommen kann, gehe ich einfach weiter. Meine Kreativität wirft ihren Computer an, um mir schönere Ideen vorzuschlagen.

Nuss-Krokant

Eine Woche später – ich habe wieder zuerst alle »vernünftigen« Lebensmittel eingekauft – stehe ich wieder mal vor dem Regal mit den Süßigkeiten. Ich betrachte die Verlockungen. Alle fallen sie bei der inzwischen üblichen Befragung durch, bis ich bei den Pralinenschachteln ankomme. Ein großer Karton voller Nuss-Krokant-Leckereien fällt mir ins Auge, sehr edel verpackt und wirklich äußerst preiswert. Fängt nicht heute das Wochenende an? Und könnte es nicht sein, dass unerwartet Besuch kommt oder dass ich selbst kurzfristig eingeladen werde? Schon liegt der Karton im Einkaufswagen.

Zwei Regale weiter beschleicht mich ein ungutes Gefühl. Welches Lämmlein hat da versucht, wieder einmal – aus alter Gewohnheit – die Oberhand zu gewinnen? Wie wird das sein, wenn ich mit der Pralinenschachtel zu Hause ankomme? Ich ahne, dass ich den Karton, sobald ich bezahlt habe, mit leicht zitternden Händen öffnen werde und eine Praline – nur eine! – probieren werde. Bis ich zu Hause bin, werde ich mindestens noch vier vertilgt haben. Ja, ich werde sie vertilgen und nicht etwa genüsslich verspeisen. Zu Hause müsste ich die Schachtel sofort wegstellen, am besten sogar irgendwo verstecken, damit mein Blick nicht mehr darauf fällt. Aber die Pralinen würden mir selbst aus dem hintersten Winkel meiner Wohnung die ganze Zeit über zuwinken und rufen: »Iss uns, iss uns!« Schließlich würde ich nachgeben, und erst nach der letzten Praline hätte ich endlich Ruhe – dafür aber auch ein schlechtes Gewissen, und der Tag wäre verdorben.

Entschlossen lege ich den Karton zurück ins Regal. Nun stelle ich mir vor, nach dem Einkaufen im Café nebenan einen Cappuccino oder vielleicht auch einen Kakao zu trinken, und das ist in Ordnung. Ich atme tief durch, und erst jetzt nehme ich wahr, dass meine Lämmlein alle die Luft angehalten hatten.

Es hat geklappt! Ich bin die Herrin im Haus, und das haben alle respektiert.

Merkzettel 12

Daran will ich mich erinnern:

All die Fragen, die ich mir selbst stelle, dienen dazu, ein wenig Zeit verstreichen zu lassen, bevor ich eine Entscheidung treffe.

Das will ich tun:

Immer wenn ich ein ungutes Gefühl habe oder eine Entscheidung treffen will, blicke ich auf meine innere Bühne und beachte alle Mitspieler meines inneren Teams.

- Wer will gehört und wahrgenommen werden?
- Wer drängt sich immer nach vorn?
- Wer braucht besonders viel Aufmerksamkeit?
- Welches ist das eigentliche Bedürfnis der Lämmlein?
- Wie kann ich abwägen, ausgleichen und neue Wege einschlagen?

Im Café

Es ist Sonntagvormittag, und ich bin in der Stadt unterwegs. Die milde Herbstsonne scheint, die Luft ist noch warm, vor den Lokalen stehen einladend Tische und Stühle, und ich denke: Jetzt dort sitzen und einen Kaffee trinken, das wäre schön!

Mein Lebensfreude-Lämmlein macht einen kleinen Sprung vor Vergnügen, und mein Kuschel-Lämmlein greift nach sei-

ner weichen Decke. Aber mein Bauchgefühl sagt eindeutig nein. Es will keinen Kaffee. Ich biete ihm stattdessen einen Milchkaffee an, Cappuccino, Espresso – nichts davon. Enttäuschung macht sich breit. Die Cafés locken an jeder Ecke, und ich soll verzichten?

»Nimm doch einfach einen Kräutertee, damit kannst du dich genauso gut schön hinsetzen!« Mein Perfektions-Lämmlein tut ganz harmlos und unschuldig.

Ich bin frustriert. Kräutertee! Was für eine Zumutung! Kein Flair, nichts Inspirierendes liegt in Kamille-, Pfefferminz- und Rooibostee. Nein danke, dann verzichte ich lieber ganz. Aber Verzichten ist doch gerade das, was ich nicht mehr will!

Inzwischen habe ich das schönste Café erreicht, mit Bäumen und Büschen zwischen den Tischen – und schon sitze ich mit einem glücklichen Seufzer an einem der Tische und bestelle ohne einen weiteren Gedanken einen Milchkaffee. In winzigen Schlucken lasse ich ihn im Mund zergehen, spüre das Bittere und das Weiche. Nach etwa der Hälfte ist es genug, mehr will ich nicht. Mein Magen trägt es mir nicht nach, mein

Schatzhüter findet sich leise knurrend damit ab, dass etwas übrig bleibt. Ich finde, es war der bestmögliche Kompromiss.

Bratwurst mit Pommes und Mayo

Wenige Tage später bin ich in der Stadt zum Einkaufen unterwegs, als mir plötzlich ein verführerischer Geruch in die Nase steigt: Bratwurst! Ich ziehe den Duft tief ein – und werde traurig. Bratwurst macht dick – erst recht mit Pommes und Mayo!

»Schlag es dir aus dem Kopf!«, sagt mein Verstand. In dem Moment spüre ich innen drin so ein kleines Hungergefühl.

»Oh«, meldet sich mein Lebensfreude-Lämmlein zu Wort, »Essen bei Hunger ist erlaubt. Sieh nur, da ist die Bratwurstbude. Jetzt darfst du dir doch eine Bratwurst kaufen!«

Ein wunderbares Gefühl durchströmt mich, Weite, Freiheit – ja, da kommt es auch schon, mein Freiheits-Lämmlein. Munter und voller Tatendrang springt es auf meine innere Bühne, macht sich groß und breit und hüpft übermütig umher. Während ich vor der Imbissbude anstehe, durchströmt die Vorfreude meinen Körper. Irgendwie bin ich auch stolz, denn ich habe eine freie Entscheidung getroffen. Mein Freiheits-Lämmlein nickt mir zu, wir sind uns einig. Ich will es nicht wahrhaben, dass da einige leisere Stimmen im Hintergrund warnen, ich schaue nur auf das übermütige Freiheits- und das strahlende Lebensfreude-Lämmlein.

Die duftenden Köstlichkeiten in der Hand, nehme ich auf einer Parkbank Platz, beiße in die Wurst und schließe die Augen, um intensiver genießen zu können. Und da sehe ich es: mein Perfektions-Lämmlein, mit Zornesfalten auf der Stirn.

»Bist du wahnsinnig, Louisa?«, schimpft es. Wie kannst du nur all das fette Zeug kaufen! Wie sollen wir das denn jemals wieder ausgleichen? Das willst du doch wohl jetzt nicht essen?«

Ich schaue mich nach meinem Freiheits-Lämmlein um und entdecke es ziemlich weit hinten. Aber da ist Abenteuer-Jack und zwinkert mir zu.

»Lass die alte Ziege ruhig meckern«, sagt er. »Komm, wir genießen jetzt die Bratwurst. Was verboten ist, macht schließlich am meisten Spaß!«

Auf einmal schiebt sich noch jemand nach vorn, es ist mein Sicherheits-Lämmlein, das sehr zufrieden dreinschaut. »Gut so, Louisa. Damit bist du gewappnet für den Einkaufsstress!«

Jetzt höre ich mein Kuschel-Lämmlein wohlig aufseufzen, und die Entspannung ist gerettet. Währenddessen kaue und genieße ich, und es schmeckt köstlich – wenn auch nicht mehr ganz so köstlich wie der erste Bissen. Ein bitteres, schwarzes Gefühl macht sich in mir breit: Reue.

PERFEKTIONS-LÄMMLEIN

»So war das nicht gedacht«, höre ich meinen Verstand mit ernster Stimme. »Bei Hunger essen heißt nicht, sich mit diesem fetten Zeug vollzustopfen!«

Ich sehe es ein, werde innerlich klein und kleiner, will die Dinge ungeschehen machen, möchte zurück in den Zustand der Unschuld, möchte das Zeug loswerden. Ich sehe den Papierkorb, stehe auf, mache einen Schritt darauf zu ... »Halt!«, ertönt eine donnernde Stimme in mir. Mein Schatzhüter! »Du willst doch wohl nicht wegwerfen, was wir gerade teuer bezahlt haben? Was gekauft ist, wird auch gegessen!«

Kurz spüre ich die Erleichterung, die es gebracht hätte, alles in den Papierkorb zu werfen, aber schon macht sich ein Gefühl der Ungeheuerlichkeit breit. Essen wegzuwerfen kommt wirklich nicht in Frage, das sehe ich ein. Also kaue ich weiter. Das heißt, ich stopfe die Bratwurst freudlos in mich hinein, bis zum letzten Bissen. Sofort spüre ich diese Schwere im Bauch, die mich herabzieht, und gleichzeitig brennt bittere Reue in mir. Wie ich so mit gesenktem Kopf weiterschleiche, denke ich: Nie wieder gehe ich in die Stadt, nie wieder kaufe ich mir eine Bratwurst, nie werde ich es schaffen, mich zu beherrschen ...«

Da sehe ich unverhofft etwas Rotes aufblitzen: mein Rettungs-Lämmlein. »Hol dir ein Eis, dann wird alles wieder gut!«, sagt es.

»Aber nur eine Kugel!«, erwidere ich und sehe noch aus den Augenwinkeln, wie sich mein Freiheits-Lämmlein blitzschnell in den Vordergrund schiebt. Ich kaufe einen Becher mit zwei Kugeln und gehe leicht getröstet weiter.

Das war ziemlich missglückt, aber so etwas kann eben passieren, und ich werde mich davon ganz bestimmt nicht entmutigen lassen.

Eins ist klar, ich muss vor dem nächsten Stadtbummel besser gewappnet sein und mir rechtzeitig eine wirklich gute Stärkung überlegen.

Merkzettel 13

Daran will ich mich erinnern:

Pannen kommen immer wieder mal vor.

Das will ich tun:

Damit ich durch eine Panne nicht in eine Abwärtsspirale gerate und an mir verzweifele, ist es wichtig, den Rückschlag durch einen Satz abzuschließen. Zum Beispiel, indem ich mir ausdrücklich sage: »So etwas kann passieren. Ja, es ist so!«

Erst dann kann ich mich wieder – befreit und ohne mich mit Schuldgefühlen zu plagen – den Dingen zuwenden, die ich erreichen will.

Der Eisbecher

Einige Tage später wage ich erneut einen Stadtbummel. Ich habe lecker zu Mittag gegessen, bin jetzt satt und zufrieden und mache mich guter Dinge auf den Weg. Diesmal bin ich ganz sicher, dass ich keiner der zahllosen Versuchungen erliegen werde. Keine Bratwurst, kein Apfelberliner, kein Käsebrötchen, kein Eisbecher wird an meiner Entschlossenheit rütteln können. Diesmal werde ich konsequent bleiben, und ich sehe, wie mein Perfektions-Lämmlein wohlwollend nickt.

Die erste Stunde geht gut vorüber, ich fühle mich beschwingt und glücklich. Auch die zweite Stunde geht problemlos vorbei. Diesmal schaffe ich es wirklich, frohlockt es in mir, und mein Schatzhüter schaut freundlich.

Dann komme ich an der Eisdiele vorbei, in der es mein Lieblingseis gibt, und davor sitzt im Nachmittagssonnenschein und mit einem riesigen Hawaiibecher samt Sahne und Krokant meine Freundin Susanne. Es durchzuckt mich wie ein elektrischer Schlag. Ich will auch ein Eis, so ein richtig prächtiges, buntes, genau wie Susanne es hat! Der Eisbecher hat sich mir in den Kopf gesetzt, und man müsste mich schon mit Gewalt wegtragen, wenn ich jetzt auf das Eis verzichten sollte. Jede Gehirnzelle denkt nur noch eines: Eis. Jede Faser meines Körpers will Eis.

Ich ahne, dass meine Lämmlein jetzt sehr aufmerksam sind, trotzdem sind sie mir im Moment sehr fern.

Dann flüstert mir eine Stimme zu: »Du wolltest doch heute kein Eis essen!«

Ich weise sie barsch zurück: »Ich will einen Eisbecher, und zwar sofort!« Seitdem ich gelernt habe, auf mein Bauchgefühl zu achten, meldet es sich von allein mit einem leichten Druck. Heute zeigt es mir also klar und deutlich: kein Eisbecher erwünscht.

Plötzlich nehme ich mein Belohnungs-Lämmlein mit sanft drängender Stimme wahr. »Warum solltest du dir kein Eis kaufen? Du hast es jetzt schon so oft gut gemacht, du kannst es dir ruhig gönnen!«

Kurz darauf nörgelt mein Lebensfreude-Lämmlein: »Immer soll ich verzichten! Alle anderen sitzen hier und lassen es sich gut gehen, nur wir sollen um so ein harmloses Vergnügen betrogen werden!«

Nun mischt sich mein Verstand mit ungewohnt warmer und geradezu liebevoller Stimme ein. »Denk an dein Ziel, Louisa, du bist auf dem Weg!«

Ich habe die ganze Zeit den Atem angehalten.

Jetzt meldet sich auch noch meine Kreativität mit ruhiger und freundlicher Stimme. »Was ist denn überhaupt hier los?«

Ich atme aus.

»Louisa will so einen riesigen Eisbecher, und ich habe ihr nur gesagt, dass der nicht gut ist für ihren Plan.«

»Und wir haben ihr nur gesagt, dass sie es verdient hat, auch Spaß zu haben wie alle anderen!«

»Was sagt denn Louisa zu alledem? Habt ihr sie gefragt, was ihr der Eisbecher bedeutet?«

Ich zähle auf, was alles für den Eisbecher spricht:

- Ich will etwas Schönes – jetzt gleich!
- Und ich will mit Susanne zusammen Eis essen!

- Woran soll ich denn sonst merken, dass Sommer ist und dass ich frei habe?

Meine Kreativität fasst schnell zusammen: »Du willst also etwas Schönes haben, mit Susanne im Café sitzen, und du willst merken, dass Sommer ist und du frei hast – außerdem willst du abnehmen, nicht wahr? Was könnte denn in dieser Situation alle deine Wünsche erfüllen?«

»Nichts«, sage ich trotzig. »Ist mir egal, ich will den Eisbecher!«

Da ich nicht einlenken kann, macht meine Kreativität einen weiteren Vorschlag und fragt: »Wie groß müsste der Eisbecher sein, damit du dir nicht betrogen vorkommst und hinterher auch kein schlechtes Gewissen hast?«

Auf diese Frage kann ich mich einlassen, ich gehe die Sorten und Größen von Eisbechern durch und teste jedes Mal mein Bauchgefühl. Bei zwei Kugeln ohne Sahne, aber mit Krokant ist es einverstanden.

Mein Lebensfreude-Lämmlein ist allerdings ziemlich enttäuscht. Vielleicht könnte es zum Trost den glitzernden Wedel von Susannes Eis bekommen? Trotzdem, es hat den Kopf gesenkt und murmelt: »Nur zwei Sorten, so wenig!«

Ich verspreche ihm, das nächste Mal andere Sorten zu probieren. Außerdem verspreche ich ihm, dieses Eis ganz intensiv zu genießen und den Geschmack richtig auszukosten. Damit ist es getröstet.

Ich setze mich also zu Susanne, bestelle mein Eis und löffele es zufrieden. Meine Freundin wundert sich etwas über die kleine Portion, aber ich sage nur, bei mir gebe es zum Abendessen etwas besonders Leckeres und dafür wolle ich Platz lassen.

Vor dem Einschlafen denke ich noch einmal über die Situation mit dem Eisbecher nach. Wie kam es dazu, dass ich mich umstimmen lassen konnte und tatsächlich mit dem kleinen Eis zufrieden war? Ich glaube, es lag daran, dass alle Stimmen in mir zu Wort kommen konnten und dass ich mir ausreichend Zeit für die Entscheidung zugestanden habe.

Allerdings war es auch ganz wichtig, dass für das Abendessen wirklich schon etwas Gutes vorbereitet war.

Hilfe, der Geschmack kippt um

Heute hatte ich ein erstaunliches Erlebnis. Zu Mittag habe ich Rührei mit Schafskäse und Feldsalat gegessen, und mir ist schon vorher das Wasser im Mund zusammengelaufen. Als ich dann den ersten Bissen nahm, war er genauso köstlich wie erwartet, und jeder weitere war ebenso lecker. Ich kaute und schmeckte, und allmählich spürte ich die Sättigung nahen. Plötzlich schmeckte das Essen nicht mehr so gut. Irgendetwas war passiert. Hat sich nun mit dem Essen oder mit meinem Geschmack etwas verändert?, fragte ich mich verwundert.

Da erinnerte sich meine Erfahrung. »Das kenne ich!«, rief sie. »Der Geschmack kippt irgendwann um!«

Mein Rettungs-Lämmlein kam aufgeschreckt mit seinem Notfall-Köfferchen angerannt und fragte: »Wer kippt um?« Ich konnte es jedoch beruhigen, und es sagte: »Ah, ich verstehe. Das bedeutet, *wenn die Maus satt ist, schmeckt das Mehl bitter*!« Es bringt dieses Zitat so, als wäre es aller Welt bekannt.

Ich kannte es nicht und finde es immer noch sehr erstaunlich. Aber vielleicht hat deshalb meine Großmutter so oft gesagt: »*Hunger ist der beste Koch*!«

Alkohol

»Wer abnehmen will, sollte keinen Alkohol trinken«, tönt mein Verstand eines Tages. Ich habe für den Abend eine Freundin eingeladen und will mit ihr eine Flasche Wein öffnen.

Das mit dem Alkohol weiß ich natürlich längst. Aber trotzdem. Soll ich etwa mit simplem Wasser oder Kräutertee vorliebnehmen, während meine Freundin genüsslich im Laufe eines Abends eine halbe Flasche von dem leckeren Wein schlürft? Mein Bauchgefühl ist mit einem Glas auf jeden Fall einverstanden. Na also! Und ist Rotwein nicht geradezu als Medizin bekannt?

»Das ist wohl wahr«, räumt mein Verstand ein. »Ich habe ja auch nur gesagt, dass man mit Alkohol nicht gut abnehmen kann.«

Ich will nicht zugeben, dass mir das zu denken gibt, und ich frage mich: Wie wird das sein, wenn ich heute Abend ein oder auch zwei Glas trinke?

»Gemütlich wird das sein«, seufzt mein Lebensfreude-Lämmlein und verdreht genießerisch die Augen.

»Du wirst wunderbar entspannen«, lockt mein Kuschel-Lämmlein.

»Du wirst diese besondere Verbundenheit mit deiner Freundin spüren, wenn ihr miteinander anstoßt und euch über den Geschmack austauscht!«, schmeichelt mein Harmonie-Lämmlein.

»Wein ist ein Kulturgut besonderer Art«, werfe ich ein. Ich will den Wein, und zwar heute, wenn meine Freundin zu Besuch kommt.

»Aber deinem Ziel bringt es dich nicht näher, wenn du ihn trinkst. Du weißt, dein Körper muss sich dann erst um den Alkohol kümmern, und währenddessen bleibt die Verdauungsarbeit mit der übrigen Nahrung liegen.« Mein Verstand! Er weiß alles – und er weiß alles besser.

Ich bin einmal mehr in eine Zwickmühle geraten. Wie könnte es gehen: Wein trinken und trotzdem abnehmen?

Auf diese Frage hin tritt meine Kreativität sofort in Aktion, sucht im Computer nach brauchbaren Lösungen und präsentiert mir blitzschnell eine Idee. »Wenn du richtig Lust auf Wein hast, dann gönn dir ein Glas, und genieße es! Nimm jedes mal nur so viel Wein, dass du ihn richtig schmeckst, und spüre, wie sich der Geschmack im ganzen Mundraum ausbreitet. Nichts rinnt vorschnell durch die Kehle, und du hast etwas davon!«

Ich besorge mir außerdem noch zwei Flaschen von einem besonderen Wasser, und mir scheint, das ist ein erträglicher Kompromiss. Nun freue ich mich richtig auf den bevorstehenden Abend.

Drei Kekse vor dem Kochen

Auf dem Heimweg vom Büro habe ich heute die Zutaten für ein schönes Abendessen gekauft. Ich sehe das fertige Essen in leuchtenden Farben vor mir, spüre den Vorgeschmack und das kleine Aufleuchten im Bauchgefühl. Ich komme zu Hause an und mache mir zuerst einmal einen Tee zur Entspannung, dazu knabbere ich drei kleine Kekse, bevor ich mich mit Schwung ans Werk machen werde. Aber – wo ist der Schwung geblieben? Plötzlich habe ich gar keine Lust mehr zum Kochen.

Es ist mir egal, ob ich mich hinterher ärgere, jetzt ist jetzt, sage ich mir und esse die restlichen Kekse aus der Packung auch noch auf. Etwas später mache ich mir ein Käsebrot, dann schleiche ich suchend durch die Wohnung, esse hier einen Apfel, dort ein Knäckebrot mit Marmelade und danach Mandeln mit Rosinen – aber nichts kann mich richtig zufrieden stellen. Meine Lämmlein sind genauso ratlos wie ich.

Warum habe ich die Lust am Kochen verloren? An der Kalorienmenge kann es nicht gelegen haben – zumindest nicht bei den ersten drei Keksen. Mir fällt eine kleine Episode aus meiner Kindheit ein: Ich war bei meiner Großmutter zu Besuch, und sie hatte mich unmittelbar vor dem Mittagessen beim Naschen erwischt.

»Kind, du verdirbst dir mit den Süßigkeiten ja den Appetit für das schöne Essen!«, hatte sie zu mir gesagt.

Aber ich schätzte damals das Mittagessen nicht besonders, Süßigkeiten waren viel interessanter. Ob ich mir gerade eben mit den Keksen auch den Appetit verdorben habe?

Meine Lämmlein grübeln, den Kopf aufgestützt, wie wir es anders machen können. Ich stelle mir vor, wie ich nach Hause komme und einen Tee trinke, Tee hat keine appetitverderbende Wirkung, dann geht es leicht, das Essen zuzubereiten. Den

Lämmlein ist auch noch etwas eingefallen: eine Möhre knabbern, zusammen mit fünf Mandeln. Außerdem möchten sie die Gewissheit haben, dass es einen Nachtisch gibt.

Satt vom Probieren

Ich bin dabei, mir einen Reissalat zuzubereiten. Zuerst brutzelt es verführerisch in Töpfen und Pfannen, und dann wird alles gemischt und gewürzt. Jetzt muss ich nur noch probieren und abschmecken. Dazu setze ich mich natürlich nicht hin, sondern mache es eben schnell im Stehen. Mmm, lecker. Schnell probiere ich noch von einer anderen Stelle: auch sehr lecker. Mein Lebensfreude-Lämmlein verlockt mich zu weiteren Probierlöffelchen. Ich denke, es ist ja nur ein leichter Reis-Gemüsesalat, und von so einem Salätchen kann man schon mal ein paar Löffelchen vorwegnehmen. Am Ende werden es eine ganze Menge Löffelchen, und eigentlich bin ich satt.

Mein Lebensfreude-Lämmlein ist zerknirscht. So hat es sich die Sache nicht vorgestellt, denn jetzt ist das richtige Essen mit gemütlichem Hinsetzen und entspanntem Genießen verdorben.

Ich setze mich und betrachte den Reissalat: keine Vorfreude, kein Vorgeschmack, keine Lust.

Mein Schatzhüter ist ungehalten. »*Was auf den Tisch kommt, wird gegessen*!«, wettert er drauflos.

Mein Bauchgefühl stöhnt leise. »Eigentlich sind wir doch satt!« Dann macht der Magen sich schweren Herzens bereit für die zweite Portion.

Am nächsten Tag gibt es warmen Linsensalat. Die Köstlichkeiten sind vorbereitet, und dann kommt der wunderbare Moment des Würzens und Mischens.

Mein Lebensfreude-Lämmlein sitzt auf der Teedose und sieht voll freudiger Erwartung zu. Und jetzt probieren! Ich schaue das Lämmlein an, halte Blickkontakt, halte die Verbindung mit ihm und nehme einen Teelöffel voll. In aller Ruhe schmecke, prüfe und würze ich nach, schmecke nochmals. Das Lämmlein verlangt nach mehr, aber ich halte den Blickkontakt, bis es weich und nachgiebig wird.

Als das Essen fertig ist, setzen wir uns an den Tisch – meine Lämmlein und ich – und genießen den Salat gemeinsam. Nach der Mahlzeit lehnen wir uns entspannt zurück und sind uns einig, dass wir diesmal rundherum zufrieden sind mit dem köstlichen Salat – und mit uns.

Ist mein Essen ein gutes Essen?

Gestern war ich mit einer Freundin in einem schönen Restaurant. Weil wir uns so viel zu erzählen hatten, vergaßen wir zwischendurch ganz zu essen, und irgendwann war das Essen kalt und schmeckte mir nicht mehr. Enttäuscht stocherte ich darin herum.

Meine Freundin merkte, was los war, und sagte lachend: *»Gutes Essen schmeckt auch kalt!«*

Seitdem mache ich mir so meine Gedanken. Bislang habe ich mir immer eingeredet: Essen muss richtig heiß sein! – und jetzt das! Ist mein Essen etwa nicht gut, weil es kalt nicht schmeckt?

Meine Erfahrung sagt: »Das müssen wir testen! Bleib nur schön in deinem Sessel sitzen, und stell dir dein Essen vor, ganz heiß!«

Ich stelle mir also mein Essen vor, und zwar so richtig heiß. Als Erstes nehme ich den Geruch wahr, dann sehe ich, wie es dampft, und eine Stimme in mir – es ist die meiner Mutter – sagt: »Fang an, solange es noch heiß ist, kalt schmeckt es nicht!« Ich nehme den ersten Bissen, und auf meiner Zunge findet eine kleine Explosion statt. Bisher hatte ich gedacht, das bedeute reizvolles Geschmackserlebnis, aber jetzt kommen mir Zweifel. Ist das etwa nichts als eine leicht verbrannte Zunge?

Ich esse weiter, lege zwischendurch die Gabel beiseite, spüre, wie meine Aufmerksamkeit beim Kauen und Schmecken ist. Schmeckt es mir? Ich bin mir einfach nicht sicher. Allmählich ist in meiner Vorstellung das Essen etwas kühler geworden.

Ich bitte meine Lämmlein um Unterstützung bei dieser schwierigen Frage. Sie tun sehr professionell und bewegen die Zunge mit dem Essen hin und her, sie schlecken und schmatzen, einige haben dabei die Augen geschlossen. Mein Lebensfreude-Lämmlein hat sich doch tatsächlich mitten zwischen die Geschmacksknospen auf meiner Zunge gesetzt! Jetzt steigern wir uns, und ich stelle mir das Unvorstellbare vor, nämlich dass das Essen lauwarm oder sogar kalt ist. Ich zögere, den Test weiter durchzuführen, denn ich gebe zu, ich habe Angst, feststellen zu müssen, dass mein Essen kein gutes Essen sein könnte, weil es kalt nicht schmeckt.

Meinem Bedenken-Lämmlein stehen diese Befürchtungen

geradezu ins Gesicht geschrieben, aber auch mein Lebensfreude-Lämmlein schaut jetzt besorgt. Da kommt mir plötzlich der Gedanke, dass die Menschen in Frankreich und in Italien zum Beispiel stundenlang gemütlich zusammensitzen und essen, da können die Speisen ja auch nicht die ganze Zeit heiß bleiben! Jetzt nehme ich einen Bissen vom kalten Essen und wundere mich, dass ich plötzlich so entspannt bin. Ah, stelle ich auf einmal fest, das ist, weil das Essen nun nicht mehr kalt werden kann. Nun kann ich ganz in Ruhe kauen, den Unterschied genau schmecken und mir verschiedene abgekühlte Gerichte vorstellen: kalte, von der Soße weich gewordene Pommes finde ich ekelhaft, pürierte Kürbissuppe schmeckt mir in allen Variationen, von heiß bis kalt, Brokkoli geht als Gemüse heiß und als Gemüsesalat auch abgekühlt, Grüne Bohnen mit Schafskäse sind lauwarm eine Delikatesse. Schwierig ist es mit einer großen Pizza: sie schmeckt mir nur heiß, und wenn ich sie gemütlich esse, dann ist sie nach der Hälfte schon kalt. Mein Bauchgefühl signalisiert zwar, dann sei es auch genug! Aber habe ich Lust, mich wegen der anderen Hälfte mit meinem Schatzhüter anzulegen?

»Überleg mal, ob du nicht auch eine kleine Pizza bestellen kannst!«, rät mir meine Kreativität.

Ich bin mir sicher, dass ich in der nächsten Zeit noch stärker darauf achten werde, wie das ist, die Sache mit dem Geschmack und dem abgekühlten Essen.

Kein Nudelauflauf

Wie wird das sein, wenn heute Abend meine Freundin zum Essen kommt? Letztes Mal ist es nicht wirklich zufriedenstellend gelaufen, deshalb setze ich mich diesmal vorher in meinen Sessel und lasse auf meinem inneren Bildschirm den Film von damals ablaufen: Ich bereite einen Nudelauflauf zu, denn das geht leicht und schmeckt immer. Ich koche die ganze Packung Nudeln, denn wenn man Besuch hat, isst man zum einen immer mehr, und zum anderen soll der Gast ja auch nicht das Gefühl bekommen, man würde bei ihm sparen. Deshalb habe ich auch eine ordentliche Portion Gehacktes gekauft. Ich mische alles unter die Nudeln: das Gehackte, Eier, geriebenen Käse, Tomaten, Zwiebeln, Salz und Pfeffer. Von der Sahne nehme ich einen ordentlichen Schuss, es käme mir knauserig vor, wenn ich die Menge heute mit einem Löffel abmessen würde. Zu richtiger Gastfreundschaft gehört, dass alles üppiger ist als sonst – schließlich können wir ja auch etwas übrig lassen. Der Sahnebecher fühlt sich allerdings schon so leicht an, dass ich denke, den Rest aufzuheben lohnt sich nicht mehr, ich nehme einfach alles, dann ist aufgeräumt. Und heute ist heute. Ab morgen ist dann eben Askese angesagt.

Bei diesem Gedanken sehe ich am hinteren Rand des Bildes ganz kurz meine Lämmlein mit vor Entsetzen geweiteten Augen. Das Wort Askese löst bei ihnen sofort Panik aus, genauso wie das Wort Diät. Ich kann allerdings nicht weiter darauf achten, denn in dem Moment klingelt es, meine Freundin ist eingetroffen, und alles nimmt seinen Lauf.

Wir lachen, erzählen, trinken Wein und essen dabei den ganzen Auflauf auf. Zum Nachtisch gibt es ein großzügig bemessenes Stück Tiramisu, danach noch Erdnüsse und Chips. Wir sind unbeschwert glücklich miteinander, und dabei geschieht es eben einfach so, dass wir alles aufessen.

Die Schwere fühle ich erst, nachdem meine Freundin gegangen ist. Reue lasse ich heute noch nicht zu, sondern genehmige mir lieber noch ein Gläschen. Am nächsten Tag will ich alles wieder ausgleichen, durch die Askese – aber es gelingt mir nicht, und auf einmal erinnere ich mich an die vor Schreck geweiteten Augen meiner Lämmlein. Somit endete also noch ein weiterer Tag in Schwere.

Diesmal soll es anders werden! Doch wie könnte es anders gehen? Es soll ein besonderes Essen geben, so viel ist klar, und es soll uns ausgeglichen und richtig zufrieden machen! Diesmal sehe ich eine Folge von verschiedenen Gängen vor mir. Die Menge der einzelnen Zutaten ist leichter abzuschätzen, wenn ich jede für sich nehme. Besonders prächtig wirkt das Ganze durch die Vielfalt: Als Vorspeise stelle ich mir Trockenpflaumen mit Schinken umwickelt und kurz gebraten vor. Danach eine Suppe aus püriertem Kürbis. Der nächste Gang soll geschnetzeltes Filet sein, gebraten mit Zwiebeln und Champignons. Zum Nachtisch dann gebackene Banane mit Walnuss und Honig.

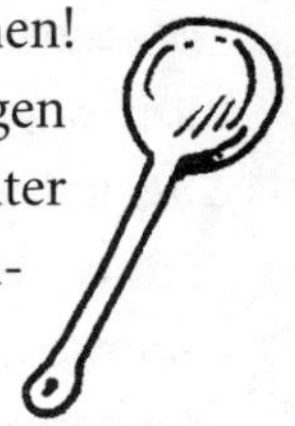

Bei diesem Essen gelingt es mir tatsächlich, entspannt nach jedem Bissen das Besteck abzulegen, bewusst zu kauen und zu schmecken. Es fühlt sich überhaupt nicht mehr komisch an. Was mich wundert: Meine Freundin, die sonst immer als Erste fertig ist, legt zwischendurch ebenfalls immer wieder ihr Besteck hin, einfach so, ganz selbstverständlich.

Ich habe nach diesem Essen gut geschlafen, fühle friedliche Lämmlein in mir, und am nächsten Tag gibt es wieder etwas Leckeres zu essen – nicht ganz so aufwändig, das ist klar, und dennoch richtig zufriedenstellend. Kein Gedanke an Askese stört den Genuss.

Als meine Freundin anruft, um sich für den schönen Abend zu bedanken, hat sie als besonders positiv hervorgehoben, dass sie sich hinterher überhaupt nicht »genudelt« gefühlt hätte.

Pausen

Ich habe festgestellt, dass mir regelmäßige Pausen guttun. Wie wird das sein, wenn ich öfter Pausen mache? Mein Schatzhüter ist dagegen. Zu meiner Verteidigung zähle ich erlaubte Pausen, sozusagen geheiligte Pausen auf: der liebe Gott und der siebte Tag der Schöpfung, der Sonntag sowie der Wechsel von Tag und Nacht. Er meint, das sei etwas anderes. Daraufhin biete ich ihm die Atempause an, die schöpferische Pause, die Denkpause. Er ist unbeeindruckt und meint, solche Pausen könne ich ja unauffällig zwischendurch mal machen. Die anderen Pausen dagegen seien ihm ein rechter Dorn im Auge: die Kaffeepause, die Frühstückspause, die Mittagspause …

Meinen Schatzhüter kann ich nur mit vernünftigen Argumenten beeindrucken. Zum Glück bekomme ich Unterstützung von meinem Verstand, der neulich etwas aus dem Bereich der Arbeitsmedizin gelesen hat. Ein Mensch, der Pausen macht, leistet mehr und bessere Arbeit als jemand, der in einem Rutsch durcharbeitet. In dem Artikel sind Beispiele aus der Natur genannt. Beispielsweise könnten wir nicht so wunderbar und ausdauernd auf unseren zwei Beinen laufen, wenn sich zwischendurch nicht immer das eine Bein kurz ausruhen könnte, während das andere unser Gewicht trägt. Das gilt im Grunde für alle Muskeln, denn bei jeder Bewegung sei Anspannen genauso wichtig wie Loslassen. Auch das Herz mache zwischendurch immer kleine Pausen, und auf diese Weise könne es Jahrzehnte durcharbeiten!

Wie oft lasse ich die Pausen ausfallen! Manchmal bin ich so im Arbeitsrausch und will alles auf einmal wegschaffen. Dann denke ich, jetzt bin ich einmal dabei, also mache ich weiter. Aber wenn ich dann hinterher in ein Energieloch stürze und dieses Loch mit zu viel Essen stopfe oder mit Ess-Sachen, die ich eigentlich nicht will, weil ich weiß, dass sie mir nicht guttun, ist nichts gewonnen. Ich glaube, ich habe meinen Schatzhüter nachdenklich gemacht.

Ich werde mutiger: Immer wenn ich keine Lust mehr habe, brauche ich eine Pause. Ich finde, Pausen sind Menschenrecht! Da wird mein Freiheits-Lämmlein aufmerksam und sieht eine neue Chance für sich. Noch einmal bekomme ich Unterstützung von meinem Verstand, der meint, Pausen seien unter anderem auch wichtig, um Abstand zu gewinnen und neue Perspektiven zu erkennen.

In der Tat, nach einer Pause entdecke ich oft Fehler und habe eine neue Sichtweise und neue Ideen. Es spricht ja auch nichts dagegen, dass die Pausen zum Essen gleichzeitig auch Pausen sind, um Abstand zu gewinnen und um sich zu erholen. Sich Pausen zuzugestehen ist jedenfalls ganz wunderbar, und ich bin sicher, dass ich den Schatzhüter nach und nach immer mehr davon überzeugen kann, dass Pausen auch in seinem Sinn ein Gewinn sind.

Mein Lebensfreude-Lämmlein hat noch eine schöne Idee für die kleine Pause zwischendurch: innehalten und einen wundervollen Gedanken denken!

Iss und lies!

Heute habe ich eine kleine Geschichte gelesen. Sie handelt von einem Zen-Meister, der seine Schüler Jahr um Jahr lehrte, ihre volle Aufmerksamkeit jeweils der Sache zu schenken, mit der sie sich gerade beschäftigten. Die Lektion lautete: »Geh, wenn du gehst, sprich, wenn du sprichst, iss, wenn du isst, immer eins nach dem anderen.«

Die Schüler übten dies wieder und wieder. Sie aßen, wenn sie aßen, sie gingen, wenn sie gingen, und sie lasen, wenn sie lasen. Eines Tages bemerkten sie, dass ihr Lehrer frühstückte und dabei die Zeitung las.

Ein mutiger Schüler ging zu ihm hin, verbeugte sich und sagte: »Meister, du hast uns gelehrt, zu essen, wenn wir essen, und zu lesen, wenn wir lesen. Doch jetzt bemerken wir, dass du liest, während du isst!«

Der Meister nickte und sagte: »Wenn du isst, dann iss, und wenn du liest, dann lies, aber wenn du isst und liest, dann iss und lies!«

Mein Lebensfreude-Lämmlein ist richtig erleichtert. »Gott sei dank, jetzt können wir ja wieder beim Essen Fernsehen gucken!«, sagt es.

Mein Freiheits-Lämmlein ist auch froh, weil es schwer daran zu knabbern hatte, dass etwas verboten sein sollte. Manchmal ergab es sich eben so, dass eine interessante TV-Sendung genau zur Essenszeit lief, und dann war ich immerzu im Konflikt mit mir. Auch wenn ich in der Stadt unterwegs war, machte es manchmal viel mehr Spaß, mit dem Käsebrötchen weiterzuschlendern, als mich in ein Lokal zu setzen und mich dort wie festgenagelt zu fühlen.

Ich ahne allerdings, dass die Geschichte nicht sagen will, dass wir einfach so zu dieser Art von gedankenlosem Kauen, Essen und Bildergucken, Zeitungslesen oder Herumbummeln zurückkehren sollen. So ist das bestimmt nicht gemeint. In dem »Dann iss und lies!« steckt so etwas wie: »Tu es, aber tu es ganz bewusst, so dass du beim Essen ganz präsent bist, und genau so beim Lesen, und zwar gleichzeitig.« Plötzlich kommt mir das Bild eines Kolibris in den Sinn, der sich ganz konzentriert mit seinen rotierenden Flügeln vor einer Blüte in Stellung bringt und sich dort hält – und dann den Nektar aus der Blüte saugt. Wenn so ein kleiner Kolibri das kann ... Ich stelle mir also vor, wie es gehen könnte, essen und fernsehen, und ich spüre die Konzentration und die erhöhte Aufmerksamkeit, die es mir möglich machen, beides gleichzeitig zu tun und dennoch beidem gerecht zu werden. Es ist zwar anstrengend, aber es geht!

»Das heißt, wir können es!«, stellt mein Freiheits-Lämmlein befriedigt fest. »Jetzt können wir uns in Ruhe überlegen, ob wir es auch wollen.«

»Ja«, sage ich, »wir machen es mal so und mal so, und es ist in Ordnung.«

»Aber gemütlicher ist es eigentlich, wenn man jedes für sich macht, dann hat man mehr davon!«, bemerkt mein Kuschel-Lämmlein, bevor es sich auf seine Decke legt.

Der Sturm aufs kalte Büfett

Kommende Woche bin ich zu einer Veranstaltung eingeladen, mit vielen Reden von hochgestellten Persönlichkeiten. Aber das Bemerkenswerteste ist in jedem Jahr aufs Neue das Büfett, das uns für die Mühe des stundenlangen Zuhörens entschädigt. An die Feier im vergangenen Jahr will ich gar nicht mehr zurückdenken, mir war hinterher derart schlecht, aber ich habe ja inzwischen viel dazugelernt.

Also, wie wird es diesmal gehen? Ich sehe die überwältigende Fülle und Vielfalt an Leckereien im Geiste vor mir und nehme mir vor, diesmal zunächst alles in Ruhe anzusehen, aus der zweiten Reihe sozusagen und vorerst noch nicht mit Teller und Besteck bewaffnet. Als Erstes fällt mein Blick auf meine besondere Lieblingsspeise, und ausgerechnet die Platte ist relativ klein. Meine ganze Lämmlein-Herde guckt gespannt zu und hat Angst, das Beste könnte weg sein, wenn ich nicht endlich in die Gänge komme.

»Mach schon!«, »Fang endlich an!« und »Du kommst zu kurz! Die anderen sind schneller!«, rufen sie mir zu.

Ich muss gestehen, ihr Drängen lässt mich nicht ganz kalt. Was mache ich, wenn das Leckerste nachher wirklich weg ist?

Trotzdem orientiere ich mich weiter, suche nach Alternativen, will gewappnet sein für den möglichen unfreiwilligen Verzicht auf meine Lieblingsspeise. Zum Glück entdecke ich noch viele andere Köstlichkeiten und lasse den Blick prüfend über den Nachtisch schweifen. Die Rote Grütze könnte durchaus eine Sünde wert sein, die Cremes in rosa, hellbraun und hellgelb werden wohl eher enttäuschen, das sehe ich ihnen schon an, aber es gibt auch noch Mousse au Chocolat, schön dunkelbraun und von fester Konsistenz, sehr wahrscheinlich ein echter Genuss.

Jetzt habe ich eine gewisse Vorstellung von dem, was ich will. Die nächste Frage lautet: wie viel? Der erste Ansturm der Hungrigen ist vorbei. Von meiner Lieblingsspeise ist noch genug da, ich kann mir also in Ruhe auftun. Ich bin ganz bei der Sache, und weil ich einen Überblick über meine Wünsche habe, spüre ich genau, wie viel ich wovon haben will. Es sieht ziemlich wenig aus auf dem Teller, und ich wundere mich ein bisschen, aber mein Bauchgefühl findet es in Ordnung.

Ich esse schön in Ruhe, lege das Besteck zwischendurch immer mal wieder ab, um wirklich etwas von dem Geschmack zu haben. Ab und zu lehne ich mich entspannt zurück, lasse die anderen reden, nicke zwischendurch ein paar Mal zustimmend und werde allmählich satt. Oh, schon satt? Ja, satt und zufrieden mit dem herzhaften Essen.

Einige Lämmlein möchten noch einmal die Vielfalt betrachten, noch einmal die Chance haben, etwas wählen zu können. Ich gehe zum Büfett hinüber – und spüre keinen Impuls, mir noch etwas zu nehmen. Allerdings ist es wichtig, mir alles noch einmal genau anschauen zu können und zu spüren, ob sich auch niemand in mir betrogen fühlt. Jetzt kommt ja noch der Nachtisch, und selbst wenn ich davon zwei Tellerchen nehmen sollte, bin ich mit mir zufrieden!

Urlaub in Frankreich

Frankreich, das heißt für mich Croissants und Milchkaffee – genau wie zu Hause –, das heißt auch Baguette und Käse und Wein – nur eben doch nicht wie zu Hause. Und all das auf einer Terrasse im Abendsonnenschein in warmer Sommerluft.

Beim Einkaufen hatte schon mein Schatzhüter gefragt: »Wer soll denn das alles essen? Der Käse hält sich ja eine Weile, aber das Brot! Und gleich zwei!«

»Ich habe schließlich Urlaub!«, sage ich mit Trotz in der Stimme.

»Aber willst du dir den Urlaub dadurch vermiesen, dass du zu viel isst und dich hinterher schlecht fühlst?«

Ich glaube, das ist mein Verstand, den ich beruhigen muss. »Nein, nein, ich passe schon auf, ich weiß ja jetzt, wann ich satt bin, und kann aufhören.«

»Ja, aber doch nicht, wenn es Rotwein und echtes französisches Weißbrot gibt und dazu mehrere Sorten französischen Käse und zwei verschiedene Pasteten und grüne und schwarze Oliven!«

Und so nimmt das Ganze seinen Lauf. Meine Lämmlein schlecken sich die Mäulchen und helfen, den Tisch zu decken, bis er sich biegt unter der Last der leckeren Sachen. Alles sieht aus wie ein Reklamefoto für das Leben im Landhaus. Die Weißbrote sind goldgelb und so knusprig, dass man sich davon zuerst ein Stückchen abbrechen muss, die Krümel gehören dazu, und dann wählt man den Käse aus und belegt das Stück Brot, und dann prüft man, wie der Wein sich entfaltet, wie er sich durch den Käse im Geschmack verändert, wie er weicher, runder wird, und dann nimmt man eine andere Sorte Käse und bricht ein neues Stück vom Brot ab. Dann probiert man die zwei Sorten Pasteten, vergleicht, und von der leckersten nimmt man noch einmal, und es schmeckt köstlich, und das gehört zu einem richtigen Urlaub im Süden.

Es lässt sich nicht leugnen: Ich bin satt, ziemlich satt, nur noch ein Eckchen vom Brot, das, welches so heraussteht, ach, und zu dem guten Wein brauche ich auch noch ein Stückchen.

Nun ist das Brot wieder gerade, oder doch nicht? Ich nehme noch ein Stückchen von der anderen Seite, und auch noch mal von dem leckeren Käse. Komisch, er hat seinen Geschmack verändert, woran das wohl liegt? Ob das bei den anderen Sorten auch so ist?

Oh, alles Brot ist alle, nur von dem Käse ist noch etwas da und von der Pastete auch. Meine Lämmlein tun so, als wären sie überrascht. Wie mache ich es nun? Kaufe ich morgen wieder Weißbrot und dann wieder Käse und dann wieder Weißbrot, bis der Urlaub vorbei ist und ich mehrere Kilo zugenommen habe? Wie wird es nun weitergehen?

Meine Lämmlein schauen ein bisschen ratlos, »Das war doch aber immer so!«, sagt eines.

Ja, das stimmt, und ein Urlaubsexzess war schön, aber jetzt will ich es anders! In dem Moment fühle ich mich wieder als die Herrin im Haus – ein wunderbares Gefühl –, und ich gehe die Sache an.

Also: Käse ist ja noch reichlich da, und ohne Weißbrot esse ich längst nicht so viel davon. Ich nehme dann nämlich kleinere Bissen und lasse den Geschmack sich auf der Zunge entfalten. Was könnte es dazu geben? Vielleicht grünen Salat mit Tomaten und Walnüssen, einige von den Oliven – ja, das klingt verlockend. Und zur Pastete stelle ich mir gebackene Auberginen und Paprika vor, dazu Käse und Sardellenfilets. Mit dem Wein muss ich vorsichtig sein, weil er mich schnell maßlos werden lässt, aber wenn ich mir ein Glas davon einschenke und ab und zu ein Schlückchen davon auf der Zunge zergehen lasse, dann ist es in Ordnung. Wasser steht in einer schönen Glaskaraffe bereit, und so kann es jetzt gehen.

Mein Lebensfreude-Lämmlein sagt: »Im Sommer in Frankreich Wasser aus gläsernen Karaffen zu trinken geht leicht!«

Wir nehmen die Karaffe mit nach Hause.

Futterneid

Ich bin mal wieder zum Essen eingeladen. Es sind nur wenige Leute da, ein überschaubarer Kreis also. Natürlich gibt es etwas Besonderes, und wir sitzen alle erwartungsfroh um einen großen Tisch herum. Es riecht verlockend und dampft aus mehreren großen Schüsseln. Meine Lämmlein sitzen brav hinter mir auf der Stuhllehne, aber auch sie haben Angst, genau wie ich.

Angst, es könnte nicht reichen, Angst, die anderen bekommen mehr, Angst, es ist schon kalt, wenn sich endlich alle genommen haben und man anfangen darf.

Aus lauter Höflichkeit beginnt niemand, sich zu bedienen. Meine Nervosität steigt. Die Gastgeberin ermuntert uns, zuzugreifen, und nun kommt die Sache endlich in Gang. Ich beobachte genau, wie viel sich jeder nimmt. Natürlich mache ich es diskret aus den Augenwinkeln, aber ich sehe genau, wie groß die Portionen sind, und zittere, ob sich das Stück Braten, das ich mir ausgeguckt habe, auch niemand vor mir nimmt. Endlich bin ich an der Reihe. Jetzt heißt es, die guten Sitten zu wahren und nicht etwa maßlos viel auf den Teller zu schaufeln. Ich bin so nervös, dass mir der Kloß zweimal vom Löffel rollt.

HARMONIE-LÄMMLEIN

Mein Harmonie-Lämmlein flüstert: »Am besten nimmst du genau so viel wie die anderen, dann machst du nichts falsch!«

»Wieso?«, schreit mein Freiheits-Lämmlein. »Jetzt haben wir so lange gewartet, jetzt wollen wir auch richtig zuschlagen!«

»Ja, zuschlagen!«, ruft mein Lebensfreude-Lämmlein dazwischen. »Nachher ist womöglich nichts mehr da!«

»Wir wissen nicht, ob es danach noch etwas anderes gibt«, bemerkt mein Verstand mahnend.

»Was man hat, das hat man!«, wirft mein Sicherheits-Lämmlein ein.

»In diesem Durcheinander soll man sich aufs Essen konzentrieren können!«, schimpfe ich innerlich vor mich hin. Aber ich muss mich ja jetzt beeilen, schließlich wollen sich die anderen Gäste auch noch bedienen.

Mein Verstand sieht, dass jetzt all seine Fähigkeiten gefordert sind. Blitzschnell schätzt er ab, wie viel jeder sich schon genommen hat, blitzschnell überschlägt er, für wie viele Portionen es noch reichen muss, und dann führt er meine zitternde Hand, und ich habe meine Portion auf dem Teller. Ich finde, einige haben mehr als ich, das ist ungerecht.

»Ungerecht?« Mein Gerechtigkeitssinn ist aufgeschreckt.

»Freiheit – Gleichheit – Brüderlichkeit«, murmelt mein Freiheits-Lämmlein in seinen Bart.

Mein Harmonie-Lämmlein macht sich Sorgen, dass die Diskussion ausufern könnte. »Pst, pst«, macht es. »Nun iss schön, solange es heiß ist! Außerdem gibt es bestimmt noch Nachtisch, den gibt es immer!«

Die Wogen der Erregung glätten sich ein wenig, aber richtig genießen kann ich das Essen nicht. Eigentlich bin ich danach satt, aber nun gibt es nicht nur Nachtisch in drei Variationen, sondern vorher noch zwei weitere Gänge und hinterher noch Knabbersachen, sodass ich am Ende nur noch nach Hause rollen kann. Mein Kuschel-Lämmlein hat vorausschauend seine Decke schon mal in meinem Bett ausgebreitet, und ich kann mich einfach hineinsinken lassen.

Das war wirklich eine schwierige Situation, und ich habe sie ganz bestimmt nicht perfekt gemeistert. Aber es ist wohl einfach so, dass manchmal etwas schiefgeht, und so eine Einladung kommt ja auch nur sehr selten vor.

Für zwei Tage gekocht

Wieder einmal habe ich eigentlich für zwei Tage gekocht und dann doch am ersten Tag alles aufgegessen. Es schmeckte einfach zu gut.

Da meldet sich mein Verstand mit einem ach so klugen Ratschlag. »Hör doch einfach auf, wenn du satt bist!«

Ich werde wütend. »Das ist ja gerade das Problem«, schreie ich. »Ich habe es nicht gemacht. Ich habe nicht aufgehört!«

Er tut ganz unschuldig und fragt: »Warum denn nicht?« Ja, warum nicht? Er wird mich für verrückt halten, wenn ich ihm all die Gründe nenne, daher will ich nicht recht mit der Sprache heraus. Doch er bleibt beharrlich. »Also, warum nicht?«

Er hat ja keine Ahnung, was in mir alles los ist, also erkläre ich es ihm. Mein Magen war schon nach der Hälfte satt und zufrieden, aber mein Geschmack wollte mehr, ihm war es zu schnell gegangen, er hatte noch nicht genug.

Dann hat mein Sicherheits-Lämmlein noch einmal genau nachgefragt: »Ist das denn auch wirklich genug für die nächsten Stunden, Louisa?«

Mein Rettungs-Lämmlein hat auch besorgt geschaut und mir vorsichtshalber noch einen Nachschlag verordnet.

Mein Bedenken-Lämmlein hat mich dann wieder verunsichert, weil es immer schwankte. »Ist es nun zu viel, oder ist es zu wenig?«, überlegte es laut hin und her.

Dann hat mein Perfektions-Lämmlein auch noch an mir herumkritisiert. »Jetzt hast du schon mehr als die Hälfte gegessen, da lohnt es sich für morgen sowieso nicht mehr. Nun ist es auch egal!«

Als ich eigentlich schon satt war, hat dann noch mein Schatzhüter gefordert: »Jetzt lass den Rest nicht verkommen, und iss gefälligst auf!«

Ich konnte also gar nicht anders, erkläre ich meinem Verstand.

Der ist jedoch unbeeindruckt von meinem Lamento und erwidert nur ziemlich kühl: »Erinnere dich, du weißt es doch schon: *Wer etwas nicht wirklich will, sucht Gründe, wer etwas wirklich will, sucht Wege!*«

Ich bin wieder mal ratlos und wütend. »Wege, Wege«, sage ich, »was denn für Wege?«

Das ist das Signal für meine Kreativität. Schon hat sie die Situation auf dem Bildschirm und sieht nach, was für Vorschläge kommen. »Nur für eine Mahlzeit kochen!«, schlägt sie als Erstes vor.

Das finde ich furchtbar unpraktisch, ich will ja auch mal frei haben vom Kochen.

»Die Mahlzeit für morgen gleich abteilen und beiseite stellen!«

Das will ich mal probieren.

»Das Besteck zwischendurch ablegen, damit mehr Zeit zum Genießen ist!«

Daran will ich mich wieder erinnern, und wenn ich es mir auf einen Zettel schreiben muss!

»Eine Papierserviette bereithalten und sie zusammengeknüllt auf den Teller legen, wenn du satt bist!«

Das könnte ich mir wie ein Ritual vorstellen.

»Zwischendurch immer wieder daran denken: Das nächste Essen kommt bestimmt!«

Oh ja, das ist ein guter Gedanke, der könnte mir den Abschied ein wenig leichter machen! Er ist sogar genial, denn sobald ich merke, dass ich satt werde, denke ich daran, was es als Nächstes – zu seiner Zeit, versteht sich – zu essen geben soll. Dann stelle ich mir meine nächste Mahlzeit so leuchtend und farbig vor, dass sie mir interessanter und attraktiver erscheint als das Essen, von dem ich gerade ohnehin genug bekommen habe.

Ich sehe genau, ob mein Lebensfreude-Lämmlein skeptisch die Stirn runzelt, oder ob es sich wirklich freut.

Käsespätzle

Manchmal stecke ich eben noch in den alten Mustern und mache es wie früher, aber hin und wieder bin ich wirklich unschuldig, wenn ich zu viel esse. Ich brauche nur an Käsespätzle zu denken, und schon gerate ich in einen Ausnahmezustand, und daran sind einzig und allein die Spätzle schuld. Dabei klingt das Wort so nett. Spätzle – klein, niedlich, harmlos. Aber das täuscht. Käsespätzle rühren dunkle Seiten in mir an.

Alles fängt ganz normal an. Ich koche die Nudeln, brate die

Zwiebeln an, reibe den Käse, und dann kommt der Moment des Mischens. In einer großen Schüssel hebe ich die Zutaten unter, bis der Käse beginnt, Fäden zu ziehen. Danach probiere ich den ersten Löffel voll, und noch einen, von einer anderen Stelle, an der noch etwas mehr von dem halb geschmolzenen Käse ist. Und dann kommt es über mich wie eine Art Besessenheit. Es ist Besessenheit. Ich bin allein in meiner Wohnung, und ich denke, wie gut, dass mir niemand zusieht.

Die Käsespätzle ziehen mich in ihren Bann, und es ist mir unheimlich zumute, wie ich so schaufele und stopfe, vornüber geneigt und im Stehen. So muss es den Fischern gegangen sein, stelle ich mir vor, die am Loreley-Felsen in den Stromschnellen kenterten, weil sie von der Loreley wie magisch angezogen waren und den Blick nicht von ihr lösen konnten. Nun, ich gebe zu, der Vergleich mit der Loreley mag etwas weit hergeholt erscheinen. Und ich komme ja auch nicht um, sondern tauche jedes Mal wieder auf, aber mit welcher Last an Selbstvorwürfen, Schuldgefühlen, Reue – und einem übervollen Bauch.

Nun sollte man doch denken, ich würde diese Art Speisen meiden wie die Pest – aber nein, gegen diese dunkle Verlockung, diese Faszination des Untergangs bin ich einfach machtlos. Jederzeit kann »es« passieren. Die Liste der Gerichte, die mich gierig machen, ist leicht zu ergänzen: Speckpfannkuchen, Kartoffelsalat mit viel Olivenöl, Mousse au Chocolat mit Schlagsahne, Kaiserschmarrn, geröstete Erdnüsse… Sie sind sehr präsent in mir, groß und leuchtend, sodass alles andere dagegen verblasst.

Meine Kreativität hat eine Idee. »Lass die Käsespätzle, die

so attraktiv und unwiderstehlich sind, in deiner Vorstellung einfach ein wenig grau werden. Nimm ihnen die Farbe und die Leuchtkraft, schiebe sie in die hinterste Ecke deines Kopfes, mach das Bild immer kleiner und dunkler, bis es nur noch so groß wie eine Briefmarke ist. Nun, wie fühlt es sich jetzt an?«

Ich kann gar nichts mehr erkennen, und sonderbarerweise interessieren mich die Käsespätzle auf einmal überhaupt nicht mehr!

»Jetzt hol das näher, was du wirklich essen möchtest! Mach das Bild heller, größer, leuchtender!« Ja, schön! Ich bin begeistert! Meine Kreativität setzt noch eins drauf:

»Übrigens wirkt dieser Trick auch bei anderen Sachen. Zum Beispiel wenn du etwas am Schreibtisch erledigen musst. Stell dir vor, wie du richtig im Fluss bist, wie der Stapel der erledigten Sachen kontinuierlich wächst, wie du alles von deiner To-do-Liste streichen kannst, und mal dir diese Bilder hell, groß und farbig aus!«

Es wirkt! Am liebsten würde ich sofort anfangen!

Merkzettel 14

Daran will ich mich erinnern:

Ich kann meine Aufmerksamkeit lenken und Dinge attraktiver machen, einfach dadurch dass ich sie farbig und größer mache, wie ein schönes Werbeplakat. Oder aber ich kann Dinge ausblenden, sie klein werden lassen und einen Grauschleier darüberlegen. Dann erscheinen sie mir unwichtig und uninteressant.

Das will ich tun:

Ich mache mir drei Listen.

Eine mit den Gerichten, bei denen ich einfach nicht aufhören kann: Käsespätzle, Nudelauflauf und Co. Und eine – eindeutig die wichtigere – mit den Gerichten, die mich satt und zufrieden machen: zum Beispiel Gemüsepfanne mit Filet oder Rührei mit Champignon.

Allerdings fehlt Letzteren oft ein bisschen »Glanz«. Den bringe ich nun durch farbliche Akzente, Duft-Überraschungen oder ein ungewöhnliches Kaugefühl und vielfältige Geschmackserlebnisse hinein.

Die dritte Liste ist für die Nachtischvariationen.

Einen Rest lassen

»Erst aufessen, sonst gibt es keinen Nachtisch.«

Heute habe ich mir etwas zu viel aufgetan und spüre es im Grunde auch sofort.

Aber mein Sicherheits-Lämmlein sagt sehr befriedigt: »Was man hat, das hat man!«, und grinst breit.

Gegen Ende des Essens kommt mir der Gedanke an etwas Süßes, und sofort drängt sich mein Lebensfreude-Lämmlein in mein Bewusstsein und bittet mich: »Nachtisch, bitte etwas Süßes!«

Links von mir sagt jemand streng: »Sieh auf deinen Teller, und iss auf!«, rechts tönt es sehnsüchtig: »Nachtisch, Nachtisch!«

Aha, denke ich, die Situation ist da! Und ich frage mich: »Wie wird das sein, wenn ich jetzt erst den Teller leeresse?« Völlegefühl wird sein, geradezu eine Art Widerwillen – und dazu trotzdem noch das quengelige Stimmchen, das die ganze Zeit »Nachtisch! Nachtisch!« ruft.

Ich nehme den Teller und werfe den Rest in den Müll – nicht erst nur beiseitestellen und die Entscheidung aufschieben, nein, ab in den Müll. Und was passiert? Nichts passiert! Ich nehme den Nachtisch, verspeise ihn – und bin mit mir sehr zufrieden.

Auf einmal kommt doch noch etwas von ganz tief unten: Wenn Klein-Louisa den Teller leergegessen hatte, freute sich die Mutter, und Klein-Louisa wollte ihr gern eine Freude machen. Ich sende meiner Mutter einen freundlichen Gedanken, und sie ist einverstanden, dass ich es jetzt so mache, wie ich es für richtig halte. Nun ist es richtig gut, und ich habe schon wieder eine Sache gelöst.

Noch mehr Reste: Ei und Lachs

Spinat und Rührei soll es heute geben, und im Kühlschrank liegt noch ein kleiner Rest geräucherter Lachs. Den gab es vorgestern; er war sehr lecker, aber jetzt ist eben dieser kleine Rest noch da.

»Iss den Lachs heute auf, sonst wird er schlecht!«, befiehlt mein Schatzhüter. Er hatte vorgestern schon gefordert: »Das ist ein vornehmer Rest, so etwas gibt es bei uns nicht. Iss gefälligst auf!« Vorgestern hatte ich mich erfolgreich gewehrt, denn ich war satt. Aber was ist heute?

»Er wird schlecht! Er wird schlecht!«, schreit ein aufgeregtes Stimmchen.

Da schreitet mein Schatzhüter ein und verkündet laut: »Ist bezahlt – wird gegessen!«

Ich hole den Lachs aus dem Kühlschrank und betrachte ihn eingehend: Farblich würde er sehr gut zu gelb und grün passen, aber ich will ihn nicht.

»Nun stell dich nicht so an, so ein kleiner Rest. Iss ihn doch – ein Happs und er ist weg!« Das ist mein Harmonie-Lämmlein, wie immer um Ausgleich bemüht.

Allerdings geht es auf meine Kosten, denn ich soll nachgeben. Mein Hals macht dicht, er will den Lachs nicht durchlassen. Ich wandere zwischen dem Fisch draußen und meinem

Inneren hin und her – und ich entscheide mich für mich. Es tut mir leid um den Lachs, ich verpacke ihn ordentlich und versenke ihn in der Mülltonne. Dann wende ich mich dem Rührei mit Spinat zu und schaue im Küchenschrank nach, ob ich noch einen passenden Farbklecks dazu entdecke.

Mein Schatzhüter ist starr vor Staunen. Und ich bin wiederum vor Stolz ein Stück gewachsen.

Der Traum von der halben Kartoffel, die zu viel war

Heute habe ich sogar von Resten geträumt, und das kam so: Ich habe Lust auf etwas zu essen und sehe in der Küche nach, was es so alles geben könnte. Es stehen wahrhaft köstliche Dinge zur Auswahl: zwei große Pellkartoffeln von gestern, ein Stück Räucherspeck, dazu noch eine Zwiebel, ein Ei, und dann gehört unbedingt eine Scheibe Schwarzbrot dazu, und ein Tomatensalat soll auch noch sein. Mir läuft mal wieder das Wasser im Mund zusammen.

Wie zufällig blicke ich nach unten und sehe auf meiner inneren Bühne mein Lebensfreude-Lämmlein, das angesichts dieser Vielfalt vor Freude strahlt.

Am hinteren Rand der Bühne, da wo kaum noch Licht hinfällt, grummelt mein Perfektions-Lämmlein vor sich hin: »Das ist zu viel, einfach zu viel. Eineinhalb Kartoffeln sind genug, wirklich genug, und vom Speck könnte man auch etwas wegnehmen, einfach wegnehmen!«

Dann höre ich im Hintergrund auch noch meinen Magen ächzen: »Ja, weg damit, es ist einfach zu viel!«

Da klammern sich die beiden Kartoffeln vor Schreck aneinander und rufen: »Uns zerschneiden? Mich oder dich? Und dann eine Hälfte wegwerfen? Nein, niemals!« Sie rücken ganz eng zusammen. Der Speck schiebt sich aus Solidarität nah heran, schließlich soll es auch ihm an den Kragen gehen. Und dann schauen alle auf mich.

Ich bin hin- und hergerissen und überlege: das Schwarzbrot weglassen? – Auf keinen Fall! Das Ei? – Geht auch nicht. Auf Zwiebel und Tomatensalat verzichten? – Bloß nicht verzichten! Ich verspüre ein schmerzliches Ziehen in der Herzgegend und frage mich: Wie könnte ich die Situation lösen?

Im selben Moment macht es *wusch*, meine Kreativität ist zur Stelle – und sofort fühle ich mich besser. Ich denke laut »Was wäre, wenn …«, und schon entrollt sich auf der Rückwand der Bühne eine riesige Leinwand. Alle drehen sich um und gucken, als in Farbe und Großformat darauf das halbe Kartöffelchen erscheint. Dazu ein Drittel von dem Speck, grüne Gurke in feinen Scheiben, eine rote Tomate, knallgrüne Erbsen, gelber Mais, feines Olivenöl, Senf und Kräuter, Salz und Korianderkörnchen, und all das mischt sich in einer Glasschüssel. Ein Klecks Crème fraîche rundet die Sache optisch und geschmacklich ab.

Alle sagen »Oh!« und »Ah!« angesichts dieser appetitlichen Auswahl für die nächste gute Mahlzeit. Jetzt wollen die Kartoffeln am liebsten beide ihre Hälfte abgeben. Ich entscheide und schneide mit Augenmaß, sanft, aber bestimmt. Mein Lebensfreude-Lämmlein freut sich über dieses wunderbare Reste-Essen, und ich bin leider aufgewacht, bevor ich probieren konnte.

Entweder – oder

Nächste Woche findet eine große Geburtstagsfeier statt, und allein beim Gedanken daran breitet sich in mir Vorfreude aus. Sie steigt vom Bauch durch die Kehle bis in meinen Kopf und sorgt dafür, dass es bis in die äußersten Haarspitzen wohlig kribbelt. Plötzlich erstirbt diese Freude in mir jedoch.

Mein Verstand meldet sich und verkündet: »Das mit dem Feiern geht natürlich nicht mehr so wie früher!«

Ich bin entsetzt. »Warum denn nicht?«, hake ich nach.

»Nun, früher bist du auf Feiern ziemlich bald in Stimmung geraten und hast dann spontan alles Mögliche gegessen und getrunken. Das geht nun nicht mehr, schließlich machen wir jetzt alles bewusst. Du hast inzwischen einiges gelernt und solltest es auch anwenden!«

»Ja, genau«, fällt mein Perfektions-Lämmlein ein. »Louisa macht einfach zu viele Ausnahmen. Sie muss sich entscheiden: entweder – oder! Da gibt es keine halben Sachen!«

In dem Moment taucht mein Freiheits-Lämmlein auf. Sein Gesicht ist vor Zorn gerötet, die Freiheitsstatue hat es beiseitegestellt, um alle vier Hufe frei zu haben und damit kräftig aufzustampfen. »Louisa darf sehr wohl spontan und ausgelassen sein, ohne dauernd irgendwelche Regeln einhalten zu müssen! Sie braucht ihre Freiheit, jawohl, Freiheit!«

Kühl, überlegen und von oben herab wiederholt das Perfektions-Lämmlein nur: »Louisa muss sich entscheiden: entweder – oder!«

Ich fühle mich völlig erdrückt von dieser Entscheidung. So

weitreichend hatte ich mir das alles nicht vorgestellt, und ich habe Angst, dass ich vielleicht dabei bin, meine Spontaneität zu verlieren.

»Immer alles bewusst machen, das ist wirklich ein zu hoher Preis!«, sagt mein Lebensfreude-Lämmlein. »Wir wollen uns doch nicht fürs ganze Leben die Stimmung verderben lassen!«

Ich muss mich erst einmal in meinen Sessel setzen, mit Tee und einer warmen Decke. Ist das etwa der berühmte Scheideweg, an dem ich stehe? Verliere ich meine Spontaneität, wenn ich mich immer erst frage, was ich will, beim Essen genau wie bei anderen Dingen?

Tags darauf steht auf meinem Tageskalender der Satz: »*Zwischen Reiz und Reaktion liegt die Freiheit, wie wir denken, fühlen und handeln wollen.*«

Die Worte scheinen etwas Wesentliches auszudrücken, auch wenn ich zugeben muss, dass ich sie nicht ganz verstehe. Ich denke zurück an die Geburtstagsfeier. Wenn ich richtig in Stimmung bin und es gibt etwas Leckeres, was mich reizt, dann ist meine erste spontane Reaktion zuzugreifen, und zwar ohne nachzudenken. Wenn ich etwas dazwischenschalte – also eine Frage an mein Bauchgefühl zum Beispiel –, dann habe ich die Freiheit, wählen zu können, was ich denke und wie ich handeln will. Ich entscheide mich dann, was und wie viel ich will. Da ist gar kein entweder – oder, sondern es kommt einfach nur eine Möglichkeit dazu. Diese Art von Freiheit gefällt mir.

Mein Lebensfreude-Lämmlein sagt: »So leicht hatte ich mir

das gar nicht vorgestellt. Wählen können macht ja richtig Spaß! Und kann man nicht auch spontan wählen?«

Notfallessen

Eines Abends warnt mich mein Rettungs-Lämmlein. »Pass auf, dass du nicht in ein Energieloch fällst!«

Fallen will ich auf gar keinen Fall, schon gar nicht in ein Energieloch. Ich kann mich noch gut daran erinnern, wie es war, wenn ich unbedingt ein Stück Kuchen brauchte, weil mir die Hände zitterten vor Schwäche durch eine Unterzuckerung. Aber was soll ich stattdessen tun? Manchmal bin ich länger als gedacht unterwegs, und dann wartet zu Hause das vorbereitete Essen. Und den Appetit darauf will ich mir nicht durch ein Stück Kuchen verderben oder durch eine Pizza auf die Hand, die ich hinterher sowieso nur bereuen würde.

Mein Rettungs-Lämmlein schlägt mir vor, immer eine kleine Notfallration bei mir zu haben. Ich zähle also einige Mandeln ab, fülle sie in eine Dose und stecke sie mir in die Handtasche. So eine kleine Sache und so viel Wirkung! Die Mandeln retten mich seither immer mal wieder und geben mir jedes Mal ein gutes Gefühl der Sicherheit.

Daraufhin konnte mein Sicherheits-Lämmlein die Bratwurst aus seinem Notfallrepertoire getrost streichen.

Sogar mein Perfektions-Lämmlein ist mit der Maßnahme einverstanden. »Wenn du rechtzeitig eine vernünftige Vorsorge triffst, ist das etwas ganz anderes, als unterwegs schwach zu werden und irgendwelchen Verlockungen nachzugeben.«

Merkzettel 15

Daran will ich mich erinnern:

Es hat keinen Zweck, heldenhaft durchhalten zu wollen.

Das will ich tun:

Die kleine Dose habe ich schon mit den Mandeln gefüllt und eingesteckt. Wenn ich im vorhinein weiß, dass ich länger unterwegs sein werde, packe ich auch noch ein Stück Käse dazu.

Neulich habe ich einen Käse entdeckt, der wie ein dicker Taler aussieht und in einer Wachshülle mit rotem Faden als Reißverschluss steckt. Das fand mein Lebensfreude-Lämmlein sehr witzig. Manchmal gibt es Chicoree dazu oder eine Möhre. Ich werde immer erfinderischer.

Die ersten drei Bissen

Heute hat mein Sicherheits-Lämmlein ein Anliegen an mich. »Wenn Louisa ganz großen Hunger hat, dann kann sie einfach nicht langsam essen, dann muss sie schnell etwas in den Bauch bekommen!«, verkündet es.

Mein Perfektions-Lämmlein ist sofort beunruhigt. »Jetzt sind wir gerade dabei, neue und gute Gewohnheiten einzurichten, und du bringst wieder alles durcheinander! *Wehret den Anfängen!* Wollen wir denn wieder ins alte Fahrwasser geraten?«

»Auf keinen Fall«, sage ich.

Mein Sicherheits-Lämmlein guckt mich entsetzt an: »Bloß nicht ins alte Fahrwasser geraten!«

»Wie können wir hier eine gute Lösung finden?«, überlege ich laut und höre sogleich das bekannte Brummen, wenn meine Kreativität ihren Computer hochfährt.

Sofort spuckt sie eine Idee aus. »Schneide dir ein Stück Käse zurecht, ungefähr so groß wie ein Würfel, und iss es während der Vorbereitung, lass es langsam im Mund zergehen, und nimm nicht mehr davon. Das ist eine gute Medizin, damit du nicht umfällst vor Hunger!«

»Gibt es noch etwas anderes, falls mal kein Käse da ist?«, frage ich nach.

»Ja, ein paar Schlucke warmer Tee sind auch sehr wirksam!«

»Und wenn es mal noch schneller gehen muss?«

»Dann wären fünf Mandeln gut und vielleicht dazu eine kleine Möhre!«

Mein Rettungs-Lämmlein nickt zustimmend: »Was soll Louisa tun, wenn sie woanders isst?«

Der Computer macht einen weiteren Vorschlag: »Iss die ersten drei Bissen schnell!«

»Schnell? Und was ist mit dem alten Fahrwasser, in das ich unweigerlich gerate, wenn ich es so mache wie früher?« Meine Kreativität rät mir: »Damit das auf gar keinen Fall passiert, ist es nötig, dass du vor dem Essen leise zu dir sagst: ›Ich esse jetzt drei Bissen schnell!‹ Dann wissen alle in dir Bescheid und können nach der Rettungsaktion wieder zum gemütlichen Essen übergehen.«

Mein Freiheits-Lämmlein hat alles sofort verstanden, obwohl es auf den ersten Blick ein bisschen kompliziert klingt. Es findet sehr gut, dass wir jetzt einige Alternativen haben.

Die letzten drei Bissen

Mein Freiheits-Lämmlein hat mir heute im Vertrauen gesagt, es finde unerträglich, dass man sofort mit dem Essen aufhören soll, wenn man satt ist.

»Satt ist nun mal satt«, wende ich ein.

»Ja, aber dann kommt es mir so vor, als ob du gar kein freier Mensch mehr wärst!« Das geht natürlich nicht, denn ich will von ganzem Herzen ein freier Mensch sein! »Könnten wir es nicht spielerisch machen?«, fügt es noch hinzu.

»Spielerisch?« Ich bin verblüfft.

»Ja«, antwortet es. »Du weißt doch: *Der Mensch ist nur da wirklich Mensch, wo er spielt.*«

Nun trägt mein Lämmlein seinen Schiller zwar nicht ständig unterm Arm, hat ihn aber offensichtlich im Kopf. Ich frage nach, wie es das denn nun meint.

»Stell dir vor, dein Bauch signalisiert, er ist satt«, sagt es. »Dein Geschmack hat auch genug gehabt, und dann kommt das Spielerische, nämlich noch drei Bissen als Verhandlungsmöglichkeit! Dann hätte ich nämlich auch noch ein Wörtchen mitzureden und könnte großmütig und freiwillig sagen: ›Okay, wir können aufhören.‹«

Ich spüre, wie wichtig ihm das ist, und denke, warum nicht?

Ich nehme ab, aber es geht mir nicht schnell genug

Einige Kilos habe ich inzwischen ja schon abgenommen. Zwar geht immer noch dies und jenes schief, aber es gibt mehr und mehr Tage, an denen es mir gelingt, gut für mich zu sorgen und das richtige Maß zu finden. Tatsächlich, das Abnehmen folgt der neuen Art zu essen. Daher müsste ich mich doch nun eigentlich riesig freuen. Ich spüre nach innen und stoße stattdessen auf einen Missklang, der mir die Freude verdirbt: Es geht mir nicht schnell genug.

Im Büro unterhielten sich neulich zwei Kolleginnen von mir über die neuesten Diäten, und eine berichtete von wahrhaft sensationellen Erfolgen, wenn man ab und zu einfach nur eine Mahlzeit ausfallen lasse. Dieser Gedanke sitzt nun wie ein Stachel in meinem Kopf. Ich frage meine Lämmlein, und sofort spüre ich Wohlwollen wie eine weiche Welle mich durchfluten.

Das liegt einzig und allein an meinem Perfektions-Lämmlein, denn es nimmt den ganzen Bühnenraum ein und lächelt mich ungewöhnlich herzlich an. »Recht so, Louisa, da bin ich sehr dafür! Am besten machst du gleich eine richtige Fastenkur, eine Woche, sinnvoller wären gleich zwei. Nur Wasser, Tee und trockene Brötchen, das bringt richtig was, und zwar in jeder Beziehung!«

Jetzt drängt sich mein Schatzhüter mit ins Bild, ganz und gar einverstanden: »Du sparst am Essen und gewinnst außerdem Zeit für deine Arbeit – der perfekte Doppelnutzen!«

Mein Lebensfreude-Lämmlein hockt in der allerhintersten Ecke und weint bitterlich, mein Freiheits-Lämmlein ist völlig abgedrängt, aber mein Sicherheits-Lämmlein steht mit einer Bratwurst parat, um jederzeit eingreifen zu können.

Ich nehme mir die Anweisungen für das Fasten vor und fange tatsächlich gleich an. Es geht leichter als gedacht, der Bauch fühlt sich entlastet an, ich fühle mich leicht, brauche nicht einzukaufen und zu kochen, und denke, so könnte ich ewig weitermachen … Am vierten Tag ruft mich eine Freundin an. Sie will am Wochenende ein Fest mit ganz vielen interessanten Leuten feiern und fragt, ob ich nicht Lust hätte zu kommen? Ein besonderes Büfett sei auch bestellt …

Mir liegt auf der Zunge, zu sagen: »Nein danke, ich faste gerade.«

Mein Perfektions-Lämmlein nickt: »Sag's schon, na los!«

Aber ich sage es nicht, denn blitzschnell hat sich mein Lebensfreude-Lämmlein nach vorn geschoben, um seine Chance zu ergreifen, und ich höre mich sagen: »Oh wie schön, ich komme gern. Danke für die Einladung!«

In den nächsten Tagen beginne ich, meinen Körper wieder ans Essen zu gewöhnen, und am Samstag gehe ich frohgemut zu der Feier. Ich weiß ja jetzt, dass ich Maß halten kann, schließlich kann ich sogar ganz auf Essen verzichten.

Als das Büfett eröffnet wird, steht mein Lebensfreude-Lämmlein schon in den Startlöchern. Dreimal gehe ich an die überbordende Tafel, und der Teller quillt jedes Mal über. Es entschädigt mich reichlich für drei Tage fasten. Etliche Bierchen und Gläschen Wein kommen natürlich auch noch dazu für die gute Stimmung.

Am anderen Tag sagt mein Verstand: »So wird das nichts, Louisa!«

»Das habe ich auch schon gemerkt, danke!«

»Fasten kann eine gute Sache für die Gesundheit sein, aber es ist nicht geeignet, um abzunehmen. Bleib jetzt bei dem einmal eingeschlagenen Weg und gehe ihn, Schritt für Schritt.«

Auf einmal ist meine innere Hektik verschwunden, und ich kann wieder gelassener sein. Es ist wohl einfach so, es gibt Erfahrungen, die zeigen einem, wie es geht, und es gibt Erfahrungen, die zeigen einem, wie es nicht geht.

Betriebsversammlung

Heute findet bei uns in der Firma mal wieder eine größere Versammlung statt, die sich wie immer in die Länge zieht. Es wurde schon alles gesagt, aber noch nicht von jedem. Die einzige Abwechslung ist die Kanne Kaffee, die herumgereicht wird. Ich nehme die dritte Tasse, obwohl mir schon die zweite Tasse nicht mehr den prickelnden Kick gegeben, sondern mich eher müde gemacht hat. Und da sind natürlich noch die Plätzchen, die überall herumstehen und mit denen ich von Anfang an einen heldenhaften Kampf ausfechte. Sie locken mich – und ich widerstehe.

Mein Lebensfreude-Lämmlein hätte die Plätzchen schon längst probiert. Probiert? Vertilgt hätte es sie, und zwar zusammen mit Abenteuer-Jack, dem Belohnungs-Lämmlein, dem Rettungs-Lämmlein und dem Freiheits-Lämmlein. Der Schatzhüter wäre ebenfalls mit von der Partie gewesen und hätte sicher gesagt: »Kostet nichts, also her damit!«

Aber jetzt ist mein Magen sauer von dem vielen Kaffee, und im Mund habe ich einen scheußlichen Geschmack.

Mein Perfektions-Lämmlein hat sich zwischen mir und den Plätzchen breitgemacht und zischt mir zu: »Halt dich zurück, Louisa! Die anderen werden denken: Die hat es nötig, auch noch Plätzchen zu essen! Das wäre einfach peinlich!«

Das Gefühl der Peinlichkeit breitet sich in mir aus, obwohl ich doch inzwischen längst nicht mehr so dick bin. Dennoch wird es schlimmer und schlimmer.

Da eilt auch schon mein Rettungs-Lämmlein herbei, fühlt mir den Puls, schaut sich die Zunge an und verordnet mir ein Glas Wasser.

»Davon wird mir jetzt bloß schlecht«, ächze ich. »Außerdem ist nichts da. Ich brauche die Plätzchen!«

»Nein, keine Plätzchen!«, ruft mein Perfektions-Lämmlein.

Zu spät. Meine Hand streckt sich vor bis zum Teller, und meine Finger umklammern drei Kekse.

Mein Abenteuer-Lämmlein schaut fasziniert zu und nickt anerkennend: »Guten Fang gemacht! Den Feind überlisten, sich an die Beute heranschleichen und zugreifen!«

Die drei Plätzchen haben mich gestärkt, und drei Stück sind ja auch nicht so schlimm. Noch habe ich eine Chance, dass es dabei bleibt. Ich atme mehrmals tief ein und aus, und bitte alle meine Lämmlein zu einer ganz privaten Versammlung. Sie legen sich im Halbkreis um mich, sie spüren, dass es mir ernst ist. Ich lasse den Blick von einem zum anderen wandern und schaue jedem in die Augen, und zwar so lange, bis es weich und nachgiebig wird und entspannt den Kopf auf die Vorderbeine legt. Entschlossen stehe ich auf und vergewissere mich, ob es wirklich kein Wasser gibt. Es gibt sehr wohl welches und sogar Kräutertee, das muss man sich nur selbst holen. Das tue ich dann auch, und wenig später nippe ich an meinem Tee und blicke auf die Plätzchen.

Sie winken mir noch immer zu. »Iss uns! Iss uns!«

Wie kann ich sie nur in ihre Schranken weisen?, frage ich mich ratlos.

Ah, meine Kreativität ist wieder mal zur Stelle, klappt ihren Laptop auf und tippt die Frage ein. In Sekundenschnelle kommt eine Antwort: »Stell dir ein leckeres Essen vor, das es nach der Versammlung geben könnte. Stell es dir in den schönsten Farben vor, nimm den Duft wahr, spüre die Idee des Geschmacks und des Kaugefühls, spüre auch, wie gut es sich in deinem Magen anfühlen wird, und lass dein Bauchgefühl sprechen! Haben dagegen die Plätzchen noch eine Chance?«

Nein, mein Traumessen ist verlockender, und ich überlege schon, wie ich es nachher zu Hause verwirklichen kann.

Und wie wird es das nächste Mal werden? Meine Erfahrung sagt: »An einer Veranstaltung wie dieser wird sich nichts ändern, aber du kannst für dich etwas ändern«. Meine Kreativität ist richtig in Fahrt gekommen und schwärmt mit leuchtenden Augen: »Stell dir einen wunderschönen Spannungsbogen vor, der sich wölbt wie ein Regenbogen von einer guten Mahlzeit **vor** der Veranstaltung bis zu dem leckeren Essen **nach** der Veranstaltung!«

Ja, so kann es gehen, und ich fühle, dass ich schon wieder einen guten Schritt weitergekommen bin.

Stupide Arbeit

Manchmal muss ich im Büro eine Aufgabe erledigen, die meine volle Konzentration erfordert, aber total geistlos ist und natürlich überhaupt keinen Spaß macht. Ich muss endlose Zahlenkolonnen kontrollieren und vergleichen. Dabei darf mich nichts und niemand stören, sonst komme ich sofort aus dem Takt. Beim letzten Mal, als ich diese Aufgabe zu erledigen hatte, haben mich meine Lämmlein auf ihre Weise voll unterstützt.

Das Belohnungs-Lämmlein hat etwas zu essen so bereitgelegt, dass ich ohne hinzusehen immer wieder zugreifen konnte, mein Rettungs-Lämmlein hat genau aufgepasst, wann ich anfing zu blinzeln, wann mein Rücken etwas zusammensackte oder wann meine Aufmerksamkeit nachzulassen drohte. Dann gab es immer Nachschub: an Kaffee, an Schokolade, an Keksen, an Pommes frites – allerdings ohne Ketchup, weil ich sonst womöglich auf die Tastatur gekleckert hätte. Geschmeckt habe ich allerdings nichts von alledem, ich habe automatisch nach etwas gegriffen, und das ständige Kauen hat mir dabei geholfen, die Anspannung auszuhalten.

Morgen kommt diese Arbeit nun wieder auf mich zu, und diesmal möchte ich nicht dabei essen. Ich möchte das Essen nicht mehr als Blitzableiter für innere Spannungen benutzen, sondern ich möchte etwas davon haben – und ich möchte die Arbeit gut erledigen. Meine Lämmlein liegen im Halbkreis um mich herum, ich habe ihnen erklärt, worum es geht, und sie denken nun nach. Ich denke natürlich auch nach, aber mir fällt keine Lösung ein.

Mein Perfektions-Lämmlein findet, es sei in diesem Fall das Wichtigste, dass ich die Aufgabe korrekt erledige, dafür würde es beim Essen ein Auge zudrücken.

Nanu? Mein Sicherheits-Lämmlein befindet sich in höchster Alarmbereitschaft. »Mach bloß keine Fehler! Pass auf, dass deine Konzentration erhalten bleibt!«

»Was ist mit Trinken?«, fragt mein Verstand. »Wasser trinken erhöht nach neuesten Forschungsergebnissen die Konzentrationsfähigkeit!«

»Wenn Louisa so viel trinkt, muss sie öfter zur Toilette, und das bringt sie jedes Mal raus aus der Konzentration!«, wendet mein Bedenken-Lämmlein ein.

Ich bin ganz verwirrt von dem Durcheinander und kurz davor aufzugeben. Dann mache ich eben doch alles so wie früher, überlege ich schon, da schaue ich zufällig auf meinen Kalender und lese den Spruch des Tages, der von einem indischen Weisen stammt. »*Herr, gib mir die Kraft, die Dinge zu ändern, die ich ändern kann, und die Gelassenheit, die Dinge zu ertragen, die ich nicht ändern kann, und die Weisheit, das eine vom anderen zu unterscheiden*«, steht da.

Ertragen oder ändern, das ist hier die Frage. Das bringt sofort wieder meine Kreativität ins Spiel, die erst einmal nach ähnlich gelagerten Fällen Ausschau hält. Wie machen es andere? Das wüsste ich wirklich gern, überlege ich noch, da kommt auch schon die erste Rückmeldung.

»Elefantentaktik anwenden!«, sagt sie nur.

Alle Lämmlein heben mit einem Ruck den Kopf und spitzen die Ohren. Das wollen wir nun alle genauer wissen. Die Rätselfrage lautet: »Wie isst man einen Elefanten?«

Meine Lämmlein erklären sich sofort mit allen Elefanten solidarisch: »Man isst sie überhaupt nicht!«, sagen sie. »Wir essen keine Tiere!«

»Das ist doch nur bildlich gemeint«, versuche ich, die Kleinen zu beruhigen.

»Trotzdem!«, murren sie noch ein wenig.

Also, die Lösung heißt: Stück für Stück! Ich überlege, ob in diesem Bild etwas Brauchbares für mein Problem enthalten ist. Könnte ich die große Aufgabe in kleine Häppchen unterteilen? Wie lange würde ich daran jeweils arbeiten wollen? Ich versuche, mir die kleineren Häufchen und die kürzeren Phasen der absoluten Konzentration vorzustellen. Zuerst kommen Einwände.

Mein Bedenken-Lämmlein hat ausgerechnet, dass sich die Aufgabe dann sehr in die Länge ziehen würde.

Das ist wahr, sonst war stets an einem Tag alles erledigt.

Mein Sicherheits-Lämmlein möchte, dass alles so bleibt, wie es immer war. »Das ist doch eine eingefahrene Gewohnheit, da können wir nicht so einfach raus, die Spuren sind tief eingegraben!«

Aber ich kann mit meiner Fantasie sehr wohl aus den tiefen Rillen der bisherigen Gewohnheit heraus und frage, wie es anders gehen könnte.

»Stück für Stück«, wiederholt meine Kreativität.

Daraufhin stelle ich mir lauter Teilabschnitte einer Autobahn vor, die ich gedanklich aneinanderhänge. Mit jedem Durchspielen entstehen neue Spuren der Gewohnheit, und bald wird es ganz leicht gehen.

Gleich morgen will ich auf diese Weise anfangen! Meine Lämmlein zucken zusammen wegen meiner plötzlichen Entschiedenheit – aber dann machen alle mit und überlegen eifrig, wie sie mich am besten unterstützen können. Und ich weiß, dass uns etwas einfallen wird.

Nicht alles auf einmal

Heute habe ich in der Zeitung gelesen, dass man täglich fünf Portionen Obst, Salat oder Gemüse essen sollte. Wie soll ich das bloß schaffen? Ich sacke innerlich zusammen, aber mein Verstand fängt sofort an, Obst, Salat und Gemüse auf die verschiedenen Mahlzeiten zu verteilen. Mein Sicherheits- und mein Rettungs-Lämmlein sehen darin die Chance für mehr Gesundheit und sind dafür. Wieder einmal überlegen alle mit, schieben hin und her, wägen ab.

»Wir schaffen es nicht«, sagen einige der Lämmlein bekümmert.

»Es ist doch ganz einfach!«, triumphiert mein Verstand. »Ich habe den perfekten Plan fertig!«

Bei dem Wort perfekt horcht mein Perfektions-Lämmlein auf und ist sofort dafür, ohne den Plan in Augenschein genommen zu haben.

Mein Freiheits-Lämmlein schaut mürrisch. »Wir wollen so einen Plan nicht!«

»Ja«, stimmt mein Lebensfreude-Lämmlein zu. »Wir haben nämlich manchmal keine Lust auf Obst, Salat und Gemüse!«

»Und vor allem wollen wir keine Vorschriften!«, bekräftigt mein Freiheits-Lämmlein.

»Aber eigentlich wäre das doch gar nicht so schlecht«, wendet mein Sicherheits-Lämmlein ein, »denn es ist gesund!«

»Und es ist sehr vernünftig für Louisas Ziel abzunehmen!«, fügt mein Verstand hinzu.

»Wenn gesund aber Druck erzeugt, dann ist es gar nicht mehr gesund!«, gibt meine Erfahrung zu bedenken. »Und außerdem sind die Menschen sehr verschieden: Was für den einen gesund ist, braucht für den anderen noch lange nicht gesund zu sein.« Und sie fährt fort: »Es ist wichtig, einen Schritt nach dem anderen zu machen. Wenn ich bei einem Experiment alles auf einmal will, läuft es mit Sicherheit schief. Jetzt geht es doch erst einmal darum, dass Louisa gut für sich sorgt, deshalb dürfen wir die Messlatte nicht zu hoch hängen! Das Gesunde kommt dann von ganz allein.«

»Von ganz allein? Da bin ich aber mal gespannt!«, murmelt mein Verstand.

Ich glaube, ich weiß, was für mich gesund ist: Wenn ich mich von den Lebensmitteln inspirieren lasse und gleichzeitig nach innen spüre und auf die Resonanz achte, dann fühle ich, was mir wirklich guttut.

Wasser

»Wasser mögen wir nicht«, sagen einige meiner Lämmlein.

»Wasser ist aber sehr gesund!«, wirft mein Perfektions-Lämmlein ein. »Wasser wohlgemerkt, reines Wasser!«

»Wir mögen es aber nicht!«, widersprechen die Lämmlein mit einem trotzigen Unterton in der Stimme. »Wir mögen Saft, roten, grünen, gelben Saft in bunten Flaschen, wir mögen Kaffee mit Sahne, Tee mit Zitrone und Kandis, Espresso und Cappuccino, Kakao und Milchkaffee – aber Wasser mögen wir nicht!«

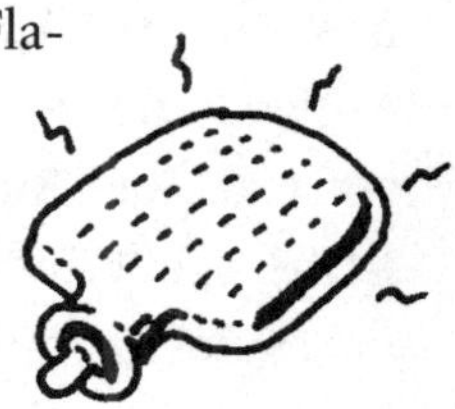

Ich halte mich zurück, denn ich mag oft auch kein Wasser – trotz der gläsernen Karaffe aus Frankreich. Mein Rettungs-Lämmlein kommt herbei. Wie wird die Rettung aussehen? Wird es mich davor bewahren, Wasser trinken zu müssen? Ich ahne, dass es anders kommen wird, und es kommt tatsächlich anders. Das Rettungs-Lämmlein trägt auf beiden Vorderbeinen ein großes Buch und öffnet es an der Stelle, an der ein rotes Leseband liegt. Die Überschrift lautet: *Wasser – das Geheimnis des Lebens.* Jetzt fängt das Lämmlein an zu lesen, zuerst noch etwas stockend, aber im weiteren Verlauf immer flüssiger. Es liest uns vor, was das Wasser alles Gutes für uns tut.

Die Protest-Lämmlein hören mit offenem Mäulchen zu, das Perfektions-Lämmlein kann sich ein »Seht ihr!« nicht verkneifen, auch ich bin beeindruckt. Wasser macht uns innerlich frisch, reinigt jede einzelne Zelle, spült all das, was uns schadet, aus dem Körper heraus und lässt uns lebendig sein.

Wir könnten uns im Grunde mit einer Blume vergleichen: Ohne Wasser vertrocknet sie, wenn sie genug gutes Wasser bekommt, dann wächst und gedeiht sie und trägt wunderschöne Blüten.

»Das wollen wir auch! Wir wollen auch blühen und gedeihen!«, rufen alle.

Das Rettungs-Lämmlein hat sein Ziel erreicht und klappt zufrieden das Buch zu. Das Lebensfreude-Lämmlein holt die Karaffe, füllt sie mit Wasser und freut sich daran, wie das Licht durch das kristallklare Wasser hindurchscheint. Das Kuschel-Lämmlein möchte die Karaffe zusammen mit einem schönen Glas immer griffbereit haben, damit ich jederzeit bequem zugreifen kann. Das Sicherheits-Lämmlein ist dagegen in erster Linie an der Wirkung interessiert, während Abenteuer-Jack sich Gedanken macht, wie man den Geschmack verändern könnte. Frische Minze oder Ingwer oder ein wenig Zitronensaft, regt meine Kreativität an.

Jemand fragt: »Was ist eigentlich mit einer Wassermelone? Ist da auch dieses gute Wasser drin?«

Das Rettungs-Lämmlein holt das Buch noch einmal vor und sieht nach. In der Tat, in frischen Früchten, in Salat und Gemüse ist auch gutes Wasser enthalten!

»Frische Früchte mögen wir, und Salat und frisches Gemüse auch!«, sagen alle Lämmlein im Chor. Na also!

Das Schokoladengeschäft

Ich kenne ein Geschäft, in dem gibt es die leckersten Dinge aus Schokolade zu kaufen. Eines Nachmittags stehen wir mal wieder davor und schauen durch die Fenster hinein. Einige meiner Lämmlein haben die Vorderhufe auf die Fensterbank gestellt und drücken sich die Nasen platt. Der Schatzhüter möchte uns am liebsten weiterscheuchen, aber wir stehen wie gebannt da und werfen begehrliche Blicke auf all die Köstlichkeiten.

In diese sehnsuchtsvolle Stimmung hinein fragt mein Verstand ziemlich schroff: »Brauchst du das jetzt?« Aber es ist keine echte Frage, sondern eine, auf die man nur mit Ja oder Nein antworten kann, und natürlich erwartet er, dass ich mit Nein antworte, denn wer braucht schon Schokolade?

Mich macht diese Art Frage wütend, und zwar so wütend, dass ich allein aus Trotz Ja sagen möchte.

Mein Freiheits-Lämmlein ist ganz meiner Meinung. »Das lassen wir uns nicht bieten!«, ruft es. »Er will uns bloß manipulieren! Freiheit! Freiheit jetzt!«

Wir drehen den Film noch einmal zurück, und diesmal mache ich es anders. Ich stelle mir die Frage »Was meinst du dazu?«, und sofort herrscht in mir eine ganz andere Stimmung. Mit dem »du« fühlen sich nämlich alle angesprochen: mein Bauchgefühl, alle Lämmlein und dazu meine großartigen Helfer Verstand, Erfahrung und Kreativität. So kann jetzt jeder seine Meinung sagen – wie in einer guten Demokratie.

Ich bekomme ganz unterschiedliche und sehr interessante Resonanz.

Mein Bauchgefühl signalisiert: »Eigentlich sind wir satt«, doch in dem eigentlich liegt Spielraum für eine kleine Verhandlung.

Mein Verstand hat seinen Fehler bemerkt und äußert sich jetzt mit seiner persönlichen Meinung: »Ich finde, davon brauchen wir nichts«.

Meine Erfahrung sagt: »Prüfe, was dich gierig auf mehr macht und was dich zufrieden sein lässt!«

»Jetzt ein kleines Schokolädchen, das wäre nicht schlecht!«, kommt es etwas gedehnt von meinem Lebensfreude-Lämmlein.

Ich sehe mir die bunte Vielfalt weiter an; alle haben gesagt, was sie dazu loswerden wollten, alle Aspekte wurden beleuchtet, und auf einmal kehrt Ruhe ein.

Nanu? Die Lust auf Schokolade verschwindet, sie geht einfach so vorbei. Niemand will ernsthaft Schokolade haben, jedenfalls heute nicht.

Ich treffe keine Entscheidung »ein für alle Mal«, sondern ich entscheide jedes Mal neu, und dadurch bin ich sehr flexibel. »Das ist auch eine Art von Freiheit«, bemerkt mein Freiheits-Lämmlein, und wie es das so sagt, wirkt es sehr zufrieden.

Essen aus Gründen, die eigentlich nichts mit essen zu tun haben sollten

Verzweiflung

Ich habe noch mehr abgenommen! Es ist einfach so passiert, weil ich mehr und mehr gut für mich sorge. Viele Veränderungen haben inzwischen einen festen Platz in meinem Leben gefunden. Jetzt könnte ich mich freuen, jetzt könnte ich stolz auf mich sein. Aber ich freue mich nicht, und ich bin auch nicht stolz auf mich. Was ist nur mit mir los? Immer wenn ich zu mir sage: »Schau, du hast es heute sehr gut gemacht«, dann kommt sofort ein »Ja, aber«, und dann fallen mir eine ganze Menge Situationen ein, in denen ich mich jedes Mal vollgestopft habe wie in schlimmsten Zeiten.

Sei es der Ärger mit meinem Chef oder die Sache mit dem schwierigen Kunden oder als ich mich einsam gefühlt habe. Mit jedem der Zwischenfälle, die mir eingefallen sind, werde ich kleiner und kleiner, fühle ich mich schlechter und schlechter. Verzweiflung überkommt mich. Und als eine mir wohlbekannte Stimme mit ganzer Kraft das Wort »Versagerin!« hervorzischt, da ist es um mich geschehen.

Mein Rettungs-Lämmlein hält die Schokolade bereit, und

ich greife danach wie nach dem Balken im reißenden Strom. Anschließend nehme ich auch noch all die anderen Rettungsangebote meines Lämmleins entgegen und esse – besser gesagt vertilge sie alle, besinnungslos, hilflos, enttäuscht.

Als ich aus dem Strudel der Verzweiflung wieder auftauche, sagt eine beschwichtigende Stimme in mir ziemlich nüchtern: »Was ist denn so schlimm daran, wenn du in Stressmomenten zu viel isst? Du bist nun mal ein emotionaler Mensch! Du kannst eben nicht anders, mach dir doch darum keine Sorgen. Dafür machst du es doch sonst mit dem Essen schon sehr gut!« Die Stimme gibt nicht auf: »Sieh dich doch mal um, wie sich andere verhalten, wenn sie gestresst sind und nicht weiterwissen.«

Ich fange an zu überlegen:

- Manche schlagen dann Türen zu.
- Manche schreien dann ihre Gefühle heraus.
- Manche kaufen dann überflüssige Dinge.
- Manche rauchen dann ohne Genuss.
- Manche greifen dann zu Alkohol.

»Und du greifst nun mal zum Essen!«, sagt die Stimme.

»Ja, ich kenne solche Leute, aber ich will das nicht!« Ich bin froh, dass meine Stimme so fest und so entschlossen klingt.

In dem Moment sehe ich mein Rettungs-Lämmlein, das mit einem Lindenblütentee und einer Wärmflasche angesprungen kommt. Damit sinke ich in meinen Sessel, schließe die Augen, atme, lasse es in mir weiteratmen und komme in meinem Inneren an.

Meine Intuition hat mich schon erwartet. »Was könnte deine Verzweiflung Gutes für dich tun?«, fragt sie mich.

Empörung wallt in mir auf, aber bevor sie ausbricht, kommt mir die Erkenntnis: Meine Verzweiflung bringt mich weiter, sie treibt mich voran, und das ist das Gute!

Ich habe ein wenig Distanz gewonnen und kann jetzt sehen, dass die Ursache für diese unkontrollierten Essanfälle woanders liegt. Ich bin keine Versagerin! Ich fühle mich hilflos, weil ich für all die stressigen Situationen keine Lösung weiß. Nur eines weiß ich ganz bestimmt: Sich mit Essen vollzustopfen ist in keinem Fall angemessen. Und es ist mir ganz klar: Dieses unwürdige Verhalten zu akzeptieren ist für mich unmöglich.

Meine Intuition ermuntert mich: »Entscheide dich für den Weg!«

Ich hebe den Blick und entscheide mich für die nächste Etappe meines Weges.

Drei Filme mit Lösungsangeboten

Am nächsten Tag mache ich mir einen Tee, gehe mit festem Schritt zu meinem Sessel und bitte alle meine Lämmlein zu einer ernsten Besprechung. Sie liegen im Halbkreis um mich herum und sehen mich leicht schuldbewusst an, denn sie befürchten Vorwürfe.

Aber ich sage nur: »Jetzt ist es nun mal so, wie es ist. Also lasst uns nach vorne schauen!

Meine Lämmlein erwidern: »Wir können das einfach nicht besser, wir wissen nicht, wie es geht! Wir kennen für all diese besonders schwierigen Situationen nichts anderes, das genauso schnell und gut wirkt wie Essen!«

Ich fühle mich mit meiner inneren Weisheit verbunden, und das gibt mir Halt – und den Mut, genau hinzusehen, sozusagen mit den Augen einer wohlwollenden Forscherin. Ich will es endlich wissen.

Die Lämmlein, froh, dass sie etwas beitragen können, zerren die Filmausrüstung herbei und stellen den Projektor richtig auf. Sofort erscheint die erste Situation, in der ich zu viel esse.

Film: Schwieriger Gesprächspartner und wichtiger Kunde

So lief es bisher:

Ich sehe mich auf den Kunden zulaufen, kalkweiß um die Nase, die Schritte so zögerlich, als würde ich lieber rückwärtsgehen. Der Kunde beginnt, sich über die Abwicklung seines letzten Auftrags aufzuregen. Seine Stimme wird lauter, das Gesicht bekommt einen leichten Rotschimmer, er gestikuliert wild und kommt mir allmählich immer näher. Ich werde klein und kleiner, ducke mich unter der Wucht seiner Anschuldigungen, halte meine Empörung mühsam zurück, werde noch kleiner, blicke zu Boden, gebe auf, gebe nach, warte auf den Moment meiner völligen Niederlage, auf eine Möglichkeit zum Rückzug.

Szenenwechsel

Mein Rettungs-Lämmlein hält mir eine Tüte mit Lakritz hin, und ich esse ein Stück nach dem anderen, mein Blick ist ins Leere gerichtet, meine Miene starr, bis die Tüte leer ist. Plötzlich erwache ich aus dieser Starre, sehe das bekümmerte Gesicht meines Rettungs-Lämmleins, und dann setzt die Reue ein: Meine Schultern sacken ein wenig nach vorn, der Kopf sinkt nach unten, man sieht, wie ich mir einen Ruck gebe, bevor ich mich wieder meiner Arbeit am Schreibtisch zuwende.

Film zurück

Wie könnte ich es anders machen, damit ich mich hinterher nicht mit Süßigkeiten vollstopfe?

Meine Erfahrung fragt: »Wann beginnt es überhaupt?«

Wir müssen bis zum Abend vor dem Tag X zurückspulen. Ich sitze auf dem Sofa, denke an das Gespräch am folgenden Tag, mir verschlägt es schier den Atem, und ich muss mich sofort stärken.

Jetzt fragt meine Kreativität: »Wie ist das genau, wenn du an das Gespräch denkst?«

»Nun«, antworte ich, »ich sehe Herrn X vor mir, überlebensgroß, fast wie King Kong, schwarz, bedrohlich nah, und seine Stimme dröhnt mir in den Ohren, dass es wehtut.

Meine Kreativität gibt mir die Regieanweisung: »Mach ihn kleiner, schieb ihn weiter weg, dreh die Stimme leiser! Besser?«

»Ja, besser, aber noch nicht richtig gut.«

Mein Rettungs-Lämmlein beobachtet uns angespannt, jederzeit bereit einzugreifen, während meine Kreativität mir weitere Anweisungen gibt. »Zieh ihm Ringelsöckchen an, mach ihm Stachelbeerbeine!« Ich muss grinsen. Herr X sieht komisch aus. »Besser?«

»Ja, viel besser!« Meine Brust weitet sich, ich kann auf einmal wieder durchatmen. Nun richtet sich mein Körper auf, und ich habe plötzlich mehr Raum für mich, das fühlt sich sehr gut an.

Mein Verstand fragt: »Was willst du in dem Gespräch mit Herrn X erreichen?«

»Er soll weiterhin Aufträge mit uns abschließen!«

Jetzt gibt meine Kreativität wieder ihre Regieanweisungen: »Stell dir vor, wie ihr einvernehmlich per Handschlag weitere Aufträge vereinbart. Er lächelt, du lächelst, es ist alles okay zwischen euch!«

Mein Harmonie-Lämmlein ist ganz aufgeregt: »So habe ich mir das eigentlich immer gewünscht!«

»Jetzt stell dir vor, dass du wie auf einem hellen Mondstrahl zu diesem harmonischen Ergebnis gelangst!«

Mein Perfektions-Lämmlein ist völlig fasziniert. »Das ist besser als alles bisher Dagewesene!«

Mein Verstand gibt mir noch einen Rat. »Bereite das Gespräch vor, und mach dir einen Gesprächsleitfaden!«

Mein Sicherheits-Lämmlein erkennt sofort den Nutzen einer solchen Richtschnur und nickt begeistert.

»Wie fühlt sich das an?«

»Gut! Ich bin schon sehr viel sicherer. Aber morgen früh bin ich bestimmt trotzdem aufgeregt.«

»Das ist auch in Ordnung, etwas Aufregung gehört dazu. Das ist bloß ein bisschen wie Lampenfieber und macht dich wach und präsent!«

Meine Erfahrung rät mir noch: »Übe vorher am Spiegel die Begrüßung, dein Lächeln. Lächle, bis die Mundwinkel ein wenig nach oben gehen!«

Jetzt kann sich mein Bedenken-Lämmlein nicht länger bremsen. »Lächeln üben?«, ruft es. »Aber ein Lächeln muss doch von Herzen kommen! Hier scheint mir ein Fall von Manipulation vorzuliegen, und zwar aus niederen Beweggründen, aus schnöder Gewinnsucht!« Es ist kaum zu beruhigen.

BEDENKEN-LÄMMLEIN

Die anderen bitten es, zunächst einmal das Ergebnis dieses Experiments abzuwarten, schließlich geht es ja gerade darum, dass der Kunde bekommt, was er will, dass er am Ende rundherum zufrieden ist.

Die Regie kehrt zum Lächeln zurück: »Wenn die Mundwinkel ein wenig nach oben gehen, lösen sie eine wahre Kettenreaktion aus, denn sie drücken bestimmte Muskeln nach oben, und diese lösen im Gehirn Vorgänge aus, die bewirken, dass es dir besser geht. Also, Film ab: Mundwinkel hoch, lächeln! Herr X kommt zur Tür herein, du begrüßt ihn mit einem strahlenden Lächeln, hast deinen Gesprächsleitfaden im Hinterkopf, hältst den Herrn auf gebührenden Abstand, wirfst einen Blick auf seine Ringelsocken, hast die Vision des guten Ergebnisses im Kopf und im Blick – und ihr unterhaltet euch von Mensch zu Mensch und fühlt euch beide sichtlich wohl!«

Meine Lämmlein haben mit offenen Mäulern zugeschaut und zugehört: »Das müssen wir bestimmt erst ein paar Mal üben!«, meinen sie.

Ja, das glaube ich auch, aber die Sache gefällt mir – und ich spüre nicht den geringsten Impuls, irgendwelche Lakritztüten zu leeren.

Aber hinterher ein schönes Abendessen, entweder zu Hause gut vorbereitet oder im Restaurant, das sollte schon sein!

Film: Ich habe zu nichts mehr Lust und fühle mich einsam

So lief es bisher:
Es ist Büroschluss, und ich bin auf dem Weg nach Hause, halte den Kopf gesenkt, im Rücken zeigt sich die Anspannung des Tages. Der Himmel ist grau in grau, die Straßen sind leer, kalt, dunkel. Ich komme an einer Bäckerei vorbei, die hell und warm leuchtet. Das sehe ich zwar nicht, weil ich den Blick auf das Pflaster geheftet habe, aber ich rieche es. Dieser Duft nach Brot und süßem Gebäck dringt tief in mich ein und lässt mich aufblicken. Mein Lebensfreude-Lämmlein zieht mich in das Geschäft hinein, und ich kaufe verschiedene Sorten Brot und Kuchen.

Die Wärme und die freudige Erwartung auf das Essen richten mich wieder auf, und draußen beiße ich erst einmal in ein Stück Kuchen. Jetzt ist wieder ein wenig Glanz in meinen Augen, und ich gehe erhobenen Hauptes nach Hause. Meinem schlechten Gewissen versichere ich: Ich werde diesen Ausrutscher ausgleichen, heute noch, ich lasse einfach das Abendessen weg. Als ich nach Hause komme, ist meine Wohnung leer, dunkel, kühl, und ich erinnere mich an die Bäckerei und wie es so gut geduftet hat. Die Sachen, die ich gekauft habe, duften immer noch, und ich gehe damit in die Küche, hole Butter und Käse dazu, lege alles auf ein Tablett und esse es vor dem Fernseher auf, und zwar restlos.

Während ich esse, spüre ich schon die Reue nahen, aber ich kann nicht aufhören. Dann lenkt mich zum Glück mein Kuschel-Lämmlein auf sehr angenehme Weise von diesem Thema ab: Es bringt mich dazu, mich wohlig zurückzulehnen, schiebt mir ein weiches Kissen unter den Nacken, breitet mir seine Decke über die Beine und lässt mich sanft einschlafen.

Film zurück:

Ich fühle mich öfter so lustlos und einsam, und dann esse ich. Danach fühle ich mich nicht mehr ganz so einsam.

»Siehst du, es wirkt!«, sagt mein Lebensfreude-Lämmlein.

»Es rührt allerdings nicht an den Kern des Übels«, wirft mein Bedenken-Lämmlein ein.

Aber will ich überhaupt an den Kern des Übels? Ich will mich doch einfach nur ein bisschen besser fühlen.

Mein Verstand schüttelt den Kopf. »Du könntest dich öfter

verabreden oder dir etwas anderes Schönes vornehmen, dann fühlst du dich nicht einsam!«

Ich weiß, aber darauf habe ich oft keine Lust, das macht mir eher Druck.

Meine Erfahrung wendet sich mir zu. »Frage dich doch mal, wie es sein wird, wenn du dich das nächste Mal wieder einsam fühlst?«

»Schrecklich wird das sein!«, entfährt es mir.

»Nun lass deine Gedanken los, lass sie wandern, zuerst in die Vergangenheit. Hast du dich immer einsam gefühlt, wenn du allein warst?«

»Oh nein!« Verschiedene Erinnerungen und Bilder kommen hoch, wie ich mich gut gefühlt habe, allein mit mir!

»Schau genauer hin! Was hat dir daran gut gefallen?«

»Da gab es keinen Leerlauf, und ich brauchte mich auf niemand anderen einzustellen. Ich hatte ganz viel Aufmerksamkeit für mich.«

»Spür weiter dorthin!«

»Ich hatte das Gefühl, dass ich alles machen kann, es aber nicht muss. Damit es gut ging, durfte ich mich jedoch nicht in meinen Sessel setzen, denn dann wurde ich schläfrig und unzufrieden, ich musste in Bewegung sein. Ich bin durch die ganze Wohnung gelaufen.«

»Und dann?«

»Dabei habe ich nach innen gespürt.«

»Und dann?«

»Dann habe ich geguckt, was ich so alles in der Wohnung herumstehen habe.«

»Und dann?«

»Dann habe ich angefangen, dies und das in die Hand zu nehmen.«

»Und dann?«

»Dann habe ich gespürt, was weg kann, was ich nicht mehr behalten will, und das habe ich auch sofort weggetan.«

»Und dann?«

»Dann habe ich mich befreit gefühlt und bin manchmal in einen richtigen Rausch der Begeisterung geraten, Dinge neu zu ordnen.«

»Und dann?«

»Dann war ich zufrieden, konnte mich in meinen Sessel setzen und mich freuen.«

»Könntest du dir vorstellen, es genauso zu machen, wenn du dich in Zukunft wieder mal einsam zu fühlen beginnst? Ich meine vorher, rechtzeitig.«

»Oh ja, das könnte ich versuchen, denn dann würde ich das, was ich mir vornehme, in meiner Vorstellung so klein werden lassen, dass es mich nicht mehr erdrückt.«

»Gut so, sieh jetzt in deine nähere Zukunft, und stell dir vor, wie schön das werden kann!«

Ich spüre, dass noch etwas fehlt. Ich habe eine besondere Musikaufnahme, die mich in eine gute, aktive Stimmung bringt, und die will ich bereitlegen. Jetzt kann ich es mir richtig schön vorstellen, mit mir allein zu sein. »Wunderbar«, sagt mein Verstand.

Gute Gedanken bahnen einen guten Weg!

Film: Wie oft sollte ich meine Mutter besuchen?

So lief es bisher:

Es ist Samstag. Meine Mutter hat heute früh angerufen, ziemlich früh sogar. Ihre Stimme hatte diesen gewissen Klang, als sie fragte: »Wann besuchst du mich mal wieder? Du warst so lange nicht da!«

Dieser ganz bestimmte Tonfall ist in der Lage, mir sofort ein schlechtes Gewissen zu bereiten.

Und dann sagt mein Harmonie-Lämmlein auch noch: »Stimmt, du warst wirklich schon lange nicht mehr dort!«

»Regt euch nicht auf, hier ist erst einmal ein leckeres Frühstück mit Croissants!«, versucht mein Lebensfreude-Lämmlein, die Situation zu entschärfen.

Wir essen, aber es bohrt in mir, und dieses ätzende Gefühl muss mit mehreren Croissants und Brötchen zur Ruhe gebracht werden.

Mein Freiheits-Lämmlein ist empört. »Wieso musst du ständig Dinge tun, die du gar nicht tun willst?«

»Ich will ja eigentlich«, sage ich, aber mit ziemlich schwacher Stimme, und trinke noch eine Tasse Kaffee.

Film zurück:

Mein Perfektions-Lämmlein sagt: »Man muss seine Mutter lieben! Bedingungslos!«

»Das tue ich ja, sogar sehr!«, erwidere ich.

»Warum besuchst du sie dann nicht öfter?«, hakt es nach.

»Es ist mir zu viel, es ist mir einfach zu viel!«

»Du könntest dir auch mal ein bisschen mehr Mühe geben,

es ist schließlich deine Mutter! Wenn du dich nur ein wenig mehr um sie kümmern würdest, ginge es ihr mit Sicherheit besser – und dir damit ja auch!«

An dieser Stelle müssen wir die Diskussion vorläufig abbrechen, mir ist nicht gut, und ich muss mich hinlegen.

Mein Rettungs-Lämmlein eilt herbei, misst Fieber, macht mir Wadenwickel und reicht mir ein Glas Wasser.

»So geht das nicht mit diesen Schuldzuweisungen! Schluss mit dem Kreuzverhör!« Mein Sicherheits-Lämmlein springt mir bei.

Ich habe mich schon wieder ein wenig erholt.

Neuer Start: Zusammenfassung

Louisa liebt ihre Mutter. Die wohnt jedoch weit weg und fühlt sich oft einsam. Das Problem: Die Mutter möchte öfter besucht werden, aber Louisa wird es zu viel. Vor allem hat sie immer dasselbe schlechte Gewissen, ganz gleich, wie oft sie hinfährt. Wenn ihre Mutter diesen Ton in der Stimme hat, fühlt Louisa sich schuldig und muss sich dann dafür entschädigen – mit Essen natürlich, und dann ist sie wütend auf sich selbst. Sofort kommen ihre Lämmlein und trösten und beruhigen sie mit noch mehr Essen. Das hilft im ersten Moment zwar, aber es läuft alles in die falsche Richtung.

Wir haben den Filmprojektor erst einmal ausgeschaltet und sitzen jetzt in bequemen Ledersesseln in der Runde.

Mein Verstand fragt: »Woher weißt du, ab wann du ein schlechtes Gewissen haben musst?«

Ich sehe ihn mit offenem Munde an. »Ab wann? Ich habe es

einfach, eigentlich immer, sogar wenn ich sie besuche, weil ich dann nicht lange genug bleibe.«

Jetzt ergreift meine Kreativität das Wort. »Wie müsste es sein, damit du kein schlechtes Gewissen hast? Oder anders herum: Wie oft möchtest du deine Mutter besuchen, freiwillig?«

»Freiwillig?« Wenn ich nicht schon sitzen würde, dafür müsste ich mich jetzt hinsetzen.

»Ja, freiwillig!«

Mein Freiheits-Lämmlein spitzt die Ohren. Ich überlege. »Mama wohnt sehr weit weg. Also freiwillig«, alle halten den Atem an, »vielleicht fünfmal im Jahr!« Bin ich nun eine schlechte Tochter, weil ich meine Mutter nur fünfmal im Jahr für je zwei Tage besuchen will und sie die restlichen 355 Tage alleinlasse?

Meine Kreativität bittet mich, einmal auf einem anderen Stuhl Platz zu nehmen und mir vorzustellen, ich sei meine Mutter und hätte soeben Louisas Worte mitgehört.

Ich versetze mich in sie hinein und spreche sogar mit ihrer Stimme. »Ich weiß, dass Louisa sehr viel arbeitet, die Fahrt zu mir ist sehr lang, und sie braucht ja auch mal Zeit für sich. Wenn ich mich darauf verlassen könnte, dass sie zu fest vereinbarten Terminen fünfmal im Jahr kommt, wäre das schon sehr schön!«

Ich tauche wieder auf und gehe zurück auf meinen Platz. Sie wäre tatsächlich zufrieden mit fünf Besuchen im Jahr!

Mein Sicherheits-Lämmlein stellt verblüfft fest: »Sie braucht die Sicherheit, und dadurch bekommst auch du Sicherheit! Du musst bloß die Termine mit ihr absprechen und sie in deinen Kalender eintragen!«

Meine Kreativität fragt: »Und, wie fühlst du dich jetzt?«

»Sehr viel besser!«, erwidere ich.

»Noch immer ein schlechtes Gewissen?«

»Nur noch ein wenig. Ich denke, ein bisschen mehr könnte ich schon für sie tun.«

»In Ordnung. Jetzt stell dir vor, die Reisen sind Hauptmahlzeiten. Was könnte es dann zu den Zwischenmahlzeiten geben?«

»Ich rufe natürlich öfter an. Ich könnte ihr auch ab und zu etwas schicken, eine besonders schöne Postkarte oder ein Buch oder einen interessanten Zeitungsartikel.«

»Wie fühlst du dich jetzt?«

»Sehr gut!«

»Und deine Mutter?«

Ich setze mich noch einmal auf den anderen Stuhl und spüre nach. Meine Mutter fühlt sich ebenfalls gut, denn nun sind die Dinge zwischen uns klar geregelt.

Mein Lebensfreude-Lämmlein strahlt und ruft: »Ich hab es verstanden!«

Geschichten mit weiteren Lösungsmöglichkeiten

Die kleine Langeweile zwischendurch

Manchmal habe ich im Büro Leerlauf. In solchen Situationen habe ich bislang immer zu irgendwelchen Zeitschriften und in irgendwelche Schubladen gegriffen, um mir mit allerhand Leckereien die Zeit zu vertreiben. So will ich das nun nicht mehr. Einige meiner Lämmlein sind beunruhigt. Ich schaue sie an und sage: »Wir wollen es jetzt anders machen!«

Sie entspannen sich ein wenig. »Anders ja, wir kommen nur nicht drauf, wie!«

Meine Erfahrung fragt genauer nach: »Bislang ist es also so: Wenn du nichts zu tun hast, greifst du nach Süßigkeiten. Und wie ist es, wenn du etwas zu tun hast?«

»Dann ist es gut. Aber manchmal ist eben nichts zu tun.«

Meine Erfahrung lässt nicht locker. »Wie spürst du, dass die Langeweile kommt?«

»Das ist so: Es wird nichts von mir gefordert, kein Stapel liegt da, der erledigt werden will, kein hektischer Chef bedrängt mich mit neuen Aufgaben. Dann bin ich nicht mehr im Fluss, mein Kopf fühlt sich leer an, in mir ist keine elastische Spannung mehr, das ist eben langweilig – und dann kommen schon die Gedanken an die Knabbereien, und sofort ist es nicht mehr langweilig. Das ist ja das Schöne daran.«

Ich sehe, wie mein Lebensfreude-Lämmlein strahlt.

»Wenn du etwas zu tun hast, dann ist dir nicht langweilig. Was könntest du also tun, sobald du merkst, dass dir langweilig wird?«

»Aufstehen und mich recken und strecken.«

»Wie wirkt das?«

»Das kann ich auch mit der Schokolade in der Hand, es ist ebenfalls langweilig.«

»Was noch?«

»Rausgehen und mich unterhalten.«

»Aber dann störst du die anderen, außerdem merken sie dann, dass du dich langweilst!«

Mein Harmonie-Lämmlein wird ganz nervös bei solcherlei Überlegungen.

Jetzt kommt meine Kreativität mit einer Idee: »Wie wäre es damit, bei Langeweile eine der Schreibtischschubladen zu sortieren?« Sie blendet die Vision einer wohl sortierten Schreibtisch-Schublade ein.

Mein Perfektions-Lämmlein ist hellauf begeistert. Abenteuer-Jack spürt Motivation in den Wadenmuskeln: Es kommt etwas in Bewegung. Mein Schatzhüter nickt wohlwollend und sagt: »Sehr gute Idee, keine Zeit verschwendet! Übersicht hilft sparen, Zeit und Geld!« Auch mein Belohnungs-Lämmlein erkennt, dass der schnelle Erfolg eine echte Freude sein wird, und da alle so begeistert sind, fange ich einfach mal an.

Unfreundlich behandelt werden

Heute habe ich Lust, mir etwas Schönes zu kaufen. Ich will mich inspirieren lassen und spüren, wobei mein Herz höher schlägt. Es zieht mich in einen Laden, ich grüße gut gelaunt – aber mir tönt nur ein mageres »Guten Tag« entgegen, ohne dass die Verkäuferin mich anschaut. Als ich eine interessierte Frage stelle, fällt die Antwort kurz und nüchtern aus, ernüchternd. Ein Schatten legt sich auf meine freudebereite Seele, zieht mich in die Tiefe.

Mein Harmonie-Lämmlein bemerkt, wie in mir der Unmut aufsteigt, und versucht, die Unfreundlichkeit der Verkäuferin zu entschuldigen. »Sie ist nun mal so! Hat vielleicht heute ihren schlechten Tag! Wird womöglich ganz schlecht bezahlt!«

Aber ich habe keine Lust, Verständnis zu zeigen.

Da schlägt mein Rettungs-Lämmlein Marzipantorte im Café nebenan vor.

Das bringt Ernüchterung. Keine Torte!

Stattdessen fällt mir ein Satz von Bertold Brecht ein, den ich heute früh gelesen habe: *Was kannst du leichter verändern: einen Stein oder deine Einstellung zu diesem Stein?* Das sind Worte! Noch dazu von einem, der das Leben kennt! Ich werde meine Kräfte nicht länger vergeuden, um einen Stein zu verändern, sondern ich werde meine Einstellung verändern, und zwar jetzt sofort!

Mein Bedenken-Lämmlein grübelt laut vor sich hin: »Wieso solltest du etwas verändern? Du bist doch schließlich die Kundin! Du hast ihr nichts getan. Das ist ungerecht!« Und es bekommt noch ein paar Falten mehr auf der Stirn.

Ja, denke ich, vielleicht sollte es anders sein, aber es ist nun mal, wie es ist, und ich verändere jetzt meine Einstellung zu diesem Stein!

Meine Kreativität ist gleich dabei. »Erinnere dich an die Sofortmaßnahme Lächeln!«

Ich ziehe die Mundwinkel hoch, tue so, als ob ich die ausgestellte Ware betrachte, ziehe die Mundwinkel noch ein bisschen höher, bis ich dieses kleine, freundliche Glucksen im Bauch spüre. Ich bin stolz auf mich! Wie weiland der Baron Freiherr von Münchhausen habe ich das Kunststück vollbracht, mich am eigenen Schopf aus dem Sumpf der Misslaunigkeit zu ziehen! Mein Lächeln ist noch ein bisschen breiter geworden, wärmer und tiefer. Rein zufällig bekommt die Verkäuferin etwas von diesem Lächeln ab, es gleitet zu ihr hinüber und breitet sich auch auf ihrem Gesicht aus.

Als ich das Geschäft verlasse, bekomme ich ein recht freundliches »Auf Wiedersehen!« mit auf den Weg. Ich bin sehr zufrieden mit mir.

Ärger in der Teeküche

Ich ärgere mich. Jeden Tag. Jeden Tag ärgere ich mich über eine Kollegin. Im Büro steht uns eine kleine Teeküche zur Verfügung, und die erste aller Regeln heißt: Jede spült und räumt ihr Geschirr sofort wieder weg. Das gilt für alle, nur für sie nicht. Es hat eine Weile gedauert, bis ich herausgefunden habe, wer es ist. Aber jetzt weiß ich es mit Bestimmtheit. Seitdem habe ich sie schon dreimal darauf hingewiesen, freundlich, aber bestimmt. Nichts hat sich geändert, und ich fühle mich zutiefst missachtet.

Mein Rettungs-Lämmlein bringt mir Beruhigungstee. Mein Harmonie-Lämmlein schaut verzweifelt drein, denn es darf mir keine Süßigkeiten mehr bringen. Aber plötzlich hellt sich seine Miene auf, und mit Gepolter schleppt es einen zweiten Stuhl herbei. Ich verstehe sofort, setze mich darauf und spiele die Rolle der Kollegin, bin die Kollegin.

»Was die bloß hat! Regt sich auf wegen dem bisschen Geschirr! Die ist vielleicht pingelig! Ich will ja auch Rücksicht nehmen, aber ich bin in Gedanken oft ganz woanders, und dann vergesse ich es einfach immer mal wieder. Trotzdem gebe ich mir Mühe, und wenn Louisa es das nächste Mal ein bisschen freundlicher sagen könnte und nicht so mit diesem gereizten Ton, dann würde es mir auch leichter fallen.«

Meine Lämmlein haben fasziniert zugehört. Ich setze mich wieder auf meinen Stuhl zurück, und plötzlich sehe ich meine Kollegin mit neuen Augen. Ich bin mir nicht ganz sicher, aber ich glaube fast, dass es mich gar nicht mehr so sehr stört, wenn sie nicht ganz so perfekt aufräumt.

Mein Harmonie-Lämmlein ist zufrieden: Gute Stimmung ist hergestellt – ohne ein einziges Bonbon. Mein Perfektions-Lämmlein merkt, dass seine Chance viel eher in der Qualität einer Beziehung steckt als in einer perfekt aufgeräumten Teeküche. Abenteuer-Jack fiebert dem nächsten Tag im Büro entgegen, um zu sehen, wie diese Sache weitergeht. Ich bin ebenfalls gespannt. Aber am nächsten Tag ist mir gar nichts aufgefallen, das heißt, es war alles in Ordnung. Hat die Kollegin nun besser aufgeräumt, oder bin ich gelassener geworden?

Missionieren

Einer meiner Kollegen hat kürzlich laut verkündet, er wolle abnehmen. Im Stillen habe ich zu mir gesagt: Er hat es aber auch nötig! Alle haben ihm schon gute Ratschläge erteilt, welche Diät die beste sei, und nun sitze ich in der Kantine und beobachte, wie er isst. Er isst nicht, er schaufelt. Nun, wer kennt das besser als ich? Aber inzwischen habe ich gelernt, bedachtsamer zu sein. Habe ich da nicht die Pflicht, ihn zu warnen, ihn vor Irrtümern zu bewahren, ihn zu retten?

Mein Harmonie-Lämmlein schwankt. Es versteht, dass ich meine neue Fähigkeit mitteilen möchte, um dem anderen zu helfen, aber es fürchtet, dass er es missverstehen könnte.

Abends setze ich mich mit einem Tee in meinen Sessel und bitte um eine Konferenz.

Mein Verstand sagt: »Ich verstehe deine gute Absicht, aber du weißt, dass es dich eine ganze Weile Mühe gekostet hat, das neue Verhalten zu verinnerlichen. Es wäre mit einem einzigen Rat nicht getan.«

»Ja, aber es kommt mir so egoistisch vor, den Rat für mich zu behalten«, erwidere ich.

Mein Sicherheits-Lämmlein äußert sich besorgt. »Du machst dich anfällig für die Kritik der anderen, sie werden dich noch schärfer beobachten und auf Fehler warten!«

Währenddessen hat meine Kreativität in ihrem Computer nach ähnlich gelagerten Fällen gesucht und verschiedene Möglichkeiten der Auswirkung gefunden. Eine Einmischung im Sinne von »Mach es so, wie ich es dir sage« wird allgemein abgelehnt, weil man sich dann bevormundet fühlt.

Mein Freiheits-Lämmlein nickt heftig. Andererseits wird eine Haltung wie »Ist mir doch egal, wie der andere zurechtkommt!« als lieblos und kalt empfunden.

Mein Rettungs-Lämmlein bekräftigt das mit einem »Genau!«

Die dritte Möglichkeit sei noch nicht sehr verbreitet, werde aber außerordentlich hoch geschätzt. Dabei gehe es darum, dass man dem anderen anbietet, etwas über eigene Erfahrungen zu erzählen, einfach so, ohne den bewussten oder unbewussten Unterton nach der Art von »Ich weiß es besser!« Jeder höre nämlich gern Geschichten darüber, wie andere bestimmte Sachen angegangen sind, die ihn selbst gerade beschäftigen.

»Das stimmt!«, bestätigt meine Erfahrung. »Dann muss man dem anderen nur noch die Freiheit lassen zu wählen, ob er sich etwas abschauen oder seinen eigenen Weg gehen will.«

Mein Perfektions-Lämmlein hat noch eine Idee. »Du kannst für ihn Vorbild sein – ohne dass er es so direkt merkt!«

Huch, Vorbild sein, das ist ja eine richtige Verantwortung, denke ich erschrocken. Im Grunde habe ich mich jedoch schon entschieden: Bei nächster Gelegenheit werde ich mich mit an den Tisch des Kollegen setzen, dann sehen wir weiter. Damit ist die Konferenz für heute zu Ende.

Lohnt sich der Aufwand?

Mir scheint, heute bin ich mit dem linken Bein aufgestanden, denn mein Freiheits-Lämmlein nörgelt schon am frühen Morgen herum. »Soll das eigentlich Freiheit sein, wenn du immer etwas Richtiges zum Essen für dich machen musst?«

»Der Mensch muss nun mal essen, und zwar jeden Tag, Freiheit hin oder her«, antworte ich.

»Ja, aber doch nicht so aufwändig mit Kochen und Abwechslung und hinsetzen und langsam essen!«

Abenteuer-Jack tutet ins gleiche Horn. »Ich finde das auch! Jeden Tag Essen vorbereiten, kochen, abwaschen und aufräumen ist nicht so spannend. Man möchte doch mehr Zeit für andere Dinge haben, für Abenteuer zum Beispiel!«

Mein Kuschel-Lämmlein flüstert ganz leise: »Fertige Sachen gehen eben schnell und machen weniger Arbeit!«

Nun meldet sich meine Erfahrung zu Wort. »Du hast es doch jetzt schon eine ganze Zeit so gemacht mit dem richtigen Essen und hast eine Menge Erfahrungen gesammelt. Womit geht es dir denn besser?«

Alle Blicke sind auf mich gerichtet. Ich brauche nicht lange zu überlegen. »Es geht mir ganz unvergleichlich viel besser, seitdem ich – meistens jedenfalls – gut für mich sorge. Und wenn ich es mal nicht tue, bekomme ich es gleich zu spüren, dann grummelt der Bauch, und ich fühle mich schwer und bleiern müde. Ich habe seither eine ganze Menge an Gewicht abgenommen, bin nach jeder Mahlzeit satt und zufrieden und fühle mich fit. Allerdings stimmt es: Der Aufwand ist einfach größer.«

Mein Schatzhüter meldet sich zu Wort. »Wie ihr wisst, war ich zu Anfang sehr skeptisch, was diesen ganzen Aufwand betrifft, aber ich erkenne jetzt den höheren Wert, der darin liegt, dass Louisa gut für sich sorgt. Zeit und Geld sind schließlich nicht alles im Leben!«

Diesmal bleibt mir der Mund offen stehen vor Staunen.

Mein kleines Freiheits-Lämmlein philosophiert derweil munter drauflos. »Dann heißt das also, es kommt nicht so sehr darauf an, dass wir uns von lästiger Arbeit befreien, sondern es ist viel wichtiger, dass wir uns die Freiheit nehmen für Veränderungen, die uns fit, zufrieden und ausgeglichen machen. Auch wenn das vielleicht mehr Arbeit bedeutet!«

Eis im Zoo

Es ist Sonntag, und ich gehe im Zoo spazieren. Als ich unterwegs an einem Eisstand vorbeikomme, lässt er mich völlig kalt, und ich bin sehr zufrieden mit mir.

Aber dann sehe ich Paul, einen guten alten Freund von mir. Wir begrüßen uns herzlich, und er lädt mich mit strahlendem Lächeln zu einem Eis am Stiel ein. Mir wird einen Moment richtig schwindelig, nicht wegen Paul, das ist es nicht, aber ich habe eigentlich gar keine Lust auf Eis, und Eis am Stiel mag ich sowieso nicht so gern. Außerdem gehört Eis zu den Dingen, die mich gierig machen und mir den Appetit für richtige Mahlzeiten verderben. Ich tauche wieder auf aus dem Schwindelgefühl, schaue in Pauls strahlendes Gesicht und verspüre wie eine Welle den Impuls, spontan »Oh ja, gern!« zu rufen. Aber ich halte inne, bleibe in der Schwebe.

Und da höre ich sie, meine inneren Stimmen. »Das ist ja nicht wahr!«, zischt der Verstand mir ins Ohr.

»Du wirst doch wieder schwach!«, seufzt mein Perfektions-Lämmlein.

Ich frage mich, wie wird das sein, wenn ich Nein sage?

Mein Harmonie-Lämmlein zuckt zusammen. »Aber ihr habt euch doch so lange nicht gesehen! Wenn ihr gemeinsam Eis leckt, wird es viel leichter gehen mit dem Einstieg ins Gespräch! Du kannst ihn doch nicht enttäuschen, wenn er dich dazu einlädt!«

Da sehe ich mein Freiheits-Lämmlein, wie es mit den Vorderhufen abwechselnd von rechts nach links hüpft und dabei begeistert vor sich hin murmelt: »Ja oder nein, ja oder nein – wir können wählen!«

Auf einmal spüre ich die Erleichterung, die es bedeuten würde, wenn ich »Nein danke« sagte. Ich schaue dem Harmonie-Lämmlein in die erschrockenen Augen und spüre, dass es einen Ausgleich für die Absage an Paul braucht. Daher wende ich mich ihm zu und sage mit meinem strahlendsten Lächeln: »Vielen Dank, Paul, aber mir ist im Moment nicht nach Eis. Lass uns lieber das Elefantenbaby anschauen, das letzte Woche erst geboren wurde!«

Während wir losgehen, spüre ich in mir dieses Glücksgefühl, das sich immer dann einstellt, wenn ich etwas gut gemacht habe und alle Lämmlein zufrieden sind. Dieses innere Fragen und Abwägen kommt mir noch immer ziemlich lang vor, aber ich habe gerade eben erst wieder gemerkt, dass es in Wirklichkeit blitzschnell geht, denn Paul hat nichts davon bemerkt. Er hat sich selbst übrigens auch kein Eis gekauft. Ob er am Ende nur meinetwegen diesen Vorschlag gemacht hatte und nun auch erleichtert ist und keineswegs enttäuscht?

Stadtbummel mit Torte

Es ist Samstag, und ich mache mal wieder einen Stadtbummel. Da es noch recht früh am Vormittag ist, haben einige Geschäfte noch geschlossen. Deshalb beschließe ich, zunächst einmal eine Tasse Kaffee zu trinken. Ich bin mir nicht ganz sicher, ob ich an der Tortentheke nicht eine mir bekannte Gestalt gesehen habe. Tatsächlich, ich habe mich nicht geirrt, denn als ich Platz genommen habe, setzt sich Jack zu mir, mein Abenteuer-Lämmlein. Er blinzelt mich verschwörerisch an, hat das rechte Hinterbein über das linke Knie gelegt und wippt vor und zurück.

ABENTEUER-JACK

»Weißt du noch, wie wir es sonst immer gemacht haben?«, fragt er. »Wir haben uns an der Theke etwas Schönes ausgesucht, Marzipantorte mit Walnussfüllung, mmmmmmmmh, ich fühl das jetzt noch auf der Zunge, und dann die Spannung, wie es wohl diesmal schmecken würde. Meist konnte ich dich verlocken, ein zweites Stück zu bestellen, eher was mit Schokolade, einfach köstlich! Und wenn wir danach unterwegs an einem Bratwurststand vorbeigekommen sind, dann haben wir im Stehen eine schöne große Bratwurst gegessen. Das ist ja viel praktischer, als wenn man das Wildschwein erst hätte jagen müssen … Denk doch nur mal an die köstlichen Pralinen vom letzten Mal! Wir haben dunkle und helle, weiche und knusprige ausgesucht, und du hast gesagt, die wären für zu Hause, für die nächsten Tage. Aber dann haben wir sie doch unterwegs schon aufgefuttert, ha, ha, das war vielleicht gut. Und dann, gegen Abend, sind wir immer in das Lokal gegangen, wo es die leckeren Speckpfannkuchen gibt und Eisbecher zum Nachtisch. Ich bin gespannt, was wir heute alles ausprobieren und erleben werden. Wollen wir nicht mal nachsehen, was es heute Leckeres gibt? Ich habe richtig Lust.«

Mein Freiheits-Lämmlein ist sofort mit dabei, denn es fand es ja in jenen vergangenen Zeiten auch immer toll, so maßlos zu sein und über die Stränge zu schlagen. Auch bei mir hat Abenteuer-Jack mit seinen Schwärmereien positive Erinnerungen geweckt.

Aber inzwischen bin ich auf einem guten Weg zu meinem Ziel, und ich merke, dass ich dieses Unmäßige wirklich nicht mehr will. Ich habe meinen Kaffee ausgetrunken und denke nach. Nur Kaffee zu trinken ist allerdings nicht richtig zufriedenstellend. Ein Stück Kuchen sollte ich mir schon gönnen, es muss ja nicht unbedingt Sahnetorte sein. Ich sehe die Obsttorten vor meinem geistigen Auge in leuchtenden Farben, und die Sehnsucht danach wächst in mir. Aber noch lieber mag ich Marzipantorte. Beim Gedanken daran macht es wirklich klick im Kopf – was hat es dann für einen Zweck, Obsttorte zu nehmen? Ich bin schon halb aufgestanden, da kommt mir mein Ziel in den Sinn. Allerdings ist es ziemlich weit weg, und die Marzipantorte und all die anderen interessanten Dinge, die Jack in meinem Kopf zum Leben erweckt hat, sind ganz nah.

Ich schaue nach innen, und da sind sie alle und sehen mich an: Mein Lebensfreude-Lämmlein ist kurz vorm Weinen, weil es fürchtet, dass alles Schöne gestrichen werden soll, das Belohnungs-Lämmlein tut betont gelangweilt und etwas schnippisch, na ja ... Mein Freiheits-Lämmlein steht kurz von einem Zornesausbruch und fühlt sich in all seinen Lebensregungen total beschnitten durch das viele Zögern und Überlegen.

Meine Vernunft blickt sachlich und kühl von oben herab

und murmelt: »Recht so, der ganze süße und fette Kram ist doch schuld an deinem Unglück, also weg damit!«

Meine Erfahrung dagegen sagt: »Wenn du jetzt nachgibst, Louisa, dann läuft alles so, wie es schon hundertmal gelaufen ist. Also, sei auf der Hut!«

All das übt einen ungeheuren Druck auf mich aus. Diese Gefühle von Zorn und Enttäuschung, die Kritik – und dann auch noch der gute Ratschlag – fühlen sich ganz schrecklich an. Und eigentlich will ich jetzt nichts anderes mehr, als dieses innere Durcheinander loswerden. Am liebsten würde ich einfach nachgeben, Ja sagen und die Torte essen, damit endlich Ruhe einkehrt. Da sehe ich die Torte in meinem Bauch und spüre, wie sie sich schwer anfühlt, und mir wird klar, dass auch mit der Torte im Bauch keine Ruhe einkehren, sondern alles nur noch schlimmer werden wird. Dieses Gefühl erlebe ich plötzlich so stark, dass es mir die Kraft gibt, mich davon abzustoßen, vom finsteren Seelengrund wieder hochzukommen und mir den Ruck zu geben, den ich brauche, um das Steuer für einen schönen Tag in die Hand zu nehmen.

Ich versuche, meinem Abenteuer-Lämmlein zu erklären, dass nicht die Torte wichtig ist, sondern das Abenteuergefühl, das damals damit verbunden war. Es ist ein Irrtum, in den alten Mustern hängen zu bleiben. Wir brauchen neue Abenteuer! Er hebt sein Köpfchen ein wenig, und ich spüre, dass er beginnt, mich zu verstehen.

In dem Moment bringt meine Kreativität die Sache auf den Punkt: »Wie kannst du jetzt Jack und die anderen wieder zum Strahlen bringen und erreichen, dass alle gern mitmachen? Du bist schließlich die Herrin, vergiss das nicht!«

Ich habe mich wieder ganz gefangen und denke mich jetzt in neue Möglichkeiten hinein: Kleider angucken, Bücher durchstöbern, Haushaltsabteilung, Wühltisch, Kino nach dem Abendessen …

Während ich mir all das in Farbe und Großformat vorstelle, verblasst die Torte. Und ich habe einen wunderbaren Sieg errungen!

Keine Lust, an den Schreibtisch zu gehen

Heute Nachmittag habe ich mir vorgenommen, einiges an Papierkram zu erledigen und meinen Schreibtisch aufzuräumen. Ich will es unbedingt heute hinter mich bringen, auch wenn es sicherlich einige Stunden dauern wird. Aber ich komme nicht in Gang. Ich habe keine Lust. Zu gern würde mir mein Lebensfreude-Lämmlein etwas Süßes zum Einstieg bringen, so wie früher, aber ich habe ihm nur erlaubt, mir eine Kanne Tee zu reichen.

Mein Perfektions-Lämmlein sieht mit leuchtenden Augen die Chance zu einem glanzvollen Ergebnis, sowohl was die Arbeit betrifft als auch die Enthaltsamkeit beim Essen. Ich habe ihm verboten, Druck auszuüben, daher hält es sich zurück. Alle anderen sind ein bisschen betrübt, denn sie wissen nicht, wie sie mir helfen können. Ich brauche einen Anstoß, um in Gang zu kommen.

Mein Freiheits-Lämmlein hat den Kopf gesenkt und denkt nach. »Frei-willig müsstest du es tun!«, schlägt es vor.

In diesem Fall hätte ich allerdings lieber jemanden, der

energisch sagen würde: »Jetzt mach endlich!«, und gut wär's. Aber ich bin nun mal ein freier Mensch, der frei-willig nicht naschen will und der frei-willig seine Schreibtischarbeiten erledigen möchte.

Meine Kreativität hat offenbar gleich erkannt, dass ihre Ideen jetzt gefragt sind, und sie schickt mir nur ein Wort: Waschbecken-Erfolg! Das muss ein Irrläufer sein, denn ich will am Schreibtisch arbeiten und nicht am Waschbecken. Als ich aber zufällig vor meinem Waschbecken stehe, sehe ich: Es müsste dringend mal wieder geputzt werden. Jetzt verstehe ich: Waschbecken putzen als Einstieg zur Schreibtischarbeit! Plötzlich merke ich, dass das gar keine Strafarbeit ist, sondern sogar Spaß macht.

Mein Perfektions-Lämmlein ist hoch motiviert, denn es sieht die Chance für einen schnellen und außerordentlich perfekten Erfolg. Mein Freiheits-Lämmlein hat schon schwungvolle Musik angestellt und feuert mich mit freiheitlichen Parolen an. Mein Bedenken-Lämmlein hat keinerlei Bedenken. Mein Lebensfreude-Lämmlein schlittert auf den spiegelblanken Porzellanflächen wie auf einer Eislaufbahn hin und her. Ich putze und wische im Rhythmus der Musik, komme in Schwung, schaue voll Freude auf meine gelungene Tat, gehe anschließend einfach so mit wiegenden Schritten zu meinem Schreibtisch und fange an.

Nachdem die Arbeit erledigt ist, setze ich mich in den Sessel und genieße meinen doppelten Erfolg: Ich brauche nicht zu warten, bis ich für eine Aufgabe in Stimmung bin, sondern ich kann mich selbst in Schwung bringen!

Essen für Nachtarbeiter/-innen

Nach einer Weile konzentrierten Arbeitens denkt jemand in mir: Pause. Ich werfe einen Blick auf die Uhr und stelle fest, dass dieser Jemand Recht hat, eine Pause zu verlangen. Ich bin sehr stolz darauf, dass ich diesen Fall vorherbedacht habe, denn ich komme in die Küche, und es steht schon einiges bereit. Ich setze mich gemütlich hin, lasse beim Essen den Blick schweifen und entspanne mich dabei von der konzentrierten Arbeit. Als ich aufgegessen habe, überlege ich, wie es am Abend weitergehen wird, denn ich bin noch längst nicht fertig.

»Früher haben wir nach einem derart arbeitsreichen Abend, wenn du endlich alles geschafft hattest, immer einen wunderbaren Mitternachts-Ess-Exzess eingelegt.« Abenteuer-Jack lächelt versonnen in Erinnerung daran.

Mein Freiheits-Lämmlein hat schon ganz leuchtende Augen bekommen.

Mein Belohnungs-Lämmlein wechselt aufgeregt von einem Bein auf das andere. »Früher gab es immer – je später der Abend wurde – Belohnungen nebenbei. Wie soll das denn jetzt gehen?«

Mein Rettungs-Lämmlein schaut besorgt drein und weiß nicht, was es tun soll. »Wenn du so spät noch gegessen hattest, lag es dir oft wie ein Stein im Magen. Aber was solltest du schon machen, du hattest ja um Mitternacht so riesigen Hunger! Wenn du zwischendurch nichts isst, fühlst du dich über kurz oder lang schwach und ausgelaugt und fällst in ein Energieloch! Was sollen wir nur tun?«

Alle liegen im Halbkreis um mich herum und sehen mich hilfesuchend an.

Meine Kreativität schickt mir wiederum nur ein Wort herüber: Arbeitsessen.

Essen beim Arbeiten und Arbeiten beim Essen, das hatten wir früher oft genug, das kann nicht gemeint sein. Aber vielleicht eine zusätzliche Mahlzeit zwischendurch?

Mein Schatzhüter erstarrt, mein Bedenken-Lämmlein zieht die Brauen hoch, meinem Perfektions-Lämmlein bleibt gar das Maul offen stehen. Aber ich bin schon dabei, zusammen mit meiner Kreativität Ideen zu entwickeln für ein Essen für Nachtarbeiter/-innen. Nun wollen alle Lämmlein mit aussuchen und stecken die Köpfe zusammen.

Sie werfen ihre Einfälle auf die Filmleinwand: »Kraftfutter für Louisa!« und »Figurfreundlichkeit!« und »Maßarbeit« und »Feuerwerk an Geschmack«.

Aus allem wird ruck, zuck etwas Leckeres vorbereitet und bereitgestellt. Jetzt weiß ich, wie es am Abend weitergehen wird, und ich bin bestens gewappnet!

Während ich nun am Schreibtisch sitze, kann ich vor meinem inneren Auge sehen, wie das Essen auf mich wartet, bis der rechte Zeitpunkt dafür gekommen ist. Dieses Bild trägt mich über die lästigen Arbeiten hin zu einem wunderbaren Erfolg.

Merkzettel 16

Daran will ich mich erinnern:

Eine Mahlzeit, die ich mir bewusst zugestehe, ist etwas völlig anderes als ein Essanfall, dem ich hilflos ausgeliefert bin. Ebenso will ich mir zugestehen, dass ich noch ein bisschen Angst haben darf, ob es mir auf Dauer gut gehen wird mit diesem Essen für Nachtarbeiter/-innen.

Das will ich tun:

Ich werde versuchen, herauszufinden, ob es auch noch andere Möglichkeiten gibt, wie ich meine Arbeit schaffen kann. Früher ins Bett gehen klingt verlockend, und vor dem Einschlafen noch etwas Schönes lesen fühlt sich ein bisschen an wie Urlaub. Außerdem brauchte ich ja dann kein Nachtessen mehr.

Es ist auch schon mal vorgekommen, dass ich morgens viel mehr Hunger hatte als sonst, wenn ich spätabends noch etwas gegessen hatte. Ich will ausprobieren und erspüren, welche Lebensmittel oder Gerichte diese Nebenwirkung nicht haben und daher geeignet sind.

Ein Geschenk

Freunde haben mir neulich zwei Packungen süßer Spezialitäten von einer Reise mitgebracht. Als sie mir das Geschenk überreichen, spüre ich Kinderfreude und gleichzeitig Druck. Was soll ich mit so vielen Süßigkeiten? Ich wehre ab – zwecklos.

Sie lachen nur und sagen: »Du magst doch so gerne Süßes, und das hier ist wirklich lecker. Du braucht ja nicht alles auf einmal zu essen.«

Wenn die wüssten … Aber sogar wenn sie wüssten, wie es um mich steht, sie würden es nicht nachvollziehen können. Sie können sich nun mal nicht vorstellen, dass für jemanden wie mich diese zwei Schachteln zum Problem werden. Denn auch wenn ich in vielen Situationen inzwischen sehr zufrieden mit mir bin, die Angst, wieder gierig zu werden, sitzt noch immer in einem Winkel meines Inneren. Diesmal hatte ich keine Wahl, sie haben mir die Versuchung ins Haus gebracht!

Nachdem die beiden gegangen sind, setze ich mich erst einmal in den Sessel, neben mir auf dem Tisch die Süßigkeiten.

»Wirf sie weg, schnell!«, rät mir mein Perfektions-Lämmlein, und ich denke, ja, das werde ich tun.

Ich bin schon dabei aufzustehen, da hält mich mein Harmonie-Lämmlein zurück. »So etwas Besonderes willst du fortwerfen? Deine Freunde haben es gekauft und hierhertransportiert – extra für dich!«

Ich gebe meinen Vorsatz auf und lege die Süßigkeiten in den Kühlschrank, damit sie mir aus den Augen kommen.

Sie rufen: »Gekühlt schmecken wir nicht so gut, hol uns wieder raus!«

Also hole ich sie raus und lege sie in den Schrank, ganz hinten unter die Servietten.

Sie schmollen: »Wir sind doch etwas Besonderes, ein Geschenk!«

Ich denke daran, sie mit einem Zettel ins Treppenhaus zu legen und »zu verschenken« draufzuschreiben oder sie ins Altersheim oder in den Kindergarten zu bringen. Sollen die sich doch mit dem süßen Kram vollstopfen. Ins Büro mitnehmen? Dann kann ich sie auch gleich selbst essen. Ja, ja, ich bin der Boss, ich weiß, aber diese Packungen bringen mich noch um den Verstand, ans Ende meiner Weisheit.

Warum beschäftigt mich das so? In mir taucht ein neuer Gedanke auf: Die Süßigkeiten stehen für etwas Höheres, sie sind ein Zeichen der Freundschaft, und weil mir diese Freundschaft wichtig ist, will ich das Geschenk achten. Nimmt die Freundschaft Schaden, wenn ich die Süßigkeiten wegwerfe? Muss die Freundschaft aushalten können, dass ich ein Geschenk zurückgebe? Das geht nicht ohne Missstimmung. Aber muss ich mich opfern für die Freundschaft und alles aufessen – mit all dem Stress, der für mich damit verbunden ist? Wo bleibe ich dabei? Und was bin ich mir wert?

Ich werde darüber schlafen, dann treffe ich eine Entscheidung.

Ich hätte mich gar nicht so aufzuregen brauchen, denn am anderen Morgen sind Unruhe und Verwirrung komplett verschwunden, und die Süßigkeiten sind in meinem Kopf ganz weit hinten und damit uninteressant. Ich weiß auch warum: Ich habe alle Stimmen in mir angehört, allen Regungen nachgespürt, alle meine Gedanken dazu wahr- und ernst genommen. Mein Inneres lernt aus alledem über Nacht, und deshalb kann ich dieses Geschenk jetzt wirklich genießen: ab und zu ein Stück, und dann ist es gut. Das habe ich mir immer gewünscht, so unverkrampft und locker mit Süßem umgehen zu können!

Ärger mit dem Chef

Mir zittern noch jetzt die Hände und Knie. Ich hatte mich in einem Termin geirrt, und eine dringende Sache war nicht rechtzeitig fertig geworden. Mein Chef hat sich furchtbar aufgeregt, ich habe mich auch furchtbar aufgeregt, laute, scharfe Worte sind gefallen. Er hatte zwar Recht, aber musste er mich deshalb so heruntermachen?

Wütend sein und sich gleichzeitig so hilflos fühlen: Das ist zu viel. Mein Rettungs-Lämmlein drückt mich sanft auf einen Stuhl und reicht mir süße Medizin. Das Belohnungs-Lämmlein steht daneben und reicht weitere Medizin nach, diesmal nicht als Belohnung, sondern als Entschädigung für die Widrigkeiten des Lebens. Mein Sicherheits-Lämmlein steht etwas weiter weg, aber in höchster Alarmbereitschaft. Gott sei Dank ist jetzt Feierabend. Aber wie wird es morgen sein, wenn ich meinem Chef wieder begegnen muss? Oh, grauenhaft, nicht hindenken, lieber schnell noch ein paar Kekse nehmen. Es gibt eben Tage, da geht alles schief, versuche ich mich zu trösten.

»Aber Ärger vergeht auch wieder«, sagt mein Verstand.

»Nur, was könnte ich tun, um meinen Frust nicht mit weiteren Süßigkeiten lindern zu müssen?«

»Oh, kein Problem!«, ertönt die Stimme meiner Kreativität, und schon gibt sie meine Frage in ihren Computer ein.

Tatsächlich, am anderen Morgen, ich stehe gerade unter der Dusche, spuckt er einen atemberaubenden Lösungsvorschlag aus: ein Anti-Stress-Paket. Das ist ein besonderes Stressessen, verbunden mit lauter anderen schönen Dingen, das wie ein wärmendes Licht über meinem Leben schwebt, und allein schon der Anblick erfreut und entspannt mich. Ein ungewöhnlich großer Teller Spaghetti mit Olivenöl und Parmesankäse im gelben Licht meiner Tischlampe, eine Schokoladenspeise der edelsten Sorte als Nachtisch, die Fotos vom letzten Urlaub, ein neuer Krimi …

Mein Sicherheits-Lämmlein ist sehr zufrieden, und sogar mein Perfektions-Lämmlein nickt zustimmend. »Na gut, in einem solchen Fall, ausnahmsweise …«

Mein Verstand hat ausgerechnet, dass solch ein Essen immerhin deutlich weniger Kalorien hat als der ganze Süßkram, den ich sonst vertilgt hätte.

Seit diesem Vorfall hat es noch öfter Ärger gegeben, aber nur selten habe ich diese Stressmahlzeit wirklich gebraucht. Allein der Gedanke daran und das innere Bild haben mich schon entspannt.

Merkzettel 17

Daran will ich mich erinnern:

Stressgefühle kosten meinen Körper sehr viel Kraft, deshalb ist es auch verständlich, wenn in Stresssituationen das Bedürfnis danach entsteht, etwas zu essen.

Das will ich tun:

Meine Lämmlein haben mir immer mal wieder gestanden, dass sie auf solch schwierige Situationen noch nicht ausreichend vorbereitet sind. Ich will daher nach weiteren Lösungsmöglichkeiten Ausschau halten. Dazu hefte ich mir einen Zettel mit folgenden Fragen an die Wand:

- Wer kann mir helfen?
- Was kann mir helfen?

Das spornt meine Kreativität ungemein an, und wir entdecken ständig etwas Neues.

Alle wollen was von mir

Gott sei Dank, dass diese Woche endlich vorbei ist, denke ich, als ich Freitag am frühen Nachmittag das Büro zuschließe. An diesem Wochenende möchte ich mal so richtig entspannen, und ich sehe mein kleines Kuschel-Lämmlein vor mir, wie es die Decke anschleppt.

Zu Hause angekommen klingelt das Telefon: Mama. Es geht ihr nicht gut, sie fühlt sich unwohl und einsam. Ob ich denn nicht ausnahmsweise mal zusätzlich zu unserer Vereinbarung zu Besuch kommen könnte? Sofort fühle ich einen dicken, schwarzen Knoten im Bauch.

Mein Harmonie-Lämmlein schaut bekümmert drein. »Du könntest sie dieses Wochenende ruhig besuchen, du hast doch nichts vor«, sagt es auf seine sanfte Weise.

Der Knoten in meinem Bauch wird härter und größer, schlechtes Gewissen breitet sich aus. Ich sage zu meiner Mutter: »Mal sehen, vielleicht komme ich.« Ich lege auf und fühle mich schlecht.

Kurz darauf ruft meine Freundin an, sie hat Beziehungsprobleme und möchte sich einfach mal alles von der Seele reden. Eine Stunde dauert das Telefonat. Als ich danach nur mal schnell in den Briefkasten schauen will, kommt meine Nachbarin heraus und hat Lust auf einen kleinen Plausch zwischen Tür und Angel.

Wo bleibt mein Wochenende? Wo bleibe ich?, frage ich mich. Mein schlechtes Gewissen vermischt sich mit Wut – ich weiß nicht, was stärker ist. Ich gerate außer mir, meine Lämmlein stehen hilflos herum, meine Wut lässt sie zurückweichen. Die Wut erfüllt mich so sehr, dass ich in die Luft gehen könnte. Was soll ich tun?

Meine Kreativität rät mir: »Geh in ein gemütliches Restaurant, bestell dir ein gutes Essen, nimm eine Illustrierte mit, gewinne Abstand!«

Da gerät mein Bedenken-Lämmlein außer sich. »Mit Wut im Bauch zum Essen gehen? Was soll das denn? Louisa will es doch jetzt anders machen als früher!«

Mein Rettungs-Lämmlein pflichtet ihm bei. »Das verstehe ich auch nicht! Ich darf ihr höchstens Lindenblütentee und eine Wärmflasche bringen, und du empfiehlst ihr, so wütend wie sie ist, essen zu gehen!«

RETTUNGS-LÄMMLEIN

Meine Kreativität nickt. »Ich verstehe, was ihr meint, aber erstens macht es einen großen Unterschied, ob man noch in der Wut Süßigkeiten in sich hineinstopft oder stattdessen ein schönes Menü zu sich nimmt. Zweitens weiß ich, dass Louisa einen Fußweg von zwanzig Minuten zu diesem schönen Lokal hat, und durch Bewegung verflüchtigt sich die Wut!«

»Verstehe«, ruft mein Lebensfreude-Lämmlein, »es geht um das Restaurant mit der freundlichen Bedienung. Das tut noch zusätzlich gut!«

Das war ein wunderbarer Rat. Der Druck im Hals und der Knoten im Bauch lösen sich auf dem Weg zum Lokal komplett auf, ich bin wohlig gesättigt, habe mich durch die Probleme der Reichen, Schönen und Schlanken geblättert und denke jetzt nach. Was bin ich freiwillig bereit zu geben? Mama, der Freundin, der Nachbarin?

Meine Kreativität hat gleich mitgeschrieben und sucht im Internet nach Beispielen, wie andere so etwas lösen.

Da kommt mir wie eine Erleuchtung der Gedanke: Alle anderen haben auch eine Kreativität, die ihnen Ideen und Lösungsvorschläge für ihre Anliegen schicken kann! Ich bin nicht für die Lösung aller Probleme verantwortlich, und es ist wichtig, dass ich bei mir selbst bleibe. Was will ich? Was will ich wirklich? Was will ich geben? Und was brauche ich für mich selbst?

Mein Harmonie-Lämmlein nickt. So hin und her schwingen zwischen innen und außen, zwischen meinen eigenen Wünschen und Bedürfnissen und denen der anderen – und dabei eine gute Lösung entstehen lassen, damit ist es mehr als einverstanden. So bin ich auf dem richtigen Weg.

Ich melde mich also noch einmal bei Mama, vertröste sie auf meinen nächsten geplanten Besuch, und dann rufe ich auch noch schnell ihre freundliche Nachbarin an, damit sie mal nach ihr sieht – und nun nehme ich mir ein schönes Buch mit in den Sessel.

Unterwegs im Hotel

Ich bin öfter im Auftrag meiner Firma unterwegs und gerate auch auf Reisen zwischendurch immer mal wieder in schwierige Situationen.

Ich erinnere mich, wie es beim letzten Mal war:

Ich sehe mich an der Rezeption des Hotels und dann in meinem Zimmer. Es ist ein ganz normales Zimmer, sauber, ordentlich, übersichtlich; es könnte überall auf der Welt sein. Es riecht fremd, und ich fühle mich auch fremd, schließlich bin ich ja auch weit weg von zu Hause.

Drei Tage später. Ich habe ein anstrengendes Programm hinter mir, und weitere anstrengende Tage liegen noch vor mir. Der heutige war besonders schlimm. Ich habe ihn nur mit Hilfe von zwei Tafeln Schokolade und einer ganzen Tüte Lakritz überstanden. Es ist inzwischen 17.00 Uhr, und jetzt ist erst einmal Pause bis 20.00 Uhr, danach findet ein offizielles Abendessen statt. Es gießt in Strömen, und unter einen Schirm geduckt strebe ich meinem Hotel zu, um mich vorher ein wenig auszuruhen. Mein kleines Freiheits-Lämmlein hat Gummistiefel an und einen Schlapphut auf und stapft neben mir her, das Fell hängt tropfnass herunter.

Ich höre, wie es mit Grabesstimme vor sich hin murmelt:

»*... aber weiter und weiter schlepp ich mich fort, von Tag zu Tag, von Mond zu Mond, von Jahr zu Jahr, bis dass ich werd hinstürzen am Wege und die uralte ewige Nacht mich begräbt samt allen Träumen der Sehnsucht.*«

Als ob mir nicht schon meine eigene melancholische Stimmung reichen würde! Obwohl beruflich alles ganz gut gelaufen ist, fühle ich mich niedergeschlagen. Das Hotel, das endlich im Regen auftaucht, erscheint mir als trostloser Ort, das Gebäude sieht öde aus, die Beleuchtung kalt. Der Fahrstuhl bringt mich in meine Etage, das Zimmer ist aufgeräumt, es riecht ein wenig abgestanden, nicht nach zu Hause.

Ich sollte mich jetzt ausruhen, ich sollte vor allem nichts essen, denn es gibt ja nachher das große Abendessen. Wie in Gedanken öffne ich den kleinen Kühlschrank und sehe drei Packungen gesalzene Erdnüsse. Eine Packung muss ich einfach haben, um die Zeit zu überbrücken. Komischerweise liegen kurze Zeit später drei leere Verpackungen im Papierkorb. Wo kommen nur die anderen Süßigkeiten her? Die süßen Getränke, die auch noch im Kühlschrank waren, sind plötzlich alle leer, sogar ein kleiner Magenbitter.

»Die Preise! Hast du dir die Preise der Minibar angesehen?« Das ist die scharfe Stimme meines Schatzhüters.

Schuldbewusst sinke ich zusammen. Natürlich habe ich mir die Preise nicht angesehen. Aber jetzt schaue ich nach: horrend! Ich fühle mich schlecht und habe Heimweh.

Mein Freiheits-Lämmlein liegt frierend auf dem Bettvorleger, Abenteuer-Jack hatte sich die Reise interessanter vorgestellt und ist enttäuscht. Die anderen Lämmlein sitzen zusammengedrängt in der Ecke und schauen mich traurig an, mein Perfektions-Lämmlein starrt missbilligend vor sich hin, und das schon seit Tagen. Obwohl mir jetzt schon schlecht ist, weiß ich, dass ich nachher noch Nachschub holen werde an Erdnüssen, Schokolade, Limonade und Bier, denn ich muss noch einige Tage durchhalten. Mein Herz zieht sich zusammen, und mir ist kalt.

Durch den Film habe ich alle diese Szenen noch einmal durchlebt – und nun muss ich wieder für eine Woche fort, zur gleichen Art von Veranstaltung wie letztes Mal.

Meine Erfahrung sagt: »*Wenn du das tust, was du schon immer getan hast, wirst du auch das bekommen, was du immer schon bekommen hast!*«

Ja, anders müsste ich es machen – nur wie?

»Was ist so schlimm an dieser Reise?«, fragt mein Verstand ziemlich nüchtern und fährt fort: »Du hast ein ordentliches Hotel, deine Firma bezahlt die Unterkunft, die Fahrtkosten und das Essen!«

»Ja, aber das Büfett ist scheußlich!«

»Immerhin kann es dich vor Hunger bewahren!«

»Aber ich fühle mich die ganze Zeit nicht wohl, und deshalb esse ich zu viel, und dann ärgere ich mich wieder über mich und muss noch mehr essen – es wird jedenfalls wieder furchtbar werden.«

Meine Lämmlein nicken. »Ganz furchtbar wird es werden!«

Meine Kreativität gibt mir wieder Regieanweisungen. »Wenn du die Dinge nicht ändern kannst, so kannst du immer noch deine Einstellung zu den Dingen ändern – also mach es anders als bisher!«

Mein Rettungs-Lämmlein legt mir sacht sein rechtes Vorderbein auf die Schulter, seufzt und fragt: »Wie können wir es nur anders machen?«

In dem Moment hat meine Kreativität eine ganze Liste von Ideen auf ihrem Bildschirm: »Was ist mit deinem neuen MP3-Player mit deiner Lieblingsmusik? Oder mit einer Duftkerze? Oder mit einem Krimi, der dich davonträgt? Oder mit den Geschichten aus dem Buch *Hühnersuppe für die Seele*, die so rührend traurig sind, dass sie sogar das nüchterne Hotelzimmer verwandeln können? Wie wäre es, wenn du für die Abende, an denen du allein bist, gezielt nach einem Restaurant mit freundlichen Obern Ausschau hältst? Wenn dich beim Büfett die lange Schlange stört, kannst du dann auch entgegen der Schlange anfangen zu essen? Vielleicht findest du den Nachtisch sowieso leckerer? Oder gibt es in der Umgebung des Tagungsortes einen netten Imbiss?

Suche dir für die schwierige Zeit vor dem Abendessen einen Laden mit schönen Dingen aus, und kauf dir etwas Hübsches! Und nimm auf jeden Fall deine Tarot-Karten mit! Kannst du dir vor deiner Abreise zu Hause etwas Schönes vorbereiten, das auf dich wartet und auf das du dich aus der Ferne schon freuen kannst? Und kannst du schon jetzt ein Wochenende für dich in schöner Umgebung planen, wo du dich richtig verwöhnen lassen kannst?«

Meine Lämmlein haben sehr aufmerksam zugehört, ich spüre, sie wollen gern mitmachen. Ich hebe den Kopf, meine Schultern straffen sich, und die Welt sieht schon ein wenig heller aus. Ich merke, wie meine Gefühlslandschaft sich verändert hat, ich habe jetzt Ideen und fühle ich mich den Ereignissen nicht mehr ausgeliefert. Die Erdnüsse aus der Minibar sind übrigens uninteressant.

Den eigenen Raum einnehmen

Ich stehe vor dem Spiegel und betrachte mich. Meine Augen beurteilen die Gestalt, vergleichen mich mit dem Ideal und stellen fest, was alles nicht der Wunschvorstellung entspricht. Während eine Stimme sagt: »Da muss noch ganz schön viel weg!«, sagt eine andere: »Du hast schon ganz schön viel abgenommen!«

Ich schließe die Augen und spüre in mich hinein. Ich taste den Raum von innen ab, den Raum, den mein Körper einnimmt. Ich spüre zwei Arten von räumlicher Ausdehnung: den Raum, den meine Gestalt einnimmt, und den Raum, den ich als Person in dieser Welt und in diesem meinem Leben einnehme. Es fühlt sich beides sehr eng an, ich gestehe mir kaum genügend Luft zum Atmen zu, atme nur flach, halte mich zurück, mache mich klein. Wie viel Raum steht mir zu? Da fällt mir ein Ausspruch ein, den ich mal irgendwo gelesen habe: *Freiheit bekommt man nicht – man muss sie sich nehmen!*

Ich denke: Wenn ich mir meinen eigenen Raum als Person in dieser Welt nehmen würde, könnte es dann sein, dass mein Körper nicht mehr so viel Raum beanspruchen muss? Noch während ich diesem Gedankengang folge, spüre ich, dass mein Atem schon freier und tiefer wird.

Das Spiegelgewand

Neulich war ich mit meiner Nichte im Theater. Wir haben uns ein Märchen angesehen, in dem natürlich eine wunderschöne Prinzessin und ein stolzer, mutiger Prinz eine Rolle spielten sowie eine gute Fee, die für das Glück der beiden und gegen finstere Mächte kämpfte. Alle trugen wunderschöne Kostüme.

Das Kostüm der guten Fee gefiel mir ganz besonders. Es war eher ein Gewand, das sie umhüllte, aus allerfeinstem Gewebe, in herrlichen Farben, durchscheinend und doch undurchdringlich. Sie wirkte darin geschützt, unverletzbar, selbst als der böse Zauberer ihr seinen Zauberstab entgegenschleuderte. Außen war das Gewand übersät mit kleinen Spiegelchen, die bei jedem Schritt der Fee zart aneinanderschlugen wie winzige Glöckchen. Bei jeder Bewegung blitzten sie auf und reflektierten das Licht.

Mit diesen funkelnden Spiegeln konnte die Fee alles abwehren, was ihr Schaden zufügen wollte. Alles Wohlmeinende, Anerkennende und Stärkende, alle guten und liebevollen Kräfte konnten dagegen an den Spiegelchen vorbeigelangen und ihr Herz erreichen.

So ein Gewand wünsche ich mir auch. Ich stelle mir vor, wie ich es tragen, wie es mich vor all dem schützen würde, was mich bedrängt, was mir zu nahe kommen will. Und ich spüre, wie es alles durchlässt, was mich stärkt und was mein Herz nährt. Wie ich mir all das Schöne so lebhaft vorstelle, spüre ich:

Es wirkt! Ich trage dieses Gewand schon! Und während ich das wunderbare Gefühl in mir spüre, nehme ich wahr, dass sich mein Rücken aufrichtet, dass ich den Kopf hebe und die Schultern entspannt fallen lasse, dass die Kraft, die ich brauche, warm in mir pulsiert.

Ich bewahre dieses Gewand jetzt an einem ganz besonderen Platz in meiner Wohnung auf, so dass ich jeden Morgen daran denke, es überzustreifen, bevor ich den Tag beginne.

Stress in die Flasche tun

Immer öfter stelle ich fest:

- Wenn es mir gut geht, dann geht es mit dem Essen fast automatisch gut.
- Wenn ich das Essen richtig genieße, dann bin ich mit dem richtigen Maß bis zur nächsten Mahlzeit richtig zufrieden.
- Wenn ich mich auf mein Gefühl verlasse und wenn ich esse, was ich wirklich möchte, dann finde ich mein Maß.

Die Erlaubnis, alles essen zu dürfen, entspannt mich so sehr, dass ich nicht mehr alles essen muss.

Es klappt immer dann gut mit dem Essen, wenn der Stress mich nicht am Wickel hat. Aber wie kann ich das erreichen?

Dazu hat meine Kreativität sofort eine Idee. »Setz dich in deinen Sessel, schließ die Augen, und stell dir vor, dass neben dir eine große, bauchige Flasche mit einem engen Hals steht. In diese Flasche lass deinen Druck gleiten, sieh zu, wie er in der Flasche noch ein wenig herumzappelt – und dann mach den Korken drauf. Jedes Mal, wenn du noch Reste von

Stress verspürst, heißt es: Korken raus und rein mit dem Druck!«

Ich probiere den Rat in Gedanken sofort aus und stelle mir eine typische Situation vor. Tatsächlich, der Druck ist weg! Und jetzt gelingt es mir, darüber nachzudenken, wie ich denn auf meinem Weg weiter vorankommen könnte. Auf jeden Fall will ich mir Zeit nehmen, um mich weiterhin selbst zu erforschen, und zwar so viel Zeit, wie ich brauche. Statt großer Vorsätze möchte ich weitere kleine, leichte Schritte gehen, die ich von innen heraus auch wirklich will.

Mein Lebensfreude-Lämmlein strahlt mich an.

Der rettende Kurzschlaf

Manchmal bin ich so müde, dass ich ganz weiche Finger bekomme, die nicht einmal mehr den Kugelschreiber halten können. Dann habe ich einfach zu nichts mehr Kraft und auch keine Lust. Im Büro verschaffe ich mir dann immer ein wenig Bewegung, öffne das Fenster, recke und strecke mich, atme tief durch. Manchmal hilft auch eine Tasse Kaffee, wenn es der richtige Moment dafür ist. Wenn nicht, macht Kaffee die Situation nur noch schlimmer. Das Einzige, was wirklich helfen könnte, wäre ein Schläfchen.

Mein Perfektions-Lämmlein ist entsetzt, dass ich so etwas überhaupt zu denken wage. Klar, im Büro ist es schlecht möglich, das sehe ich ein, aber zu Hause?

Neulich habe ich von einem Schlafforscher gelesen, dass der beste Zeitpunkt für einen Kurzschlaf von zwanzig Minuten genau dann sei, wenn man diese Müdigkeit so richtig spürt, wenn sie sozusagen ihren höchsten Punkt erreicht hat. Das möchte ich zu Hause einmal ausprobieren. Mir fällt sofort ein Sprichwort dazu ein: *Nach dem Essen sollst du ruh'n oder tausend Schritte tun!*

Nun, die tausend Schritte sind ein eigenes Thema, abgesehen davon möchte ich zwar ruhen, aber nicht unbedingt nach dem Essen, sondern auf dem Gipfel meiner Müdigkeit.

Bei diesem Gedanken wettert plötzlich eine erschreckend laute Stimme in mir los: »Tagsüber schläft man nicht! Das ist Verweichlichung, Schlaffheit! Wir hätten früher nicht im Traum an so etwas gedacht! Hast du denn nicht genug zu tun?« Das ist unverkennbar die Stimme meines Vaters.

Das hat mir gerade noch gefehlt! Ausgerechnet er mit seinen Sprüchen, die er immer auf den langen Wanderungen verkündete, wenn wir Kinder müde wurden. »Bei uns herrscht das Gesetz der Wüste: Wer nicht mitkommt, bleibt am Wegesrand liegen!«

Ich wusste zwar damals noch nicht, was eine Wüste ist, aber am Wegesrande liegen bleiben und zurückgelassen werden wollte ich auf gar keinen Fall. Noch heute habe ich diese Stimme in mir. Meinem Vater schicke ich daher einen freundlichen Gedanken, aber seine Stimme nehme ich mit zwei fest zupackenden Fingern und öffne meine Stressflasche. Stimme rein, Korken wieder drauf, und Ruhe ist!

Eine Weile später ist der Moment der Müdigkeit da. Ich gehe zu meinem Sessel, lehne mich zurück und stelle mir vor, dass ich etwas beiseiteschwebe und meinen Körper im Sessel zurücklasse, sozusagen zu einer Blitzkur. Nach kurzer Zeit fühle ich mich ganz leicht, schwerelos, zeitlos. Und wiederum nach einer Weile spüre ich, wie warme Wellen durch mich hindurchfluten, von den Beinen aufwärts, und ich tauche wieder ein in meinen nunmehr regenerierten Körper, bin wach und frisch, recke und strecke mich, werfe einen Blick auf die Uhr und stelle fest, dass ich genau zwanzig Minuten weggedöst war. Jetzt habe ich wieder Lust.

Minifreuden

Meine Freundin Susanne hat mich überredet, sie vergangenen Sonntag zu einem Workshop zu begleiten. *Lachen – die beste Medizin* lautete das Thema, und wir haben tatsächlich ganz viel gelacht. Eine Übung hat mir besonders gut gefallen, deshalb habe ich sie mir auch gemerkt. Es ging darum, sein Grundkraftniveau zu heben.

Mein Sicherheits-Lämmlein war sofort begeistert. »Grundkraft anheben, das brauchen wir!«

Mein Perfektions-Lämmlein hat sich unter Niveau etwas von besonders guter Qualität vorgestellt, und Abenteuer-Jack fand spannend, dass es dabei immer eine Überraschung gibt.

Und so geht nun die Übung: Sobald ich morgens die Augen aufmache, also wenn ich noch schön gemütlich im warmen Bett liege, stelle ich mir die Frage: Worauf kann ich mich heute freuen?

Dann taste ich in Gedanken den vor mir liegenden Tag daraufhin ab, und an irgendeiner Stelle spüre ich einen kleinen leuchtenden Glücksimpuls im Bauch, der wie ein winziger elektrischer Schlag durch mich hindurchgeht. Gleich beim ersten Mal habe ich mich beschwingter und kraftvoller gefühlt, und dieses Gefühl hat mich über den ganzen Tag getragen. Sogar den Zahnarzttermin neulich habe ich besser überlebt, weil dahinter die kleine Freude aufleuchtete.

Besuch bei der Tante

Heute fahre ich zu meiner Lieblingstante. Ich weiß schon, was mich dort erwartet, denn die Besuche verlaufen immer gleich. Meine Tante lebt allein in einem Dörfchen mitten auf dem Lande. Ich werde der einzige Gast sein, und es gibt jedes Mal drei Kuchen, alle selbst gebacken: einen Käsekuchen mit Rosinen, einen gedeckten Apfelkuchen und eine Preiselbeertorte, dazu in einer Kristallschale Schlagsahne, weiß, fest und köstlich. Es hat absolut keinen Zweck, vorher zu sagen: »Tante, bitte mach doch nur einen Kuchen!«

Dann sagt sie nämlich garantiert: »Ich backe doch so gern, und du brauchst ja nicht alles aufzuessen!«

Selbst bei einem Kuchen hätte ich ja immer noch das gleiche Problem, maßvoll zu sein. Also, ich bewege den Besuch in Gedanken.

Mein Freiheits-Lämmlein ist schon total aufgeregt und freut sich auf den Ausflug. Mein Lebensfreude-Lämmlein findet es toll, dass es drei Kuchen gibt und nicht nur einen.

Mein Freiheits-Lämmlein legt alle Verführung in seine Stimme und sagt: »Wenn du dort über die Stränge schlägst, dann macht das doch nichts. Ein Mal ist kein Mal!«

»Oh nein, Ausnahmen töten jeden guten Vorsatz. *Wehret den Anfängen!*« Das klingt nach meinem Perfektions-Lämmlein.

Ich versuche, die Argumente zu sortieren: Also, bei drei Kuchen ist klar, dass ich von allen nehmen muss, und zwar mit Sahne, allerdings kleinere Stücke. Aber wenn ich erreichen könnte, dass ich dann aufhöre, wäre ich schon zufrieden.

Wie könnte das gehen?

»*Aus den Augen, aus dem Sinn!*«, ruft mir meine Kreativität zu.

Was die Kuchen angeht, ist das für mich zweifellos die beste Lösung. Also muss ich Wege finden, wie mir die Torten möglichst bald aus den Augen kommen.

Soll ich Magenschmerzen vorschieben? Das zieht nur wieder Diskussionen nach sich, die ich auf keinen Fall will – außerdem stimmt es nicht.

Ich könnte sagen, dass ich jetzt genug habe, dass ich aber gern etwas mitnehmen wolle für den nächsten Tag. Will ich das denn wirklich? Morgen schmeckt der Kuchen nicht mehr so gut, und dann esse ich ihn womöglich noch heute Abend.

Ich könnte mich mit vollem Bewusstsein für den Exzess entscheiden, richtig reinhauen, wie früher, und meiner Tante eine Freude machen. Während ich so darüber nachdenke, entsteht in mir im gleichen Moment ein Bild von all den negativen Folgen für mich – der Preis wäre nämlich, dass ich mich schlecht fühle, und der ist mir eindeutig zu hoch, das ist es mir nicht mehr wert.

Ich schlafe eine Nacht darüber, und am nächsten Morgen

kommt mir die Idee, beim ersten Glas Wasser. Ich werde meine Tante einfach ablenken! Und zwar mit etwas, was wir beide gern tun, einem Ausflug zum Beispiel.

Jetzt mache ich mir ein konkretes Bild vom Tagesablauf: Ich schneide mir die Stücke mit Augenmaß ab, genieße jeden Bissen, lege die Kuchengabel zwischendurch ab, damit meine Lämmlein und ich mehr von dem Genuss haben. Ich spüre nach innen: So kann es gehen, alle Lämmlein werden mitmachen.

»Nein danke« sagen

Am Wochenende besuche ich meine Mutter. Mama hält nichts vom Abnehmen, ihr macht es Freude, wenn man richtig zugreift. Allerdings waren ihre ersten Worte bei der Begrüßung letztes Mal: »Na, du bist aber ganz schön mollig!« Und in ihren Worten schwang eine ganze Menge unterschwelliger Kritik mit.

Ich habe ihr nichts von meinem Ziel abzunehmen erzählt, sie würde mich dann nur kritisch begutachten und ständig fragen, ob ich denn schon Erfolg gehabt hätte mit meinen Bemühungen. Und Erfolg heißt bei meiner Mutter genaue Angaben in Kilos und Kleidergrößen. Dann würde sie mich daraufhin kritisch begutachten und zweifelnd sagen: »Na, ob du das durchhältst!« Solche Antworten kann ich nicht gebrauchen.

Mein Lebensfreude-Lämmlein freut sich auf den Ausflug, aber in mir ist etwas Stacheliges, Widerborstiges, und das hat mit dem Essen dort zu tun. Mama wird mich nämlich beobachten, sie wird sehr genau verfolgen, was ich esse, wie viel ich esse und vor allem auch wie schnell ich esse. Mein langsames Essen wird sie als mäkeliges Herumstochern deuten. Sie ist zufrieden, wenn ich ordentlich zugreife wie früher und wenn hinterher nichts mehr übrig ist. Ich möchte aber nicht mehr so viel essen wie früher. Das heißt: Ich will mich verweigern, passiven Widerstand leisten, ich will »Nein danke« sagen, wenn ich satt bin. Und Mama wird gekränkt sein.

»Wieso denn gekränkt?«, fragt mein Freiheits-Lämmlein. »Es wird Zeit, dass du dich endlich durchsetzt! Essen ist Menschenrecht, und Aufhören mit Essen ist auch Menschenrecht!«

Freiheit und Menschenrecht her und hin, ich werde mich schlecht fühlen, wenn Mama mit diesem unterdrückten Zornesbeben in der Stimme sagt: »Was soll ich denn jetzt mit dem schönen Kuchen machen? Wozu habe ich mir denn die Mühe gemacht, ihn zu backen? Und die schönen frischen Brötchen, sie werden ganz weich, wenn du sie nicht isst! Und wer soll denn jetzt den ganzen Aufschnitt essen!« Und so weiter.

Mein Perfektions-Lämmlein sagt kühl und nüchtern: »Sie wird es überleben!«

Mein Kuschel-Lämmlein will mich trösten, »Die schlechte Stimmung geht vorbei, nimm es nicht so ernst!«

Aber eine strenge Stimme wirft mir vor: »Du bist einfach rücksichtslos!« Mein Harmonie-Lämmlein. Und dann verleiht es seiner Stimme so einen einschmeichelnden Klang: »Mach ihr doch die Freude und gib nach!«

Ich fühle ganz tief in mir drin: Nein sagen bei Mama ist keine Kleinigkeit, hier geht es um Macht, um Sieg und Niederlage. Ich will weder Sieg noch Niederlage – für keinen von uns, aber ich will mich selbst behaupten, und ich wappne mich. Ich stelle mir vor, wie der Kuchen auf dem schön gedeckten Tisch steht und verlockend duftet. Ich nehme ein Stück und verspeise es langsam und genüsslich. Mama schaut immer mal wieder von ihrem Teller auf und zu mir herüber. Sie hat alles im Blick und unter Kontrolle. Jetzt bin ich satt.

»Nimm doch noch ein Stück!«, fordert sie mich auf.

»Danke, es war sehr lecker, und jetzt bin ich satt.« Ich sage absichtlich »und« und nicht »aber«, das macht die Antwort milder.

»Der schöne Kuchen – wer soll den denn jetzt essen?«

»Ja, er ist wirklich sehr lecker. Nur ich bin jetzt satt.«

»Wozu habe ich den denn jetzt gebacken, wenn du ihn nicht isst?«

»Wenn du so etwas sagst, macht es mich wütend, weil ich mich dann unter Druck gesetzt fühle.«

»Ach, das ist doch albern!«

»Das mag schon sein, aber so fühle ich mich nun mal.«

»Du bist ja mal wieder empfindlich!«

»Das mag schon sein, aber ich möchte, dass du weißt, wie ich mich dann fühle.«

Mama trägt den Kuchen geräuschvoll in die Küche, ich folge ihr mit dem Geschirr. Dabei bin ich ziemlich aufgeregt, denn ich habe es geschafft, bei mir und meinen Gefühlen zu bleiben, keine Vorwürfe, keine Eskalation. Ich bin stolz auf mich.

Vor dem Einschlafen gehe ich die Situation noch ein paar Mal durch und spüre dabei die andere Art von Energie, mit der ich mich auflade: Selbstbewusstsein! Am nächsten Tag fahre ich los. Es gibt den Kuchen, Mama schaut zu mir herüber, dennoch höre ich nach einem Stück auf.

Mama sagt: »Hast du Lust, jetzt mit mir eine Runde durch den Garten zu drehen?«

Ich nicke, bin sprachlos – ich habe soeben ein kleines Wunder erlebt. Ob ich das durch meine Gedanken verursacht habe?

Angst vor Weihnachten

Es ist Ende September, und in den Supermärkten türmen sich Stollen, Lebkuchen und Plätzchen. In einem Vierteljahr ist Weihnachten, das schönste Fest des Jahres, und ich habe Angst davor. Angst vor den zahllosen Versuchungen, denen ich haltlos erliegen werde. Letztes Jahr habe ich mehrere Kilo zugenommen. Dieses Jahr soll alles anders werden.

Meine Erfahrung erinnert mich an all die guten Vorsätze, die sofort schiefgehen. Rat suchend wende ich mich an meine Kreativität, die heute ungewöhnlich gesprächig ist.

»Bislang hast du es so gemacht, Louisa: Wenn du gemerkt hast, dass deine Bemühungen erfolglos blieben, dann hast du deine Anstrengungen verdoppelt. Aber genützt hat es nichts. Mach es jetzt einfach einmal anders!«

Meine Erfahrung tritt interessiert näher. »Ah, ein Experiment, sehr gut!«

Etwas ungeduldig frage ich: »Und wie geht das nun, bitteschön, anders?«

»Bislang hast du dir Weihnachten immer etwas verboten – jetzt erlaube dir einfach mal was: Erlaube dir zu Weihnachten einmal ALLES!«

Ich fühle mich nicht ernst genommen und bin frustriert.

Mein Verstand ist ebenfalls hinzugetreten und meldet sich nun zu Wort: »Weihnachten ist ein sehr altes Fest, und es ist seit jeher verbunden mit Essen und Trinken!«

»Aber doch nicht drei Monate lang!«, begehre ich auf.

Mein Lebensfreude-Lämmlein stört es nicht weiter, dass die Vorweihnachtszeit schon im September beginnt, es hätte nichts dagegen, wenn das ganze Jahr Weihnachten wäre. Mein Harmonie-Lämmlein fürchtet um den Familienfrieden, wenn ich zu Weihnachten ein rigoroses Programm durchziehen will.

Mein Bedenken-Lämmlein hat die Stirn noch mehr als sonst gerunzelt. »Die Zügel zu locker zu lassen ist bedenklich, aber zu Weihnachten die Zügel zu straff zu halten ist auch nicht gut!«

Mein Freiheits-Lämmlein zappelt unruhig hin und her. Es hofft mit aller Macht, dass ich mich zu dem Experiment »Erlaube dir wirklich einmal alles!« bewegen lasse.

Meine Kreativität lädt mich zu einem Experiment im Kopf ein. »Du darfst auf meinem Computer einmal durchspielen, wie das sein kann, wenn du dir in der Weihnachtszeit wirklich ALLES erlaubst!«, bietet sie an und rückt ein wenig zur Seite, damit ich Platz habe.

Dann geht es los. Alle drängen sich hinter meinem Rücken, um die Sache auf dem Bildschirm mitzuverfolgen. Also, ich will Marzipanstollen, jetzt gleich, und schon erscheint ein Marzipanstollen auf dem Bildschirm, mit schneeweißem Puderzucker bestäubt. Dann Plätzchen, und zwar selbst gebacken, noch warm aus dem Backofen, wunderbar duftend. Ja, in der Tat, sie duften wie früher. Und nach den süßen Dingen gibt es knusprigen Braten mit Klößen und Rotkohl. Dazu Wein und anschließend Likör. Dann wünsche ich mir noch einen ausgiebigen Gang über den Weihnachtsmarkt, mit Reibekuchen und Thüringer Bratwurst, mit gebrannten Wiener Mandeln und Brüsseler Waffeln, mit Backfisch und Elisen-Lebkuchen, mit Dresdner Stollen und Aachener Printen.

Abends will ich gemütlich mit Freunden zusammensitzen, wir knacken Walnüsse, Hasel- und Paranüsse, trinken dazu Glühwein und essen Bratäpfel mit Vanillesoße.

Ein Blick über meine Schulter zeigt mir, dass einige Lämmlein schon leicht erschöpft wirken von all den Lustbarkeiten. Aber ich bin noch längst nicht gesättigt. Am zweiten Weihnachtstag kommt meine ganze Familie zum Festtagsschmaus zusammen. Am Tag davor wird gekocht, gebraten, gebacken, die Stimmung ist wunderbar – und alle kleinen Unstimmigkeiten, die während des Jahres den Familienfrieden trüben, sind vergessen.

Jetzt muss ich schon ein bisschen überlegen: Was noch? Soll das schon alles sein? Ja, es ist alles, ich bin satt.

»Satt? Schlecht ist dir, das sehe ich dir doch an!« Das ist die scharfe Stimme meines Perfektions-Lämmleins.

Ich gebe es nicht gern zu, aber es hat Recht. Mir wird bewusst, dass allein schon das intensive Denken an diese Häufung von Weihnachtsgenüssen bewirkt, dass ich genug davon habe und der Fülle überdrüssig bin.

Meine Kreativität hat es mir aber auch angesehen und schlägt vor: »Lass uns den ganzen Film zurückspulen, und wir fangen noch einmal von vorn an. Schau genau hin, was du jetzt wirklich erleben möchtest!«

»Ich möchte, dass Weihnachten richtig schön wird!«

»Richtig schön?«

Nur: Was ist richtig schön für mich? Das ist gar nicht so einfach zu beschreiben. Ich stelle mir einen Weg vor, mit sanften Kurven und leichten Steigungen, der langsam und gemütlich zu dem großen Fest hinführt und auf dem sich Vorfreude und Erwartung allmählich steigern können.

SICHERHEITS-LÄMMLEIN

»Weihnachten soll ja nicht nur für Louisa schön werden«, bemerkt mein Harmonie-Lämmlein ganz vorsichtig, »sondern auch für alle die Menschen, die zu ihr gehören!«

Das erinnert mich an die Erwartungen, die alle an mich stellen werden, wie jedes Jahr, und ich spüre einen dicken Knoten im Magen, und mein Herz fühlt sich schwer an.

Mein Rettungs-Lämmlein reicht mir ein Marzipanbrot, aber ich winke ab. Da kommt es mit einem besonderen, sehr aromatischen Tee, den ich dankbar entgegennehme.

»Eigentlich solltest du doch alles frei-willig und gern tun, was mit Weihnachten zusammenhängt, und es dürfte gar keinen Druck geben!«, philosophiert mein Freiheits-Lämmlein.

»Manchmal verspricht Louisa aber auch zu viel und setzt sich dadurch selbst unter Druck«, wirft mein Sicherheits-Lämmlein ein. »Am liebsten möchte ich dem einen Riegel vorschieben!«

»Das ist doch alles eine Frage der Balance, und mir scheint, die Ansprüche und Erwartungen der anderen zu erfüllen hat bei Louisa mehr Gewicht, als sich um ihre eigene Zufriedenheit zu kümmern. Deshalb kommen die Waagschalen auch immer wieder aus dem Gleichgewicht«, überlegt mein Bedenken-Lämmlein laut.

»Aber wenn Louisa den anderen eine Freude macht, ist das doch auch eine Freude, die auf sie zurückscheint!« Mein Harmonie-Lämmlein ist ganz aufgewühlt, Weihnachten ist ein schwieriges Thema.

Mein Perfektions-Lämmlein hat allen aufmerksam zugehört, was sonst eigentlich gar nicht seine Art ist. Ich weiß, es möchte, dass alles perfekt ist, deshalb bemühe ich mich ja auch immerzu darum. Jetzt bin ich aber doch überrascht, als es sagt: »Wenn nun aber die innere Qualität einen höheren Wert hat als der äußere perfekte Aufwand, dann bin ich eher für diese Art von Vollkommenheit, in der alles enthalten ist, und zwar im richtigen Verhältnis zueinander. Sollte es dann nicht lieber so sein, dass wir nicht in erster Linie Dinge erledigen, sondern dass wir den Weg erleben?«

Gilt das nun nur für Weihnachten oder vielleicht für mein ganzes Leben?, frage ich mich. Dann denke ich: Ich möchte den Weg erleben!

Und nun spüre ich Sehnsucht in mir nach dieser besonderen Art von Besinnlichkeit und Gemütlichkeit, und meine Sehnsucht bewirkt, dass die Ideen, die meine Kreativität diesmal in ihrem Computer findet, eine ganz andere Farbe haben:

Ich stelle mir wiederum den Weg vor, geschmückt mit Lichtern und Glanz, mit Farben und prächtigen Dekorationen. Ich nehme die unvergleichlichen Düfte von Bienenwachskerzen und Tannengrün wahr, den Vorgeschmack von Lebkuchen, Printen und Plätzchen mit den köstlichen Gewürzen und Aromen. Ich erahne die Musik, die Gesänge und Klänge von besonderen Instrumenten, bin an den feierlichen Orten in großer Gemeinschaft und höre die frohe Botschaft für die Seele. Auf diesem Weg bekommen all die anderen Dinge ihren Ort und ihre Zeit. Alles wird sich fügen.

Der Prüfstein, ob ich noch auf diesem Weg bin, ist meine Vorfreude: dieses kleine, vibrierende Hochgefühl, das mich stärkt.

»Alles andere ist eine Frage der Organisation, das bekommen wir hin!«, sagt mein Verstand. »Deshalb ist es gut, früh genug mit Weihnachten anzufangen.«

Also fange ich ruhig schon im September mit der Frage an: Wie wird es dieses Jahr sein mit Weihnachten?

Schlechte Gefühle aushalten

Heute war ein Tag, an dem aber auch alles schiefging. Dass ich den gemeistert habe, ohne zu viel zu essen, darauf bin ich richtig stolz. Es begann mit einem Anruf aus dem Krankenhaus: Meine Mutter war eingeliefert worden. Es war nicht lebensbedrohend, aber in ihrem Alter weiß man nie, wie es ausgeht. Ich war jedenfalls alarmiert. Dann sprang mein Auto nicht an, und ich kam zu spät ins Büro. Mein Chef wartete schon auf mich. Es ging um ein sehr eiliges Projekt – und meine Kollegin lag mit Grippe im Bett. Zu allem Übel war der Himmel steingrau, und ein eisiger Wind bog die Bäume und zerrte an den letzten Blättern.

Trotz der Hektik mache ich mir einen Tee. Während ich darauf warte, dass das Wasser kocht, setze ich mich auf den Küchenhocker und schließe die Augen. Sofort sehe ich sie: meine Lämmlein. Sie sind völlig aufgelöst, mit dieser Situation total überfordert und wuseln kopflos durcheinander. Da spüre ich, dass all das, was ich bisher gelernt habe, sich wie Puzzleteile aneinanderfügt: Ich schaue sie an, jedes einzelne von ihnen, und rede ihnen gut zu. Meine Ruhe strahlt auf sie aus, und sie legen sich im Halbrund zu meinen Füßen.

Ich höre meinen Verstand zustimmend murmeln: »*In der Ruhe liegt die Kraft*!«

Genau das fühle ich jetzt auch: eine tiefe innere Ruhe. Ich achte darauf, dass es mir gut geht, und ich schaue, was die Situation erfordert – jetzt und hier. Ich kann entscheiden, was getan werden muss, und bleibe gleichzeitig in meiner Mitte. Ich halte die Situation aus, ich halte sie wie Waagschalen: Innen und außen sind im Gleichgewicht. Mich in diese Kraft zu bringen hat nur gerade so viel Zeit gebraucht, bis das Wasser anfing zu kochen.

Der Durchbruch

Angst vor der Lösung, zwei Träume

Ich atme auf und atme zugleich tief durch. Ein paar Probleme sind noch nicht gelöst, aber das macht nichts. Denn bei so vielen anderen Schwierigkeiten, die mir vorher unlösbar erschienen, sehe ich nun Wege, ja geradezu fantastische neue Möglichkeiten. Ein neues Leben tut sich auf, meine Kreativität hat mir unzählige Tore geöffnet.

Ein kleines, dumpfes Unbehagen schiebe ich beiseite. Wer sollte denn jetzt noch einen Einwand haben? Aber als ich nach innen spüre, bekommt das dumpfe Unbehagen einen Namen:

Angst. Ich bin verwirrt. Wovor habe ich Angst? Als ich in mich hineinspüre, erkenne ich es: Ich habe Angst vor dem Schlanksein, Angst vor der endgültigen Lösung meines Problems, Angst vor dem Verlust der alten, bekannten und vertrauten Gefühle und Denkrillen, Angst vor den neuen Möglichkeiten, vor dem Unbekannten, vor dem Glück, vor der eigenen Größe, Angst vor der Verantwortung für mich selbst, Angst, jetzt immer alles gut machen zu müssen …

Wie wird das sein, wenn ich mein Ziel ganz und gar erreicht habe und in meiner wahren Gestalt lebe? Wenn ich dieses unbeschwerte Lebensgefühl, das ich so sehr ersehne, wirklich habe? Das alles ist auch erschreckend und zutiefst aufwühlend – und davor habe ich Angst.

Also doch lieber nichts von alledem – ich bin nicht gewappnet für diese Art von Lösung.

Es ist eindeutig Zeit für einen Großmutter-Tee. Ich setze mich in meinen Sessel, schließe die Augen, lasse es in mir atmen, spüre all die Ängste in mir. Sie sind wie eine riesige Blockade, die verhindert, dass ich auch nur einen Schritt vorankomme. Wie im Nebel einer fernen Vergangenheit liegen mein Ziel, meine Hoffnung, mein Mut. Mir ist alles egal, und ich hänge antriebslos herum, lethargisch. Das Einzige, was ich noch fühle, ist Erbitterung. Ich war doch schon so weit, und nun scheint auch dieser Weg nicht gangbar. Und ich nehme wieder zu.

Eines Nachts habe ich einen Traum. Ich bin auf einem Fest, es scheint eine größere Feier im Büro zu sein, denn unser Konferenzraum ist herrlich dekoriert, Kerzen brennen überall und verströmen ein wunderschönes Licht. Die Stimmung ist auf dem Höhepunkt, und das prächtige Büfett wird eröffnet. Auch ich nehme einen Teller und gehe zögernd darauf zu, da steht plötzlich meine Arbeitskollegin neben mir.

»Du wirst sicherlich nichts von all den ungesunden und fetten Sachen essen wollen«, zischt sie mir zu. »Du hast ja jetzt dein Ziel erreicht – wir anderen sündigen, wir sind eben nicht so diszipliniert wie du!«

Ich höre auch ein wenig Neid aus ihrer Stimme heraus. Also setze ich mich mit meinem Teller allein in eine Ecke, aber ich habe keinen Appetit mehr. Zwar führe ich die Gabel zum

Mund, lege zwischendurch das Besteck ab – doch ich habe keinen Spaß. Meine Kollegin sitzt im Kreise der anderen, sie isst offensichtlich mit Genuss, unterhält sich lebhaft, lacht immer wieder. Sie hat eindeutig Spaß. Ich fühle mich innerlich kalt und isoliert. Innerlich und äußerlich fröstelnd wache ich auf. Ist das der Preis, isoliert und einsam zu sein?

Ich erinnere mich an die letzten Wochen im Büro und sehe vor mir, wie alle Frauen in den Pausen zusammensitzen und sich über die neuesten Diäten austauschen. Ich sitze stumm daneben und kann nichts dazu beitragen.

»Du mit deinem Essverhalten«, sagen sie öfter, und in meinen Ohren klingt es ein wenig abfällig. Ich habe versucht, es ihnen zu erklären, aber sie verstehen mich nicht. Da habe ich es aufgegeben und bedauert, dass ich überhaupt damit angefangen hatte. Ich gehöre nicht mehr dazu, bin abgesondert, sonderbar, abgelehnt, und das tut weh.

Vielleicht ist es auch nur eine Frage der Zeit. Ich muss mir und den anderen mehr Zeit zugestehen, ich bin in den letzten Monaten durch einen Prozess hindurchgegangen, der ähnlich ist, als ob ich eine neue Sprache gelernt hätte, eine neue Sprache mit mir selbst.

So muss ich eben auch meiner Kollegin Zeit lassen, um sich daran zu gewöhnen, dass ich langsamer esse, dass ich Süßigkeiten nur nehme, wenn ich richtig Lust darauf habe, dass ich oft »Nein, danke« sage, wo ich früher »Ja, gern« gesagt habe. Neulich ist aber etwas passiert, was mich nachdenklich gemacht hat. In der Mittagspause hat meine Kollegin hin und wieder zu mir herübergesehen, nicht mit einer spitzen Bemerkung auf der Zunge, sondern mit Interesse, als ob sie beobachten wollte, wie ich es mache, das Essen zu genießen.

Einige Zeit später habe ich wiederum einen Traum: Ich gehe noch zur Schule, unser Lehrer hat etwas gefragt, und ich weiß als Einzige die richtige Antwort. Der Lehrer lobt mich vor der ganzen Klasse – und ich fühle den schrecklichen inneren Aufruhr, den dieses Lob in mir verursacht. Eine Welle von Angst überflutet meinen Körper. Ab jetzt würde ich immer alles richtig machen müssen, denn ich durfte auf keinen Fall die Erwartungen des Lehrers enttäuschen – und meine eigenen auch nicht, hundertprozentig! Dem Lehrer durfte ich keine Schande machen – und mir selbst auch nicht.

Kalter Schweiß steht mir auf der Stirn, als ich aufwache. Habe ich mir ein neues Gefängnis geschaffen? Muss ich es nun bis an mein Lebensende gut und richtig machen mit dem Essen, weil ich jetzt weiß, dass ich dazu in der Lage bin? Muss ich Vorbild sein?

Mein Perfektions-Lämmlein möchte dem zustimmen, stutzt aber ob der Tragweite einer solchen Forderung.

In dem Moment kommt mir eine Frage in den Sinn: »Wie gut musst du sein, damit du gut genug bist?« Ja, wie gut muss ich sein? Ich möchte einfach so gut genug sein, und das ist dann ein menschliches Maß. Mir wird klar, dass der Maßstab in mir selbst liegt. Im Moment sollte es so, wie ich es mache, gut genug im Sinne von genau richtig sein. Aber je nach meinen persönlichen Fortschritten kann der Maßstab im Laufe der Zeit ein anderer werden. Als ich diesen Gedanken erfasse, fühle ich eine wunderbare Entspannung im ganzen Körper.

Es ist, als ob eine Last von meinen Schultern gefallen wäre. Die lähmende Blockade hat sich aufgelöst, und ich kann meinen Weg weitergehen.

Der Herzenswunsch

Die Wochen fliegen dahin. Vieles von dem, was zu Anfang so verwirrend war, geht mir nun leicht von der Hand, ist selbstverständlich geworden. Äußere Erfolge spüre ich daran, dass viele Kleider mir auf einmal wieder passen und sogar locker sitzen. Ab und zu stelle ich mich auf die Waage und vergewissere mich, dass mein Gewicht langsam, aber doch stetig zurückgeht. Doch es ist auch kein Drama mehr, wenn es eine Weile auf einem Plateau stehen bleibt. Viel wichtiger ist das Gefühl der Lebensfreude, die jetzt jeden Tag mit dem Essen verbunden ist. Ich müsste doch jetzt glücklich sein, denke ich. Aber ich bin es nicht – jedenfalls nicht wirklich. Ich fühle mich nicht mehr so richtig beflügelt!

Wieder einmal setze ich mich in meinen Sessel und spüre nach innen. Was ist los?

Irgendjemand sagt in mir: »Es hat alles keinen Sinn!«

Das verstehe ich nicht, mein Ziel hat für mich eine sehr große Bedeutung, allein deshalb hat es Sinn. Ich glaube, ich brauche dringend eine innere Konferenz.

Alle sind sie da, wie gewohnt im Halbkreis. Ein Lämmlein wiederholt bekümmert: »Es hat alles keinen Sinn!« Ein anderes seufzt: »Es dauert einfach zu lange!«

Nanu? Was ist denn hier los? Ich hatte mir Aufmunterung

erhofft, und jetzt bin ich es, die hier für Aufmunterung sorgen muss: »Es dauert so lange? Was ist ein Jahr, wenn ich an die vielen Jahre voller Verzweiflung und hoffnungsloser Quälerei denke? Und wieso hat alles keinen Sinn?«

Meine Lämmlein schauen mich an. Sie wollen mir etwas sagen, aber sie trauen sich nicht. Es geht offensichtlich um etwas Ernstes, um etwas sehr Wichtiges. Eines tritt nun doch vor und sagt: »Es ist Zeit, dass du ein neues Wagnis eingehst!« Und ein anderes fügt hinzu: »Du brauchst eine neue Perspektive!«

Jetzt werden auch die anderen mutiger. »Mit dem Essen kennst du dich jetzt aus, und mit vielen schwierigen Situationen kannst du nun gut umgehen. Du weißt, dass du dein Ziel auf diesem Weg erreichen wirst, auch wenn es noch eine Weile dauern mag. Was du jetzt brauchst, ist ein weiteres, ein neues Ziel. Mach dich erneut auf den Weg!«

»Aber wohin?«, frage ich verwirrt.

»In deine Zukunft!«

»Aber wie finde ich heraus, was meine Zukunft überhaupt sein könnte?«

»Du brauchst einen Herzenswunsch!« Alle nicken zur Bestätigung. »Einen Herzenswunsch!«

Ich versuche auszuweichen. »Aber mein Herzenswunsch ist meine wahre Gestalt, und dann wird sich alles andere fügen!«

Die Lämmlein schütteln den Kopf. »Nein, du brauchst jetzt ein neues Ziel, das dir einen neuen Weg weist und dir Orientierung gibt. Du brauchst etwas, was dich trägt, damit du über das Jetzige hinauswachsen kannst. Denn erst dann kann es wirklich geschehen, dass du deine wahre Gestalt erreichst!«

Ich hatte mir das damals alles ganz anders vorgestellt, die

Sache mit meinem Ziel, nämlich so wie mit dem Tapferen Schneiderlein: Es hatte mit einem Schlag sieben Fliegen erschlagen, die sich an seinem Musbrot gütlich tun wollten, und sich ein Stirnband genäht, auf dem stand: »Sieben auf einen Streich!« Daraufhin hatte alle Welt Respekt vor ihm, und es machte sein Glück. Ich hatte mir für mich ein mentales Stirnband vorgestellt mit der Aufschrift »Alle Kilos auf einen Streich!« und gedacht, alle Welt würde dann ja sehen, dass die überflüssigen Pfunde weg sind, und das würde ausreichen, mir das Selbstbewusstsein und den Mut zu geben, mich ins Leben zu wagen. Und jetzt die Sache mit dem Herzenswunsch!

Meine Lämmlein lassen mir Zeit. War das vielleicht der Grund für meine Mutlosigkeit, dass mir dieser Herzenswunsch fehlte? Nein, ich wünsche mir nichts. Ich will die letzten Kilos noch abnehmen, und dann bin ich zufrieden. Indem ich diese Worte denke, fühle ich: Es stimmt nicht. Ich bin damit nicht wirklich zufrieden. Also doch ein verborgener Herzenswunsch?

In dem Moment kommt mein Freiheits-Lämmlein auf mich zu, unter dem freien Vorderbein trägt es eine Pergamentrolle. Umständlich, da es die Freiheitsstatue selbst dafür nicht weglegt, entrollt es das Pergament und lässt es mich lesen: *Nicht schlanke Menschen werden glücklich, sondern glückliche Menschen werden schlank!*

Heißt das, ich muss zuerst glücklich werden? So hatte ich mir das nicht gedacht, und das erscheint mir auch zu schwierig.

Meine Erfahrung kommt mir zu Hilfe. »Du musst ja nicht

alles auf einmal machen. Wie müsste es sein, damit du den nächsten Schritt tun kannst?«

Meine Kreativität schaut in ihrem Computer nach und stellt fest: »Dafür gibt es keine schnellen Lösungen, da müssen wir uns vortasten, ganz vorsichtig vorantasten!«

Ich denke, ich müsste etwas Neues lernen – mir kein Fachwissen, sondern eine Art Lebenswissen aneignen. Ich will dabei jedoch nicht allein im stillen Kämmerlein sitzen, sondern mit anderen Menschen zusammen sein, die ebenfalls auf der Suche sind. Ich frage nach innen, ob es erst mal reichen würde, wenn ich mich auf diese Weise auf die Suche mache nach meinem Herzenswunsch und nach meinem Glück? Alle stimmen zu, und ich fühle, sie sind auf meiner Seite. Jetzt geht es mir schon viel besser.

In der folgenden Nacht habe ich einen wunderschönen Traum. Ich sitze in meinem Sessel und schaue nach draußen in den Himmel mit seinen weißen und hellgrauen Wolken. Mein Blick wird weich, und die Konturen der Wolken verschwimmen. Ich kann sehr weit sehen, ohne etwas Bestimmtes wahrzunehmen. Plötzlich verdichtet sich meine Wahrnehmung, und ich erkenne, wie ein Adler von einem fernen, hohen Bergmassiv auf mich zukommt. Mit ruhigem Flügelschlag nähert er sich, und ich merke, dass er etwas in seinem großen, kräftigen Schnabel trägt. Er legt es mir als Geschenk in den Schoß, und in diesem Traum bin ich sicher, dass darin mein Herzenswunsch enthalten ist. Ich fange an, das Geschenk auszupacken, löse Schicht um Schicht, und mit jeder Schicht, die ich abtrage, wird es größer und leuchtender. Ich wache auf, bevor ich weiß, was es ist. Im ersten Moment bin ich darüber enttäuscht, aber dann überwiegt die Neugier, und ich möchte mich sofort auf die Suche machen, um meinen Herzenswunsch zu finden.

Am Tag darauf passiert mir etwas sehr Ungewöhnliches. Ich sitze im Café, als mir eine Frau am Nebentisch auffällt, weil sie Kleider in wundervollen Farben trägt: rot und orange und lila. Sie hat so etwas Strahlendes, Lebensfrohes an sich, wie sie da ihren Kaffee trinkt und sich interessiert im Lokal umsieht. Unsere Blicke treffen sich, und spontan breitet sich auf unseren Gesichtern ein Lächeln aus. Damit ist die Fremdheit weg, und wir beginnen, uns sehr angeregt zu unterhalten.

Ich traue meinen Ohren kaum, als sie mir von ihrem Herzenswunsch erzählt, den sie gerade realisiert – und da habe ich den Mut, ihr von meiner Suche zu erzählen. Sie berichtet ganz begeistert von vielen neuen Möglichkeiten und Wegen, die eigenen Qualitäten und Fähigkeiten zu entdecken und zu entwickeln, und mir wird ganz warm ums Herz. Ich fühle mich richtig verstanden.

Sie erzählt weiter, sie kenne ganz viele Frauen, die entweder wie ich auf der Suche seien oder die ihren Herzenswunsch schon gefunden hätten und die jetzt dabei seien, diesen Wunsch in die Tat umzusetzen. Dann lädt sie mich ein, zu ihrem nächsten Treffen zu kommen.

Nach diesem gibt es noch viele andere Treffen, und jedes Mal erlebe ich etwas, was mich meinem Herzenswunsch näher bringt, wie Türen, die sich auf einmal öffnen, oder Fenster, durch die ich plötzlich blicken kann. Es kommen kleine Ideen und Gedanken, über die ich mich freue, die mich in eine erwartungsvolle Grundstimmung bringen – ohne den Druck, nun endlich in die Gänge zu kommen oder etwas Vorweisbares leisten zu müssen.

Bei jedem dieser Treffen gibt es übrigens immer viel und vielerlei zu essen, denn jede der Frauen bringt etwas Leckeres mit. Alle sind der Meinung, *Essen hält Leib und Seele zusammen*, und ich genieße die Speisen und das Zusammensein – wie alle anderen.

Ich bin auf einem guten Weg – und darüber freue ich mich!

Die Fahrt im Ballon

Eines Nachts habe ich einen besonderen Traum. Ein wunderschön bemalter Heißluftballon ist auf einer Waldlichtung gelandet, und wir machen uns bereit, in den Korb einzusteigen. Wir, das bin ich mit all meinen Lämmlein. Ich kann mir ein Lächeln nicht verkneifen bei dem Anblick, wie die Lämmlein im Outfit der frühen Flugpiloten – mit Lederhaube, Schutzbrille, Lederjacke und Stiefeln – eins nach dem anderen in den Korb klettern. Ich selbst trage einen wehenden langen Mantel aus weichem, hellbraunem Leder.

Zwei der Lämmlein haben einen gewaltigen Picknickkorb hochgewuchtet, und nun geht es los. Wir müssen noch einiges an Ballast abwerfen, und da spüre ich plötzlich, wie mir leichter ums Herz wird. Ich komme richtig in Schwung und werfe noch eine ganze Menge Lasten ab. Mein Körper wird leichter, mein Kopf wird freier, und in kürzester Zeit hat der Ballon an

Höhe gewonnen. Wir schauen über den Korbrand direkt nach unten und sehen alles im Spielzeugformat. Wir schauen in die Weite und gewinnen einen fantastischen Überblick. Eines der Lämmlein hat ein Fernglas dabei, das uns weitere Aussichten eröffnet.

Während der Wind uns leicht voranschiebt, gleitet das Land unter uns vorbei. Über uns ist nur der riesige Ballon und darüber die Weite des Himmels. Ich fühle mich leicht und frei. Als ich aufwache, spüre ich immer noch dieses leichte und freie Gefühl und nehme es mit in den Tag.

Seit diesem Traum habe ich noch eine ganze Menge Ballast losgelassen – es ist nun Platz für Neues, und ein wunderbares Hochgefühl breitet sich in mir aus.

Der Kochkurs

Abenteuer-Jack hat in letzter Zeit öfter mitgekocht. Er hat Spaß daran gefunden, ungewöhnliche Dinge zu kombinieren, zum Beispiel Linsen, Zwiebeln und Bananen. Er verwendet gern fremdartige Gewürze wie Koriander, Kardamom, Kurkuma und Ingwer.

Gestern hat er mich mit einem Vorschlag verblüfft. »Lass uns doch mal an einem Kochkurs teilnehmen, mir scheint, da gibt es eine Menge Abenteuer zu erleben!«, sagte er unvermittelt.

Zuerst habe ich ihn gar nicht ernst genommen, denn noch mehr Zeit will ich eigentlich nicht auf das Essen verwenden. Aber dann habe ich mich an den ganzen Ballast erinnert, den ich abgeworfen habe. Es ist viel Platz für Neues entstanden, warum also keinen Kochkurs machen?

»Das gibt Sicherheit!«, bemerkt mein Sicherheits-Lämmlein.

»Wieso Sicherheit?«, frage ich.

»Na ja, du kannst dann etwas, und eine Fähigkeit kann man nicht verlieren. Denk nur mal ans Fahrradfahren, das verlernst du in deinem Leben auch nicht mehr!«

»Und je mehr man weiß und je mehr man kann«, fällt mein Verstand ein, »desto besser kann man die Dinge beurteilen und erkennen, ob sie wirklich gut für einen sind.«

»Wenn wir kochen lernen, haben wir noch mehr Auswahl!« Das ist mein Freiheits-Lämmlein. Es will längst nicht mehr

alles, sondern es will das Essen haben, das am interessantesten ist. Es will unter vielen Möglichkeiten auswählen können, und das tut es sehr bedachtsam.

Daran findet nun sogar mein Bedenken-Lämmlein Gefallen und verkündet: »Bedachtsam sein, das war doch schon immer meine Devise!«

Am meisten hat mich jedoch mein Perfektions-Lämmlein überrascht. Es interessiert sich plötzlich dafür, woher die Dinge kommen, die wir essen, für die Anbaumethoden von Gemüse, Kartoffeln und Getreide, für artgerechte Tierhaltung und vor allem für die Qualität der Lebensmittel. Ich sehe es oft mit dem Sicherheits-Lämmlein, wie sie die Köpfe zusammenstecken und besondere Gütesiegel ausarbeiten und vergeben. Hundertprozentig gute Qualität ist dabei gar nicht so selten.

Mein Rettungs-Lämmlein hat einen neuen Aufkleber auf

seinem Erste-Hilfe-Köfferchen angebracht. Darauf steht in Schönschrift: *Eure Nahrung soll euer Heilmittel, und euer Heilmittel soll eure Nahrung sein.* Stolz verkündet es, dass dies ein Spruch von Hippokrates sei, und fragt mich, wo es den Eid des Hippokrates ablegen könne.

Ein Experiment

Meine Erfahrung kommt gern mit Ideen für neue Experimente. Heute setzt sie sich mir gegenüber, schlägt die Beine übereinander und philosophiert: »Wie du weißt, besteht die wirkliche Entdeckungsreise nicht darin, Neues zu erforschen, sondern darin, Altes mit neuen Augen zu sehen!« Ja, dieser Gedanke gefällt mir. Nun fährt sie fort: »Was für Bereiche gibt es noch? Worauf können wir das Gelernte noch übertragen? Wofür willst du deine Zeit, dein Geld, deine Energie verwenden? Und wie viel davon?«

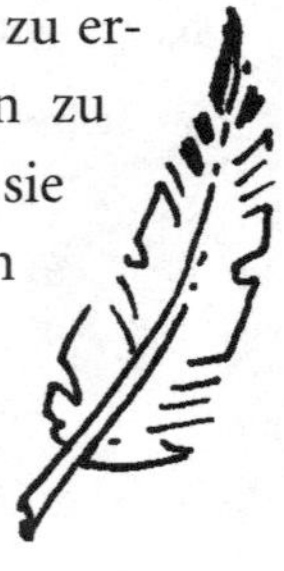

Meine Lämmlein horchen auf und beobachten mich. Da habe ich es verstanden. Das, was ich für das Essen gelernt habe, ist ein wunderbares Handwerkszeug, um meinen Herzenswunsch zu finden und mein Leben zu gestalten. Da ist plötzlich so viel Raum frei für eine neue Art von Vielfalt.

Mein Freiheits-Lämmlein gerät in Hochstimmung und hängt einen auf Pergament geschriebenen Spruch an die Wand. Ich bin beeindruckt, als ich lese: *Du kannst alles erreichen, was du wirklich willst!*

Mir fallen zahlreiche wunderbare Fragen ein, die mich weiterbringen können:

- Was will ich tun?
- Was kann ich schon alles und was tue ich besonders gern?
- Welche Möglichkeiten gibt es?
- Wie viel möchte ich hineingeben von meiner Energie?
- Wie viel möchte ich bekommen?
- Was bringt mich wirklich weiter?
- Und was ist mir wirklich wichtig?

Mein Freiheits-Lämmlein ist ganz aufgeregt und möchte gleich anfangen. Es hat einen großen Vorrat an Sprüchen, und jetzt entrollt es ein weiteres Pergament: *Wenn du alles willst, gib alles, schenk dich ganz!*

Ich spüre in mich hinein, taste mich sozusagen von Kopf bis Fuß innerlich ab. Ich bin ziemlich überrascht, denn da will ganz viel in mir alles geben, und es ist so eine Gespanntheit in mir, wie wenn man ein Kreuzworträtsel fast fertig hat und gute Chancen sieht, es ganz zu lösen.

Das Fest

Vor einem Jahr dachte ich, ich sei allein auf der Welt mit meinem Problem und müsse meine Essensgier täglich aufs Neue bekämpfen, ich müsse einen gierigen, unersättlichen Säbelzahntiger täglich zurückdrängen und in die Flucht schlagen.

Stattdessen lebe ich nun friedlich zusammen mit einer Schar

gutwilliger Lämmlein und mit großartigen inneren Helfern. Gemeinsam haben wir den größten Teil des Weges hin zu meinem Ziel bewältigt. Das Schönste ist: Ich kann jetzt das Essen genießen, werde mit genau der richtigen Menge satt und zufrieden, und das jeden Tag. Und jeden Tag wird mein Herzenswunsch konkreter!

Meine Lämmlein finden, dass sei ein Grund für ein Fest. In Null Komma nichts ist eine Einladung in Schönschrift verfasst und wird ebenso schnell verteilt: an alle Lämmlein, das ist klar, außerdem noch an Verstand, Kreativität und Erfahrung als Ehrengäste. Das Zimmer wird frei geräumt, und aus kleineren Tischchen entsteht eine lange Tafel mit weißem Tischtuch und Sitzgelegenheiten darum herum. Die Lämmlein balancieren das gute Geschirr, die Festtagsgläser, das feine Besteck und decken die Tafel. Einige befestigen Girlanden und Lampions.

Auf Kerzen verzichten wir, denn das wäre zu riskant wegen der Fellkleidung. Einige Lämmlein kochen, backen, rühren und werkeln in der Küche. Welch ein Glück, dass wir den Kochkurs absolviert haben! Es gibt Suppen, Salate, Aufläufe, Weintrauben, verschiedene Käsesorten, Oliven (obwohl sie für die Lämmlein nicht ganz einfach zu essen sind). Als Dessert gibt es Mousse au Chocolat mit Schlagsahne. An Getränken haben wir Rotwein vom Fass und Gänsewein aus der Quelle. Es duftet sehr verlockend.

Während alle mit Feuereifer bei den Vorbereitungen sind, liegt mein Perfektions-Lämmlein völlig entspannt in einer Hängematte. Es hat sich die Hufe frisch lackiert und ein paar Lockenwickler um den Kopf herum ins Fell eingedreht und ruht sich von dieser Anstrengung aus. Als alles fertig ist, treffen die Ehrengäste ein: Verstand, Erfahrung, Kreativität.

Nach der Mahlzeit gibt es Musik. Meine Lämmlein spielen auf mit Ziehharmonika, Mundharmonika und verschiedenen Trommeln und Rasseln. Die Musik geht sofort in die Beine, und als es einen Sirtaki gibt, haken sich alle unter – und der Anblick meiner mit den ernsthaften und seriösen Gästen Sirtaki tanzenden Lämmlein reizt zu unwiderstehlichem Gelächter.

Die Mitternachtsüberraschung

Um Mitternacht soll es noch eine Überraschung geben. Alle laufen mit geheimnisvollen Mienen herum, nur ich weiß offensichtlich nicht Bescheid. Sie errichten eine Bühne, schleppen Scheinwerfer heran und setzen die bunten Vorlegescheiben ein. Zwei Lämmlein machen für Abenteuer-Jack die Räuberleiter, damit er die Lichtorgel an der Decke aufhängen kann, dann bauen sie ein großes Podest auf der Bühne auf.

Jetzt geht es los. Unter den Klängen von Bizets *Auf in den Kampf, Torero* kommt die erste Abordnung meiner Lämmlein auf die Bühne. Sie tragen ein riesiges Transparent, noch aufgerollt. Es sind mein Sicherheits-Lämmlein, der Schatzhüter und mein Bedenken-Lämmlein. Die Scheinwerfer sind voll auf die drei gerichtet, keines blinzelt, und sie entrollen das Transparent, das so riesig ist, dass man von den Lämmlein, die es halten, nur noch die Hufe sieht. Ein gewaltiger Gongschlag ertönt, und ich lese: *Achtsamkeit und Wertschätzung.*

Ein warmes Gefühl breitet sich in meinem Herzen aus.

Als Nächstes kommen mein Harmonie-Lämmlein und mein Rettungs-Lämmlein mit ihrem Transparent auf die Bühne. Kreativität, Verstand und Erfahrung helfen ihnen beim Tragen und Entrollen. Der Gong ertönt, und ich lese: *Gelassenheit – Balance zwischen innen und außen.*

Es prickelt sanft und sehr angenehm in meinem Bauch.

Es folgen mein Freiheits-Lämmlein, Abenteuer-Jack und mein Perfektions-Lämmlein. Sie entrollen ihr Transparent, der Gong ertönt, und ich lese: *Motivation – Begeisterung – Wahlfreiheit.*

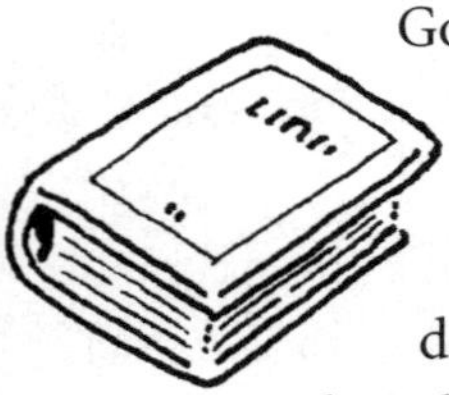

Meine Seele wird weit.

Jetzt betritt die letzte Abordnung das Podest: mein Belohnungs-Lämmlein, mein Lebensfreude-Lämmlein und mein Kuschel-Lämmlein. Als sie ihr Transparent entrollen, auf dem *Lebensfreude* steht, wird der Gong vom Jubel und dem Beifall aller übertönt.

Zum Abschluss treten alle Lämmlein noch einmal gemeinsam auf die Bühne, nehmen mich in die Mitte und schmettern Fahnen schwingend »We are the Champions«. Mir kommen ein paar Freudentränen. Das ist ein unvergessliches Fest.

Glück

Am Tag nach dem Fest sitze ich in meinem Sessel, einen Becher Tee neben mir. Ich spüre meine Intuition, und sie lässt mich fühlen: *Alles Wesentliche ist einfach.*

Ja, das stimmt, es ist ganz einfach mit dem Essen. Ich mache es einfach gut, ich mache es unbewusst gut, intuitiv. In mir ist Frieden, und ich fühle mich wohl …

Ich bin bei mir angekommen. Ich bin zu Hause.

Das ist Glück!

Epilog

Louisa, ein Jahr später

Ich sitze gemütlich in meinem Sessel und denke an all das zurück, was ich erlebt habe seit meiner Wut auf Martin – und auf mich selbst. Ich bin insgesamt ganz viel Gewicht losgeworden: körperlich, aber vor allem all die negativen Gefühle, den Mangel an Selbstwert, das ewige schlechte Gewissen. Das Schönste, was ich gewonnen habe, ist das Vertrauen in mich und in meinen eigenen Körper und eine neue Art von Wertschätzung für mich und auch für das, was ich esse.

Die Veränderungen haben sich auf alle Bereiche meines Lebens positiv ausgewirkt. Ich habe gelernt, meinen eigenen Fähigkeiten zu vertrauen und sie für mich und für meine Ziele einzusetzen. Während ich jetzt so über all dies nachsinne, halte ich ständigen »Blickkontakt« nach innen und spüre die gute Verbindung zu meinen Lämmlein. Sie sind alle sehr friedlich.

Meine Mutter sagte neulich bei einer Gartenrunde, sie habe den Eindruck, unsere Beziehung sei in letzter Zeit harmonischer geworden. Woran das wohl liegen könnte? Nun, ich weiß, woran es liegt, ich merke ja selbst, dass ich entspannter und gelöster bin.

Mein Herzenswunsch ist inzwischen zu einem richtigen Projekt gereift, in das ich meine ganze Energie und Begeisterung hineingebe. Ich gehe meinen eigenen Lebensweg mit neuen Möglichkeiten der Entwicklung. Ab und zu gibt es natürlich hier und dort auch einen Rückschlag, aber das sehe ich nicht mehr als Versagen, denn solche Momente bringen immer auch neue Erkenntnisse und Anlässe zu kreativen Lösungen.

Ich habe eine neue Sichtweise und neue Handlungsmöglichkeiten und eine neue Lebensqualität gewonnen – die Mühe hat sich gelohnt!

Anhang

Die häufigsten Einwände

Ja, aber …
… wenn alles Essen erlaubt ist, dann erreiche ich mein Ziel nie!

Auch wenn wir schon wissen, dass eine gewisse Art von Freiheit im Chaos endet, so ist es doch ganz wichtig, dass wir uns diese grundlegende Freiheit zunächst einmal geben. Lassen Sie zu, dass dieses Gefühl der Freiheit sich in Ihnen ausbreitet, und genießen Sie die Erleichterung, die die Erlaubnis, alles essen zu dürfen, in Ihnen auslöst. Nehmen Sie auch die Teile wahr, die nicht einverstanden sind mit dieser Freiheit. Gerade sie müssen uns ins Bewusstsein kommen, damit wir sie betrachten können.

Stellen Sie sich ein wunderbares Kaufhaus vor mit allen erdenklichen Ess-Sachen, betrachten Sie die Auslagen, und versichern Sie sich selbst immer wieder, dass alles erlaubt ist. Sie werden spüren, wie Ihnen Gedanken kommen wie: Das mag ich gar nicht! Oder: Das würde sowieso zu viel Arbeit machen. Oder: Das wäre mir zu teuer. Oder:

Mmmmmm, hiervon möchte ich ganz viel nehmen. Vielleicht auch: Das vertrage ich nicht. Oder: Ich will ja gar nicht alles.

Auch zu viel zu essen ist grundsätzlich erlaubt, keiner kann es Ihnen verbieten! Erst wenn Sie Ihrem Freiheits-Lämmlein so weit entgegengekommen sind, dass Sie sich alles erlauben, können Sie wählen, was Sie wirklich wollen.

... jeder, der Gewicht abnehmen will, hat davon gehört, dass man sich konkrete Ziele setzen muss, ausgedrückt in Kilos und Kleidergröße. Außerdem muss man einen Zeitrahmen bestimmen, in dem das Ziel erreicht werden soll.

Diese Denkweise sieht den Menschen als Maschine. Man berechnet die Nahrungsmenge, die ausreicht, um bestimmte Leistungen zu erbringen. Auf diese Weise nimmt man ja auch ab, und viele haben im Laufe ihrer Diätgeschichte schon mehrfach das Eigengewicht abgenommen – aber eben auch jedes Mal schneller wieder zugenommen. Solche Pläne entspringen einem verstandesbetonten Denken, das der linken Gehirnhälfte zuzuordnen ist. Von Dauer ist eine Veränderung aber nur, wenn auch die rechte Gehirnhälfte einbezogen ist, in der Kreativität und Einfallsreichtum ihren Sitz haben sowie alle Gefühle.

... wie komme ich denn nun zu meinem Ziel? Wenn ich mir vorstelle, wie ich aussehen möchte, kommt sofort so eine zweifelnde Stimme, die sagt: »Das schaffst du doch sowieso nicht!«
Solche Stimmen können einem in der Tat den Mut nehmen. Trotzdem ist es entscheidend wichtig hinzuhören, was diese Stimme meint.

- Ist die Zielvorstellung realistisch?
- Wie passt die neue Vorstellung in meine jetzige Lebenssituation?
- Kann ich aus dem großen Ziel kleinere Teilziele machen?

Ein Teilziel könnte sein, sich gut mit Essen zu versorgen und das auch richtig zu genießen. Das ist keine Kleinigkeit, sondern schon ein großer Schritt in die richtige Richtung. Vielleicht ist das sogar immer noch zu viel auf einmal. Eine andere Etappe könnte sein: Ich setze mich jeden Tag mit einem Tee in meinen Sessel und spüre bei diesem Ritual nach innen, welches kleinere Ziel sich da formen möchte.

- Welche Erfahrungen habe ich bereits?
- Welche Lösungsideen kommen?
- Kann ich mich in ein Etappenziel hineinfühlen?
- Welche Einwände kommen?

Vielleicht will ich etwas still für mich tun, ohne es gleich der Welt als Vorsatz, der ohnehin nur Druck schafft, verkünden zu müssen? Was kann ich jeden Tag ab sofort problemlos tun? Das ist, als würde man zuerst nur die Zehen ins kalte Wasser stecken, bis der Wunsch zu schwimmen so stark geworden ist, dass der erste Schreck nicht mehr bedeutsam ist.

… so genau will ich gar nicht hinschauen, ich habe Angst, dass ich dann erst ganz durcheinanderkomme.

Ja, das ist so, als ob man den Tausendfüßler fragte, wie er es anstellt voranzukommen. Er gerät erst einmal durcheinander. Aber es ist so: Der erfolgreiche Weg geht nach innen, über die Selbstbeobachtung. Das bisherige Verhalten kann man sich vorstellen wie ein Bauwerk, das im Laufe der Zeit aus lauter kleinen Bausteinen entstanden ist. Wenn wir mit dem Gebäude nicht zufrieden sind, macht es Sinn, es auseinanderzunehmen, die Steine unter dem Aspekt zu betrachten, wie man sie neu zusammensetzen kann, damit wir unserer Zielvorstellung näherkommen. Dieser Zustand der Verwirrung ist unangenehm, aber er ist notwendig, damit Neues entstehen kann.

… bei mir ist das so, dass die alten Gewohnheiten einfach stärker sind.

Jede Gewohnheit erleichtert uns das Leben. Eine Gewohnheit ist wie ein gut ausgebauter Weg oder wie eingefahrene Gleise. Dagegen ist eine neue Gewohnheit wie eine Schneise in unwegsamem Gelände, die erst geschlagen werden muss. Es ist beim ersten Mal sehr mühsam, durch unwegsames Gelände zu stapfen, die Orientierung beizubehalten oder neu zu gewinnen. Beim zweiten Mal geht es schon etwas besser, denn man sieht die erste Spur. Jedes Mal wird es dann leichter, bald ist der Pfad ausgetreten, wird breiter, bis man ihn problemlos gehen kann. Eine neue Gewohnheit ist entstanden! Das Schöne ist:

Auch wenn Sie den neuen Weg zunächst einmal nur in Gedanken durchgehen, wird es in der Wirklichkeit leichter.

...wenn ich jeden Tag dreimal lecker esse, nehme ich garantiert zu!

Der Schlüssel liegt darin, dass es Ihnen auch nach dem Essen gut geht. Wenn Sie das rechtzeitig in Ihre Überlegungen einbeziehen, dann werden Sie anders auswählen. Außerordentlich wirkungsvoll ist es, **vorher** aufzuschreiben, was Sie essen wollen – und zwar für den ganzen Tag. (Wenn Sie es erst hinterher aufschreiben, ist es zu spät, um noch etwas zu ändern.) So gewinnen Sie rechtzeitig einen Überblick und können abwägen und hin und her schieben, bis alle – Verstand und Gefühle – beruhigt sind, weil sie wissen, dass sie zu ihrem Recht kommen.

... wenn ich so lecker koche und gut esse, dann reicht mein Wirtschaftsgeld nicht!

Alles Essen ist erlaubt, das ist wahr. Aber Sie sind der Boss, Sie wählen und wägen ab. Sicherlich ist es am schönsten, alles beispielsweise im Bioladen kaufen zu können, aber wenn dadurch das Sicherheits-Lämmlein und der Schatzhüter unter Druck geraten, ist nichts gewonnen. Spornen Sie stattdessen Ihre Kreativität zu Höchstleistungen an. Sie wollen alles: lecker, gut, zielführend und preiswert. Die Ideen werden kommen!

... ohne Verzicht und eiserne Disziplin erreicht man doch aber wirklich nichts im Leben!

Ich möchte es andersherum angehen. Wenn Sie Sehnsucht und Leidenschaft für ihr Ziel entwickeln sowie Vorfreude auf jede Mahlzeit, dann ist es gar kein Verzicht mehr, Schädigendes wegzulassen. Dann brauchen Sie keine eiserne Disziplin, sondern gehen beschwingt und voller Energie an die Dinge heran, die zu tun sind.

Stellen Sie sich vor, Sie finden ein Stück Brachland vor, und Sie sehen vor Ihrem inneren Auge schon die Blütenpracht, die entstehen wird durch all die Blumen und Büsche, die Sie pflanzen werden. Dann fällt Ihnen das Umgraben leicht – auch wenn es anstrengend ist. Die Vorfreude wird Sie motivieren!

... ich fürchte, ich werde mir das falsche Essen aussuchen, wenn ich mich frage, was ich essen will.

In der Tat sind wir über Jahrzehnte darauf gedrillt, dass jemand uns sagt, was wir essen dürfen. Du darfst – und du darfst nicht, das ist das Schema, in dem wir zu denken gewohnt sind. Aber so funktioniert es nicht, und wir können vermuten, dass es das Freiheits-Lämmlein ist, das über kurz oder lang dagegen rebelliert.

Wie wäre es, wenn Sie sich ein extra großes Heft nehmen und Ihre eigenen Bedingungen als Leiste oben über zwei Seiten hinweg aufschreiben würden: lecker aussehen, gut schmecken, schnell gehen, das Ziel möglich machen, der Familie schmecken, preiswert sein …

Jetzt denken Sie sich ein Gericht aus und stellen es sich vor. Zum Beispiel Rührei – klingt erst mal langweilig. Mit Schinken? Gurkensalat? Geriebenem Käse? Gerösteten Sonnenblumenkernen? Gurkensalat süß sauer? Mit Tomate? Mit grob gemahlenen Haselnüssen? Spielen Sie mit den Ideen und Möglichkeiten, bis das kleine Aufleuchten im Bauchgefühl entsteht, bis ihre Vorfreude so stark ist, dass Sie sich dafür gern die Mühe der Zubereitung machen.

Ein anderer Vorschlag: Fisch: mit Zitronensaft? Mit gerösteten Mandelscheiben? Dazu Brokkoli? Püriert mit Crème fraîche? Oder bissfest in Stücken? Mit gerösteten Kürbiskernen?

Entsteht Begeisterung?

Testen Sie auch Ihre gewohnten Rezepte auf diese Weise, und schreiben Sie diejenigen, die Begeisterung und Vorfreude auslösen, in Ihre Liste. Dann ist die Vorarbeit schon getan, und Sie können sich im Alltag schneller entscheiden.

Legen Sie sich einen Merkzettel sichtbar bereit. »Was will ich essen?« Und lassen Sie sich Zeit, diese Frage in Ihren Tag zu integrieren. Es kommt nicht darauf an, möglichst schnell alle Punkte abzuhaken, sondern das Neue möglichst gut in Ihr Leben einzubauen.

… es gibt so viele Situationen, in denen ich maßlos viel esse, ich habe einfach Angst, über die Stränge zu schlagen, wenn ich die Menge selbst bestimme.

Sie haben die Fähigkeit schon, Mengen abzuschätzen. Sie können die Zeit abschätzen, die Sie für gewisse Dinge benötigen. Sie können das Geld abschätzen, das Sie für bestimmte Sachen brauchen. Sie können die Wassermenge abschätzen, die Sie in den Kocher füllen. Und es wird sehr oft genau stimmen.

Beim Essen sind wir verunsichert, das ist wahr. Wir sollen viel Gemüse essen. Gleichzeitig wird die Menge im Kochbuch durch die Angabe in Gewicht und Maß vorgeschrieben. Das Sicherheits-Lämmlein ist beruhigt, wenn genaue Angaben erfolgen, das Freiheits-Lämmlein rüttelt an den Stäben. Machen Sie zu Anfang vielleicht einfach beides: erst abschätzen – danach wiegen – und dann erst entscheiden. Übrigens, Kochprofis gehen nach Handgewicht und Augenmaß, und das können Sie sicher auch bald. Manches braucht besondere Aufmerksamkeit. Gutes Öl ist lebenswichtig und kostbar, deshalb ist es sinnvoll, einen Löffel zum Abmessen zu verwenden, denn dann spüren Sie das richtige Maß genau. Nüsse, saure Sahne, Schlagsahne oder Mandelmus geben ein besonderes Luxusgefühl, und Salz und Gewürze verdienen ebenfalls ganz besondere Beachtung.

Sie brauchen sicherlich eine Weile, um Vertrauen in Ihre neuen Fähigkeiten zu gewinnen. Es darf auch ruhig etwas schiefgehen. Es gibt Erfahrungen, die zeigen uns, wie es gut geht, und es gibt Erfahrungen, die zeigen uns, wie es nicht gut geht. Es ist gut, auch hierfür einen Merkzettel bereitzulegen: Wie viel will ich?

In der nächsten Zeit werden Sie bestimmt die Wirkung der Speisen genauer wahrnehmen:

- Was hält am besten vor?
- Was gibt spürbar Energie?
- Was wirkt entspannend?

Das sind alles Beobachtungen, die mit Ihnen zu tun haben, die ganz individuell sind.

… für so intensives Kauen und Schmecken habe ich keine Zeit.

Das ist womöglich die Stimme Ihres Schatzhüters, und es ist sehr wichtig hinzuhören, wie er das meint. Zügig zu essen ist eine lange eingeübte Gewohnheit, und wir wissen ja, es ist keine Kleinigkeit, eingeschliffene Gewohnheiten zu ändern. Sehr hilfreich kann es sein, einen Wecker sichtbar hinzustellen und zu schauen, wie viel Zeit man denn überhaupt braucht, wenn man

a) zügig isst wie gewohnt,
b) mit Genuss kaut und schmeckt.

Die meisten Menschen brauchen in der Tat ungefähr fünfzehn bis zwanzig Minuten, wenn sie in Ruhe kauen und schmecken. Genau so viel Zeit braucht der Magen, um das Signal »satt« senden zu können.

Wie gefällt Ihnen der Gedanke: Ich will richtig was vom Essen haben? Wie viel Zeit gestehen Sie sich zu, und was könnten Sie verändern, damit Ihnen die Zeit auch zur Verfügung steht?

Immer wenn es nicht funktioniert, ist das ein Zeichen dafür, dass ein Teil noch einen Einwand hat. Nehmen Sie alle Einwände ernst und wichtig, und Sie werden es erleben: Sie finden gute Lösungen!

... ich will nicht gemütlich essen, sondern abnehmen!

Man kann natürlich auch sofort abnehmen, nämlich wenn man die Spielregeln einhält, sich bei jedem Essen hinzusetzen und das Besteck nach jedem Bissen abzulegen. Aber wenn sich dabei ein Lämmlein widersetzt, muss man sich zuerst darum kümmern und neue Lösungswege finden. Deshalb geht der Weg in Schleifen vorwärts und nicht gradlinig nach einem strikten Plan.

... wenn ich es mir so gemütlich mache, dann esse ich immer weiter, eben weil es so gemütlich ist.

Ist vielleicht gemütlich essen die einzige Chance für Ihr Kuschel-Lämmlein? Wie könnte etwas gemütlich sein – außer Essen? Oder will Sie ein Lämmlein vor den Anforderungen des Lebens bewahren und Sie dazu bringen, sich auf diese Weise am Ziel vorbeizumogeln? Dann ist es wichtig, erst einmal dorthin zu schauen. Gibt es einen richtigen Platz zum Essen in Ihrer Wohnung? Fühlen Sie sich dort auch wirklich wohl?

Dann versteht Ihr Inneres, dass nur an diesem Platz gegessen wird. Wenn Sie dort sitzen bleiben, nachdem Sie satt sind, fühlt es sich an, als sei es nicht richtig, denn an diesem Platz wird gegessen! Und Sie essen weiter. Es ist also wichtig, die Plätze zu trennen: Einer ist zum Essen da, und ein anderer, um es kuschelig zu haben.

Um wählen zu können, muss man das Hinsetzen für eine Weile ausüben, einfach machen, wie Auto fahren oder zu Fuß gehen. Wählen kann man nur, wenn man beides beherrscht.

... sich eine Probezeit einzuräumen klingt verlockend, aber ist das nicht zu unverbindlich?

Das ist wahr, damit beschwichtigen Sie erst einmal alle aufgeschreckten Lämmlein. Aber in der Tat haben Sie erst nach einer Phase des Ausprobierens wirklich Wahlfreiheit, und mit dieser neuen Art zu wählen sind dann wiederum alle Lämmlein an den Verhandlungstisch zu bekommen.

... satt und zufrieden sein, das klingt zu schön, um wahr zu sein!

Wie müsste es sein, damit Sie Ihr Ziel erreichen und gleichzeitig satt und zufrieden sind? Sie werden mehr und mehr Weitblick entwickeln, um rechtzeitig zu wissen, wie Sie satt und zufrieden sein und gleichzeitig Ihr Ziel erreichen können. Man nimmt nicht umso mehr ab, je größer der

Hunger ist. Wenn Sie gut für sich sorgen, ersparen Sie Ihrem Körper das Panikgefühl zu verhungern. Nicht hier und da ein kalorienarmes Häppchen zu sich zu nehmen, sondern zusammenhängende richtige Mahlzeiten zu genießen: Das ist die Lösung!

... durch meine Arbeit sind die Zeiten vorgegeben, durch die Kinder, den Partner, späte Einladungen und so weiter.

Durch die Frage »Wie könnte es gehen?« werden Ihnen Ideen kommen, wie Sie Ihren Alltag so managen, dass Ihre Bedürfnisse berücksichtigt werden, sei es, dass Sie passende Snacks oder auch Getränke finden, um schwierige Zeiten zu überbrücken.

... ohne Druck von außen kann ich keinen Plan lange genug durchhalten.

Deshalb ist bei Diäten auch der Druck eingeplant. Aber keiner will sein Leben lang Kontrolle – weder von außen noch verinnerlicht –, sei sie auch noch so freundlich verpackt. Deshalb scheitern die meisten Versuche. Auf Dauer geht es nur frei-willig, d. h. wir schwingen zwischen Verstand und Gefühlen hin und her und wägen ab.

... ich habe Angst, nicht dranzubleiben!

Seien Sie nicht entmutigt, wenn Sie zwischendurch entmutigt sind! Vielleicht sind die täglichen zehn Minuten zu lang? Dann fangen Sie mit fünf Minuten wieder an – oder mit einer halben Minute oder mit zehn Sekunden! Und anstatt sich über sich selbst zu ärgern, ist es allemal besser, sich eine gute Mahlzeit zuzubereiten!

Der Geist des Menschen ist kein Behälter, der gefüllt, sondern eine Flamme, die entzündet werden will.

Hintergrund der Alpha-Swing-Methode®

Wenn Sie Louisas Geschichte gelesen haben, also einfach nur von vorne bis hinten durchgelesen haben, wird sich schon einiges verändern, was Ihr persönliches Anliegen betrifft. Es wird einfach so passieren durch die neue Sichtweise, die Sie – bewusst und vor allem unbewusst – gewinnen. Vielleicht will nun Ihr Verstand einige Erklärungen zusätzlich haben, dafür sind diese ergänzenden Bemerkungen bestimmt.

Die Alpha-Swing-Methode® ist von mir während meiner Beratungstätigkeit in den letzten zehn Jahren aus dem NLP, einer äußerst erfolgreichen praktischen Methode persönlicher Veränderung, entwickelt worden.

NLP könnte man als eine Gebrauchsanleitung für unser Gehirn bezeichnen. Die drei Buchstaben sind die Abkürzung für Neurolinguistisches Programmieren.

Neuro weist darauf hin, dass es um unser Nervensystem geht, um die mentalen Verbindungswege unserer fünf Sinne, mit deren Hilfe wir sehen, hören, fühlen, schmecken und riechen können.

Linguistisch bezieht sich auf unsere Fähigkeit, eine Sprache zu benutzen und durch bestimmte Wörter und sprachliche Ausdrücke unser inneres Erleben auszudrücken. Linguistisch bezieht sich außerdem auf unsere stumme Sprache, auf unsere

Körperhaltung, unsere Gesten und die Gewohnheiten, die unsere Denkweise und unsere innersten Überzeugungen sichtbar werden lassen.

Programmieren ist ein Ausdruck aus dem Bereich der Computerwissenschaft, der uns darauf hinweisen will, dass unsere Gedanken, Gefühle und Handlungen nichts weiter als erlernte Gewohnheiten sind, die wir verändern können, indem wir einfach unsere mentale Software überarbeiten.

Die Werkzeuge des NLP sind außerordentlich vielfältig. In die Alpha-Swing-Methode® fließen einige der erfolgreichsten ein. Je nach Ihrem Ziel können Sie Ihre Gedanken, Gefühle und Verhaltensweisen verändern und neu entwickeln. Das Neue wird Ihnen bald ebenso vertraut und selbstverständlich werden wie das Alte – nur dass die neuen Möglichkeiten für Sie wesentlich erfreulicher sein werden!

Die Übungen ähneln Gedankenexperimenten, Lösungen, die Sie in der Fantasie durchspielen. Der Spielplatz ist in diesem Fall Ihr Geist. Sehen Sie die Übungen als eine Möglichkeit, etwas Neues auszuprobieren, Dinge auf eine neuartige Weise zu lösen und dabei Ihren Spaß zu haben!

Das Persönlichkeitsmodell

Unter der Vielzahl möglicher Lösungsansätze ist das Persönlichkeitsmodell mit der guten Absicht eines der machtvollsten Werkzeuge.

Mit diesem Denkmodell lässt sich zunächst einmal der innere Widerstreit erklären, in dem wir uns so oft befinden, und es wird verständlich, warum wir immer wieder Schiffbruch erleiden und unsere Ziele nicht erreichen. Aber vor allem ist es möglich, durch diese neue Betrachtungsweise in den Bereichen etwas zu verändern, die nicht mit Verstand und Willenskraft zu beeinflussen sind.

Stellen Sie sich vor, Sie sitzen in Ihrem Lieblingssessel und denken an Ihr persönliches Anliegen. Dann werden Ihnen wahrscheinlich keine finsteren Schafe erscheinen, die sich in gutwillige Lämmlein verwandeln. Ihre Persönlichkeitsteile werden sich auf verschiedenste Weise bemerkbar machen, durch innere Diskussionen, unangenehme oder angenehme Gefühle, düstere oder freundliche Farben, abweisende oder zugewandte Gestalten …

Mit einigen Persönlichkeitsteilen, die sich in angenehmen Eigenschaften und Verhaltensweisen zeigen, haben Sie gewiss einen guten Kontakt. Mit anderen Teilen, wie zum Beispiel den Teilen, die Sie zum Zu-viel-Essen verführen wollen, liegen Sie im Clinch. Wenn Sie nun diesen bislang bekämpften Teilen eine gute Absicht unterstellen, geschieht das Erstaunliche, dass Sie auch eine gute Absicht entdecken! Sie betrachten dann Ihren Zu-viel-Essteil mit ganz anderen Augen und nehmen sein eigentliches Potenzial wahr, nämlich, dass er Ihnen zum Beispiel Lebensfreude, Beruhigung oder ein Freiheitsgefühl vermitteln will. Auf dieser Basis entstehen ganz andere innere Erlebnisse, freundliche Worte und eine neue Bereitschaft, miteinander zu verhandeln. Erst wenn auf diese Weise eine gute

Beziehung nach innen hergestellt ist, ist es möglich, statt des störenden Verhaltens neue Wege zu seinem Ziel zu finden, mit denen alle Teile und man selbst einverstanden sind.

Bei jedem Menschen stehen andere Anliegen im Vordergrund und andere Geschichten liegen dahinter. Manchmal sind viele verschiedene Teile am Zu-viel-Essen beteiligt, sodass man sich geradezu umzingelt fühlt. Jeder Teil hat ja eine andere gute Absicht, deshalb muss man Schritt für Schritt vorgehen, es geht nicht schlagartig. Sie werden eine neue Sprache miteinander finden – und das geht nicht in vierzehn Tagen.

Sie werden immer genauer herausfinden, wie es bei Ihnen selbst ist, und der Umgang mit Ihren Lämmlein wird immer selbstverständlicher.

Ziel

Die Alpha-Swing-Methode® ist zielorientiert, deshalb ist die Hauptaufmerksamkeit nicht auf mögliche Ursachen und Gründe für das Zu-viel-Essen gerichtet, die in der Vergangenheit liegen, sondern auf Lösungswege. Nicht »Warum esse ich immer wieder zu viel?», sondern »Wie kann ich mein gutes Maß finden?» So kommt Ihre eigene Kreativität in Schwung. Deshalb müssen auch die Ziele stets so formuliert sein, dass im Kopf eine attraktive Vorstellung von dem entsteht, was man erreichen will. Es lohnt sich, immer mal wieder zu schauen, wo wir noch im Krokodildenken gefangen sind: Wir wollen das Zu-viel-Essen loswerden, etwas tilgen, Gewicht abnehmen, nicht mehr so viel essen, keinen Kuchen, keine Sahnesoße, nicht mehr ins Café gehen… Durch diese Art der Sprache wird das, was wir eigentlich nicht wollen, noch verstärkt. Stattdessen ist es wichtig, neue Denkmuster sprachlich vorzubereiten, damit die zielführenden Bilder und Vorstellungen in uns entstehen. Also zum Beispiel: Ich will angenehm satt werden, gut für mich sorgen, meine wahre Gestalt haben, entspannt genießen, richtige Vorfreude spüren… Erleben Sie, wie sich Ihre innere Gefühlslandschaft dadurch verändert!

Nun gibt es im Leben immer wieder etwas, was sich querlegt, was uns hindern will, unsere Ziele zu erreichen. Das ist einfach so. Durch die Frage »Wie wird das sein, wenn ich xy tue oder nicht tue« erkennen wir Hindernisse und Barrieren rechtzeitig und können uns wappnen und auch für solche Fälle geeignete Lösungen finden.

Derweil ist es gut, schon mal das zu tun, was mit dem Essen direkt zu tun hat: gut für sich sorgen, langsam essen, sich dabei hinsetzen… Es ist die Grundlage Ihrer ganz persönlichen Esskultur!

Zeitlinie

Die Arbeit auf der inneren Zeitlinie bezieht unsere Fähigkeit ein, uns an Vergangenes zu erinnern und uns Zukünftiges vorzustellen. Wenn Sie sich in Ihren Sessel setzen, die Augen schließen und an Ihren letzten Urlaub denken, wo spüren Sie die Erinnerungen? Stellen Sie sich Ihren Lebensweg einmal tatsächlich wie einen Weg vor: Die eine Richtung führt in die Vergangenheit, die andere in die Zukunft, und die Gegenwart liegt direkt vor Ihnen. Wenn Sie gedanklich in die Vergangenheit zurückgehen, wo sehen Sie die einzelnen Stationen Ihrer

Erinnerung? Wahrscheinlich geht der Pfad vom Gefühl her nach links oder nach hinten.

Jetzt stellen Sie sich gedanklich auf Ihren Lebensweg und wenden Sie sich Ihrer Zukunft zu. Wahrscheinlich werden Sie sich vom Gefühl her eher nach rechts oder nach vorn wenden. Sie können jetzt erkennen, dass es ungünstig ist, ein Foto aus der Vergangenheit an den Kühlschrank zu kleben, um sich zu motivieren. Oder in die Kleidung von früher passen zu wollen, denn Sie blicken ja in die entgegengesetzte Richtung. Sie brauchen also neue Vorstellungen, die aus der Zukunft heraus motivierend wirken, zum Beispiel, sich in Ihrem weiteren Leben vital und gesund zu fühlen.

Durch die Frage »Wie wird das sein, wenn …« begeben wir uns sozusagen gedanklich ein Stück weit in die Zukunft, stellen uns vor, wie das Ergebnis unseres Handelns sein wird, und beziehen diese Erkenntnisse konstruktiv in unser jetziges Handeln ein. Auf diese Weise gelingt die Feinabstimmung für unser Ziel immer besser.

Mentales Training

Wir haben die Fähigkeit, Bilder im Kopf herzustellen, und wir können diese Bilder so verändern, dass sie uns motivieren – oder auch gleichgültig lassen. Das ist wie Kino im Kopf: Wir lassen innerlich Filme ablaufen und üben so schon einmal mental – dann geht es in der Realität leichter. Es ist sehr wichtig, Einfluss zu nehmen, was da für Filme in uns ablaufen. Leider fällt es uns leichter, Schreckensszenarien abzuspulen.

Umso wichtiger ist es, sich bewusst zu machen, was für Ziele wir stärken wollen durch die Kraft unserer inneren Bilder. Sportler nehmen die Siegerpose auf dem Podest in ihren Film hinein und spielen mögliche Schwierigkeiten so lange durch, bis alles glattgeht. Fühlen Sie sich also auch immer wieder in ihre Zielvorstellung hinein, nehmen Sie das neue Lebensgefühl, Beweglichkeit, Gesundheit vorweg, tun Sie so, als ob Sie Ihr Ziel schon erreicht hätten, denn dann wird alles sich so fügen, dass Sie leichter entsprechend handeln können!

Der Weg nach innen, der Alpha-Swing

Am einfachsten geht es, wenn Sie sich entspannt in Ihren Sessel setzen, die Gedanken fließen lassen und dabei Ihr Anliegen möglichst weich umkreisen. Wenn Sie Ihren Atem spüren, befinden Sie sich schon in einem Zustand, in dem Ihr Gehirn mehr Alpha-Wellen produziert. Diesen Entspannungszustand nenne ich auch gern einfach »gehobenes Dösen«, es ist nichts Angestrengtes darin, sondern es entsteht eine Atmosphäre, in der die Lämmlein sich hervorwagen und Vertrauen gewinnen können, dass sie wahr- und ernstgenommen werden. Deshalb ist es so wichtig, sich dafür die täglichen zehn Minuten einzuräumen. Noch leichter geht es, wenn man dafür immer den gleichen Platz hat und möglichst die gleiche Tageszeit, das ist dann wie ein Erinnerungsanker für diese innere Haltung. Dann weiß auch Ihre Kreativität, dass das ein guter Moment ist, um neue Gedanken und Einfälle zu schicken.

Dazu noch eine eher theoretische Erklärung:

Zwischen Wachzustand und Schlaf, wenn man ganz entspannt ist, kein Körperempfinden mehr hat und ein bisschen schläfrig ist, dann entstehen mit einer Schwingungsfrequenz von 8 bis 12 Hertz Alpha-Rhythmen im Gehirn. Dann gelingt es leichter, negativen Stress aufzulösen und Neues zu lernen. Gleichzeitig findet eine vermehrte Synchronisation zwischen den Hirnhemisphären statt: ein verbessertes Zusammenspiel zwischen rechter und linker Hirnhälfte. Ein Optimum an geistiger Energie entsteht, wenn beide Hirnhälften integriert sind und Sie – je nach Situation – flexibel mal die kreativere, mal die verstandesbetonte Seite aktivieren können.

Die Sinnsprüche auf einen Blick

Die wirkliche Entdeckungsreise besteht nicht darin, Neues zu erforschen, sondern darin, Altes mit neuen Augen zu sehen.

Marcel Proust

Bei diesem geistigen Schauen und Verstehen lernen wir viel mehr als durch bewusstes Bemühen. *Milton H. Erickson*

Warum suchst du draußen, was in dir drinnen ist?

Mahatma Gandhi

99 Prozent aller Probleme lassen sich darauf zurückführen, dass Problem Nummer eins nicht gelöst ist.

Wenn man das Ziel nicht kennt, ist kein Weg der rechte.

Aus dem Koran

Was man sich vorstellen kann und was man glauben kann, das kann man auch erreichen.

Erst wenn du weißt, was du tust, kannst du anfangen, zu tun, was du willst.

Moshe Feldenkrais

Wenn du es eilig hast, gehe langsam.

Lothar J. Seiwert

Wer etwas nicht wirklich will, sucht Gründe. Wer etwas wirklich will, sucht Wege.

Erfolg ist: einmal mehr aufstehen, als man hingefallen ist.

Das Maß macht, ob ein Ding Gift ist.

Paracelsus

Gesundheit ist nicht alles, aber ohne Gesundheit ist alles nichts.

Arthur Schopenhauer

Wir leben nicht von dem, was wir essen, sondern von dem, was der Körper auch verdauen kann.

Wenn die Maus satt ist, schmeckt das Mehl bitter.

Gutes Essen schmeckt auch kalt.

Innehalten und einen wundervollen Gedanken denken.

Wenn du isst, dann iss, und wenn du liest, dann lies. Aber wenn du isst und liest, dann iss und lies!

Das nächste Essen kommt bestimmt!

Zwischen Reiz und Reaktion liegt die Freiheit, wie wir denken, fühlen und handeln wollen. *Viktor Frankl*

Wehret den Anfängen!

Der Mensch ist nur da wirklich Mensch, wo er spielt.
Friedrich Schiller

Herr, gib mir die Kraft, die Dinge zu ändern, die ich ändern kann, und die Gelassenheit, die Dinge hinzunehmen, die ich nicht ändern kann, und die Weisheit, das eine vom anderen zu unterscheiden.

Gute Gedanken bahnen einen guten Weg.

Aber weiter und weiter schlepp ich mich fort, von Tag zu Tag, von Mond zu Mond, von Jahr zu Jahr, bis dass ich werd hinstürzen am Weg und die uralte ewige Nacht mich begräbt samt allen Träumen der Sehnsucht ... *Theodor Fontane*

Wenn du das tust, was du schon immer getan hast, wirst du auch das bekommen, was du schon immer bekommen hast.

Freiheit bekommt man nicht, man muss sie sich nehmen.

Aus den Augen aus dem Sinn.

Nicht schlanke Menschen werden glücklich, sondern glückliche Menschen werden schlank.

Essen hält Leib und Seele zusammen.

Eure Nahrung soll euer Heilmittel und euer Heilmittel soll eure Nahrung sein. *Hippokrates*

Wenn du alles willst, gib alles, schenk dich ganz!

Alles Wesentliche ist einfach.

In der Ruhe liegt die Kraft.

Der Geist des Menschen ist kein Behälter, der gefüllt, sondern eine Flamme, die entzündet werden will! *Plutarch*

Literaturhinweise

Besser-Siegmund, Cora: *Easy Weight*, Junfermann.
(Hier geht es auch um den einfühlsamen Umgang mit den inneren Persönlichkeitsanteilen.)

Canfield, Jack: *Hühnersuppe für die Seele*, Goldmann.
(Diese »Geschichten, die das Herz erwärmen« nimmt Louisa jetzt immer mit, wenn sie in nüchternen Hotels übernachtet.)

Christiani, Alexander: *Weck den Sieger in dir!*, Gabler.
(Hier sind noch viele Anregungen zu »dauerhafter Selbstmotivation« enthalten.)

Johnston, Anita: *Die Frau, die im Mondlicht aß*, Scherz.
(Ein wunderschöner Weg mit »der uralten Weisheit von Märchen und Mythen«, um die eigene Intuition zu stärken.)

Leonard, George: *Der längere Atem*, Integral.
(Hier geht es um Achtsamkeit und Bewusstheit für »langfristigen Erfolg im Leben«.)

Seiwert, Lothar J.: *Wenn du es eilig hast, gehe langsam*, Campus. (»Zeitmanagement in einer beschleunigten Welt«, mit vielen Anregungen für den Schatzhüter.)

Sher, Barbara: *Wishcraft*, Edition Schwarzer.
(Ein wunderbares Buch, das Louisa sehr geholfen hat, ihren »Herzenswunsch« zu entdecken und zu verwirklichen.)

Register

L

M

O

P

R

Die Alpha-Swing-Akademie

Louisas Lösungsweg hat Ihnen gefallen, und Sie möchten die Alpha-Swing-Methode® für Ihr eigenes Anliegen vertiefen?

In der Alpha-Swing-Akademie bieten wir Ihnen Aus- und Fortbildungen an, wenn Sie sich intensiv mit der Methode beschäftigen wollen, sei es, um sie für sich persönlich oder als berufliche Ergänzung zu nutzen.

1) Das Grundlagen-Seminar ist der Einstieg.

Sie lernen u.a.

- diese neue Art, mit dem Thema Essen umzugehen, in ihr tägliches Leben zu integrieren.
- den eigenen inneren Widerstreit zu erspüren und aufzulösen.
- eine neue Beziehung zu Ihren eigenen Persönlichkeitsanteilen.
- souveränen Umgang mit Hindernissen auf dem Weg.
- wie Sie die Alpha-Swing-Methode® auf andere Themen übertragen können.

- wie Sie die Ergebnisse sofort überprüfen können.
- wie Sie Ihre Möglichkeiten für ein freies Wählen und Handeln erweitern können.

2) Die Ausbildung zur Alpha-Swing-Trainerin, zum Alpha-Swing-Trainer ist die Fortführung.

Der Name und das Verfahren »Alpha-Swing-Methode®« sind urheberrechtlich geschützt. Mit der Trainerausbildung erwerben Sie die Lizenz, den Namen zu verwenden. Vorkenntnisse im Neurolinguistischen Programmieren (NLP) sind hilfreich, aber nicht Bedingung.

Sie lernen u. a.

- wie Sie das »Handwerkszeug« einsetzen, um die Alpha-Swing-Methode® in der Gruppe und im Coaching erfolgreich anzuwenden.
- wie Sie die Arbeit mit dem »Persönlichkeitsmodell« und der »Guten Absicht« durchführen können.
- wie Sie faszinierende Vorträge halten.

Das gesamte Programm finden Sie auf der Homepage

www.alpha-swing-methode.de

Ganz Frau sein

16752

16480

16522